THE
EARTH CHRONICLES
HANDBOOK

A
COMPREHENSIVE GUIDE
TO THE SEVEN BOOKS
OF THE EARTH CHRONICLES

地球編年史
·完全指南·

從 A 到 Z，讓你秒懂
外星文明與人類祖先歷史關鍵元素

撒迦利亞·西琴
ZECHARIA SITCHIN

洪禎璐
譯

獻給我摯愛的妻子

弗莉達・里娜・西琴

（Frieda Rina Sitchin）

前言

　　智慧建造房屋，鑿成七根柱子。（《箴言》9：1）

　　組成《地球編年史》的這七本書，既不是預先設定好的系列，也不是以一本書展開的。它是一棵有七根分支的橡樹，其種子是一個小學生的疑問：為什麼希伯來文《聖經》中的單字Nefilim（源自於意思是「跌倒」、「倒下」的動詞，中文音譯為「納菲力姆」），被翻譯為「巨人」。這個小學生是我；而這個詞出現在《創世記》第六章；尋找這個解釋的過程，持續了我的一生；而這個答案需要追溯到「開始」，就像《聖經》本身一樣。

　　對於《聖經》的「開始」之追尋，就像打開潘朵拉（Pandora）的盒子，裡面充滿了無數的其他問題。為什麼《聖經》描述了納菲力姆（意思是眾神的兒子們）挑選「亞當（Adam）的女兒們」為妻子？以自己的形象塑造了亞當的伊羅興（Elohim，意思是「眾神」）是誰呢？地球上真的有伊甸（Eden）嗎？如果有，它在哪裡呢？地球真的經歷過大洪水嗎？真的曾經有挪亞（Noah）這個人存在嗎？如果有，他又是誰呢？人類如何學習天國、大地及人類自己是怎麼被創造的？古代確實存在著什麼科學知識嗎？文明又是如何開始的？在古代巴比倫、亞述、埃及之前，真的有一個王國存在於《聖經》裡所稱的示拿（Shine'ar，即蘇美）這片土地上嗎？世界各地的其他文明，如何與那個古老文明有著異常的相似之處呢？

　　這個追尋任務不可避免地從《聖經》延伸到考古學。古代近東確實有一

個文明的搖籃。它的紀念碑、工藝品和文字紀錄，展現了一個土地和民族的生動歷史。他們的天地之間的眾神故事，包含了神話、宗教、天文學及遺傳學。不久之後，一個簡單的問題開始浮現，幾乎涵蓋了所有學術領域，從地球的深處到太陽系、外太空空間，從過去到未來，從開始（Beginning）到完結日（End of Days）。

　　當一本書緊接著一本書而來，內容跨越了各個大陸、多樣的文化，甚至不同的宗教，明顯可以看出它們都是同一棵樹的樹枝。一個全球理論（Global Theory）應運而生，眾神與人們的故事，在我的書裡被描述為地球和人類的整體歷史。希臘和羅馬、阿茲特克（Aztecs）和印度的神系，被辨識出與蘇美和巴比倫的神系相同。馬雅（Mayan）和奧爾梅克（Olmec）的曆法，相當於亞述和埃及的曆法；關於創世或太陽靜止那一天的印加（Inca）故事，與《希伯來聖經》相呼應。不同大地上的金字塔和巨大的石圈，顯示出基本的相似性。我獨特的斷言是，在我們的太陽系中還有另一顆行星，它週期性地靠近我們，而它的太空人來到地球，造就了人類，被人類視為神，而當他們離開時曾答應會返回。這解釋了其他令人費解的事，因此是非常有道理的。

　　這數十年來，我的研究、學習和寫作範圍令人望之怯步。《地球編年史》系列七本書的英文版，總共有兩千三百多頁。讀者經常問我：要如何掌握這些大量的訊息？這本書便是針對讀者的提問所給的答案。書中共有數百條名詞解釋，按照英文字母順序排列，提供了有關眾神和半神、國王和王權、族長和祭司、考古遺址和神話地點的相關資料。每條名詞解釋都會指出相關的名詞，且適時在主題上添加特殊或創新的「西琴說明」。這本書透過了對各種文明和時期採用一致的答案，成為使古代知識全球化的首次嘗試。

　　這個一致的答案已經通過時間的考驗：過去幾十年中發生的每一項發現、每一項技術上的進步，無疑都證實了這些古老的證據，它們被其他人忽略或認為是神話，但我認為它們是真實的。從某種意義上講，《地球編年史》系列的

七本書，已經成為全球古代知識的儲存處，這些知識是《聖經》中稱為「智慧」的寶貴財富。

　　可以說，它們是古代智慧的七大支柱。

撒迦利亞・西琴

目次

A

B

C

M

N

S

T

U

Y

Z

編輯說明

◎詞條標題

以不同格式來表示其語言類別，說明如下：

・粗體：**蘇美語**

・斜體：*阿卡德語*、*迦南語*，若加註[H]，則代表《聖經》中的希伯來文。

・大寫字母：埃及文

◎詞條內容

以「西琴」做為「撒迦利亞・西琴」的簡稱。

Aaron 亞倫

摩西的兄弟，在出埃及時期開啟了「猶太祭司」一職的行業。

Abel ([H] *Hevel*) 亞伯

亞當和夏娃的第二個兒子，是「牧羊人」，被他的兄弟該隱（Cain）殺害。
關於蘇美人的相關主題，請參見 Agriculture（農業）、Cain（該隱）、
Domestication（馴化）。

Abraham 亞伯拉罕

根據《聖經》，這是從他原來的名字「亞伯蘭」（Abram）轉變而來，「亞伯
蘭」的意思是「被父親所愛」或「父親鍾愛的」。

他是希伯來的第一位族長，被認為與一神教（對唯一神的信仰）的誕生有
關，那位神在《聖經》中被稱為「耶和華」（Yahweh）。根據《創世記》，上

帝與亞伯蘭立約，要將埃及小河（Brook of Egypt，西奈半島的冬季溪流）到美索不達米亞北部幼發拉底河（Euphrates）之間的土地，賜給他的後代，以表彰他對唯一上帝的堅定忠誠，以及負責執行《創世記》第十四章所描述的，關於「諸王之戰」（The War of the Kings）的任務。

在《眾神與人類的戰爭》（The Wars of Gods and Men，西琴著）中，將這些事件與被稱為《基大老瑪文獻》（Khedorlamoer Texts）的銘文中所描述的事件連結起來，並將亞伯蘭的時間和行動，對照美索不達米亞和埃及的編年史，所得出的結論是亞伯蘭出生於西元前2123年。他出生在蘇美的宗教中心尼普爾（Nippur/Ne.Ibru）中，在《希伯來聖經》中自稱為伊比利人（Ibri，即尼普爾人〔Nippurian〕），而西琴指出，亞伯蘭的蘇美語名字是Ib.ru.um（編注：本系列前書拼寫為 Ibru'um）。

他跟隨擔任祭司的父親他拉（Terah），搬到蘇美的首都烏爾（Ur），然後搬到哈蘭（Harran，位於現今土耳其境內），最後是在神聖的命令下到達迦南（Canaan，現今的以色列）。西琴指出，這些遷徙與蘇美人和後來的巴比倫文獻中記錄的事件是同時發生的，包括他在諸王之戰中保衛位於西奈半島的太空站一事。

在太空站被核武器摧毀之後（即《聖經》中記錄的所多瑪〔Sodom〕和蛾摩拉〔Gomorrah〕的劇變），蘇美因此滅亡，亞伯蘭的名字被改成閃族語的「亞伯拉罕」（Abraham）。他的配偶從「撒萊」（Sarai）改為「撒拉」（Sarah），兩人的兒子叫以撒（Isaac）。他們倆死後都被埋在希伯崙（Hebron）。

參見 Harran（哈蘭）、Khedorla'omer Texts（基大老瑪文獻）、
Nippur（尼普爾）、Patriarchs（族長）、Spaceport（太空站）、Ur（烏爾）、
War of the Kings（諸王之戰）。

Ab.Sin 阿布辛

（意思是「她的父親是辛」。）

用來紀念辛（Sin）神的女兒伊南娜／伊師塔（Inanna/Ishtar）的黃道星宮的蘇美語名稱。我們稱這個星宮為「處女宮」，此意涵可以追溯到黃道系統的一開始，當時這個星宮表彰了從未結過婚的女神寧呼爾薩格（Ninharsag）。對於這個星宮的圖像描繪是「一個美麗的女人」，直到今日都沒有改變。

參見 Inanna（伊南娜）。

Abydos 阿拜多斯

古埃及的地名，在當地發現了一塊關於法老塞提一世（Seti I）的銘文，上面描繪了他及兒子拉美西斯二世（Ramses II）。銘文以象形文字刻寫，列出了始於法老美尼斯（MEN，希臘語為 Menes）的古埃及王朝。

Ab.zu, *Absu* 阿普蘇

（意思是「原始的來源／深度」，Abyss〔深淵〕即從它演變而來。）

阿努納奇（Anunnaki）在南非的金礦開採地，「那裡有大水迅速流過」。艾／恩基（Ea/Enki）的領地。根據蘇美創世文獻，這裡是恩基的住所，他在這裡與寧呼爾薩格一起使用年輕阿努納奇的「精華」與「阿普蘇的黏土」，塑造了「原始工人」（Primitive Worker，即人類）。

參見 Anunnaki（阿努納奇）、DNA（去脫氧核糖核酸）、Gold（黃金）。

Achaemenids 阿契美尼德人

在蘇美東方，位於埃蘭（Elam）地區的安善（Anshan）之部落王朝，其國王奠定了波斯帝國的基礎。這些國王中，包括了居魯士（Cyrus），他在西元前

539年攻占巴比倫，並且下令重建耶路撒冷的聖殿；另外有在西元前五世紀入侵希臘的大流士一世（Darius I）和薛西斯一世（Xerxes I），以及大流士三世（Darius III），他在西元前四世紀與亞歷山大帶領下的希臘入侵軍隊作戰。

參見 Alexander the Great（亞歷山大大帝）、Elam（埃蘭）、
Persia/Persians（波斯／波斯人）、Susa（蘇薩）、Xerxes（薛西斯）。

Acropolis 雅典衛城

在希臘首都雅典的山頂神廟建築群。

Adab 阿達布

早期的蘇美城市之名。

Adad 阿達德

也被稱為「哈達」（Hadad）。

恩利爾最小的兒子，蘇美的伊希庫爾（Ishkur）神。他最主要的領地在安納托利亞山脈（Anatolia，現今的土耳其），那裡是西臺人（Hittites）之地。西臺人稱他為「特舒蔔」（Teshub，意思是鼓風者），並把他描繪為帶著武器「閃電」站在公牛（他的象徵動物）上。

在大洪水之後，他被派去監督南美洲的黃金和錫礦的開採作業。在南美洲，他的圖像被雕刻在蒂亞瓦納科（Tiahuanacu，位於現今的玻利維亞）的「太陽門」（Gate of the Sun）上，而在帕拉卡斯灣（Paracas，位於現今的祕魯）的山腰上，刻有他的代表圖騰，這些都是他曾經現身於當地的紀錄。

在迦南文獻中，稱呼他為「巴爾」（Ba'al，意思是「主」），是黎巴嫩山區「登陸點」的主人。

參見 Ba'albek（巴勒貝克）、Hittites（西臺人）、Storm God（風暴神）。

Adam 亞當

源自希伯來文的 Adamah（意思是「地球」），字面意思是「地球上的他」，即地球人。

在《創世記》的創造故事中，伊羅興（Elohim，又譯耶洛因，為複數的神）說：「我們要照著我們的形像，按著我們的樣式造人。」（1：26）然後塑造出新種類的聰明生物，並稱他為「亞當」。

蘇美的創世故事將此事蹟歸功於神恩基和女神寧呼爾薩格，起因是阿努納奇（Anunnaki）決定透過基因工程創造「原始工人」（Lulu amelu），而將他們的基因與已經存在於地球上的人猿的基因相結合。

然後，《聖經》把「亞當」當作祖先的個人名字，與他的妻子夏娃（Eve）一起成為人類的祖先族長行列中。西琴認為，《聖經》中的故事，以及在它之前的蘇美文獻，為人類的進化提供了「失落的環節」（Missing Link）。

Adapa 阿達帕（又譯亞達帕）

「人類的智慧之最」（The wisest of men），恩基與女性地球人所生的兒子，他是最早被授予關於書寫、數學和天文學等知識的人。根據文獻《阿達帕史詩》（*The Epic of Adapa*，編注：在本系列前書中為《阿達帕傳說》〔*The Legend of Adapa*〕），他是第一個到尼比魯星（Nibiru）旅行的地球人，並被帶到阿努（Anu）面前。恩基讓阿達帕在沒有得到阿努納奇的長壽命的情況下，重返地球。

Adda-Guppi 阿達－古皮

辛神在哈蘭（位在現今土耳其南部）的神廟的高級女祭司。她（在西元前555年）說服辛神使她的兒子那布納德（Nabuna'id，又譯拿波尼度）成為巴比

倫國王。她目睹了辛神離開地球以及最終的回歸。阿達－古皮和那布納德在神殿上豎立的四根石柱，記錄了奇蹟般的事件。（那布納德是巴比倫的最後一位國王。）

參見 Ehulhul（伊胡胡）、Harran（哈蘭）、Nabuna'id（那布納德）、Sin（辛）。

Aditi, Adityas 阿底提，阿底提耶眾神

在印度的眾神傳說中，印度神系的最初七位大神。他們是迦葉波（Kasyapa）神和阿底提女神的兒子，包括毗濕奴（Vishnu）、伐樓拿（Varuna）、樓陀羅（Rudra）和因陀羅（Indra）。隨著時間的流逝，他們就跟希臘傳說的眾神一樣，與另外五位神一起組成了神聖家族的十二個成員。這些神族在經過幾代的競爭和交戰之後，成為統治者。在那些戰爭中，魔法武器被用於空中戰鬥。

參見 Aerial Battles（空中戰鬥）、God, gods（上帝，眾神）。

Admonitions of IPU-WER 艾普－威爾的訓誡

古埃及莎草紙文獻的名稱，這份長篇文獻以象形文字書寫，其中預言部分包含了即將來臨的災害與苦難，以及一種彌賽亞出生的陣痛將導致救世主（Redeemer）的出現，而這位救世主將帶來快樂無憂的理想時代。這份文獻的標題，源於其中包括了對於那些放棄宗教習俗的人們的一系列告誡，像是號召他們懺悔及受洗等。這份文獻聲稱是在西元前二十六世紀寫下了關於西元前二十二世紀的事件；但一些學者認為它實際上是在所描述的事件發生之後才寫的。

Aerial Battles 空中戰鬥

在各種古代文獻中，都描述了眾神的空中戰鬥，其中最古老的是蘇美人的

《祖的傳說》（*Tale of Zu*）。一個名叫祖（Zu，或根據最近發現的文獻片段，稱為安祖〔An.Zu〕）的神，背叛了恩利爾的信任，並偷走了命運碑刻（Tablets of Destinies，又譯天命碑刻）。這些碑刻對於位在尼普爾（Nippur）的任務指揮中心的運作，具有關鍵作用。後來，神尼努爾塔（Ninurta）在空中戰鬥中擊敗祖之後，取回了這些碑刻。

在名為《荷魯斯與賽特的爭奪戰》（*The Contending of Horus and Seth*）的埃及文獻中，提到這兩位神之間的長期衝突，一直到荷魯斯在西奈半島的空中戰鬥中擊敗賽特，才終於結束。

希臘眾神的傳說裡，宙斯（Zeus）與巨人堤豐（Thyphoeus〔編注：本系列前書拼寫為 Typhocus〕，即泰風〔Typhon〕）的戰鬥中，宙斯待在「有翅膀的戰車」裡，朝著對手的神奇空中設備，射出了雷電，使得戰況的激烈程度達到頂點。

在印度梵文文獻，例如《吠陀經》（*Vedas*）、《往世書》（*Puranas*）、《摩訶婆羅多》（*Mahabharata*），都可以找到關於眾神以「浮雲的戰車」（cloud-borne chariots）飛行並進行空中戰鬥的詳細描述。

Aerial Chariots 空中戰車

除了關於「空中戰鬥」（參見上一個詞條）的文獻中，提到並描述了空中戰車之外，在古代近東文獻裡，還使用了天體戰車（蘇美語是 Mar.gid.da，阿卡德語是 Tiyaritu）、天空飛行室（Sky Chamber，蘇美語是 Mu）和天船（Boat of Heaven）、神聖黑鳥（Divine Black Bird／Im.du.gud〔伊姆杜吉德〕）等類似的用語，來描述各種神祇的個人飛行器（不同於太空船或火箭飛船）。這些神祇包括了美索不達米亞的尼努爾塔、馬杜克（Marduk）、伊南娜（伊師塔），埃及的拉（Ra）和圖特（Thoth），迦南的巴爾和阿娜特（Anat），印度的因陀羅和他的「維摩那」（Vimana）。

大洪水故事的亞述版本《阿特拉－哈西斯》（*Atra-Hasis*，又譯阿特拉—雜湊斯）中，使用「魯庫伊南尼」（Rukub ilani，意思是眾神的戰車）一詞，做為眾神起飛以逃離洪水的飛行器。《聖經》中，在先知以利亞（Elijah）升天的故事裡，使用了一個通常被翻譯為「旋風」（Whirlwind）的詞，而在先知以西結（Ezekiel）的異象中，Merkava的字面意思是「戰車」。

參見 Rocketships（火箭飛船）、Shem（閃）。

Africa 非洲

在「地球被劃分」之後，這塊大陸屬於恩基及其六個兒子的領地。

參見 Lower World（下層世界）。

Afterlife 來世

古代埃及法老相信他們將在來世（Afterlife）獲得永生。所謂的來世是，法老將在死後被秤量心臟的重量，以判決其價值，然後他們將前往「百萬年之星」（Planet of Millions of Years），在眾神之間幸福地生活。

在《亡靈書》（*Book of the Dead*）和《金字塔經文》（*Pyramid Texts*）等文獻中，都對「來世之旅」進行了描述和說明。

參見 Journey to the Afterlife（來世之旅）。

Agade 亞甲

參見 Akkad（阿卡德）。

Ages 時代

將過去及其事件分為確定的時期，無論持續的時間是否一致。

現代學者談論著冰河時代（由氣候來定義），或石器、銅、青銅和鐵器時

代（由主要工具的材料來定義），但古代人民早就將自己的歷史和傳奇的過去，劃分為數個時代。

蘇美人以及隨後的巴比倫人和亞述人，特別著重在黃道宮時代的特殊意義（每一個星宮在數學上歷時2160年，十二個星宮加總起來的完整週期為25,960年）。根據《蘇美國王列表》（Sumerian King Lists）及貝羅蘇斯（Berossus）的資料，這些數字與432,000年有關（一個Sar為3600年，共包含十二個Sar。Sar，中文音譯為「撒爾」），這是從阿努納奇到達地球，直到大洪水時代所經歷的時間（按照西琴的說法，3600年是尼比魯星〔Nibiru〕在數學上的軌道週期）。

埃及人是從王朝的統治者來劃分史前史和歷史，首先是神的，然後是半神，最後是法老。祭司曼涅托（Manetho）表示，「世界的持續時間」為216萬年，（按照西琴的計算）正好是長達2160年的黃道宮時代的一千倍。

中美洲的時代由不同長度的「太陽」紀元組成，包含四個過去的「太陽」，以及現在的第五個「太陽」組成。

印度傳統將地球和人類所經歷的時代，定義為宇迦（yugas，或稱小紀，又譯由旬），是數字432,000的精確倍數（因此與蘇美的時代有關）。

參見Apocalypse（啟示）、Berossus（貝羅蘇斯）、History/Cyclical（歷史／週期）、Manetho（曼涅托）、Yugas（宇迦）、Zodiacal Ages（黃道宮時代）。

Agga 阿格

蘇美的城市基什（Kish）的國王，他是著名的烏魯克（Uruk）國王 —— 吉爾伽美什（Gilgamesh）的競爭對手。

Agni 阿耆尼

印度的神祇，為因陀羅的兄弟。他的武器是火雷電（fiery thunderbolts）。

Agriculture 農業

科學資料確定了，人類大約在西元前一萬五百年開始種植穀物，然後再種植其他糧食作物，地點在古代近東地區，包括現今的敘利亞西部、黎巴嫩東部和以色列北部。

西琴指出，現代科學的發現證實了蘇美人的傳說。神恩利爾和恩基在大洪水之後，為了餵養倖存的神祇和人類，利用山地做為種子實驗室，來種植農作物和畜養動物。他確定該地點為黎巴嫩的巴勒貝克（Baalbek）平臺。在美洲，相關傳說也把引進玉米一事歸功給眾神。

參見 Domestication（馴化）。

Ahaz 亞哈斯

西元前八世紀，猶大王在耶路撒冷的太陽鐘，在希伯來文獻中被稱為 Ma'alot Ahaz（意思是亞哈斯國王的階梯／度數），與《列王紀下》第二十章和《以賽亞書》第三十八章描述的預言奇蹟有關。

Ahiram 阿希雷姆

（英文為 Hiram〔希拉姆〕。）

腓尼基（Phoenicia）城市推羅（Tyre，又譯泰爾）的國王，他協助盟友所羅門王在耶路撒冷建造聖殿（西元前十世紀）。

AH-MOSE/Ahmosis 阿赫莫西斯

（希臘文為 Amosis。）

古埃及第十八王朝（西元前 1570 年至 1352 年）的開創者。第十八王朝中包括了著名的法老托米斯（Thothmose/THOTH-MES，也拼寫 Thothmosis、Tutmosis，

又譯為湯瑪斯、圖特摩斯）一世、二世、三世和四世，女法老哈特謝普蘇特（Hatshepsut），以及阿肯那頓（Akhen-Aten）和圖坦卡門（Tut-Ankh-Amen）。這個皇家名稱包含了神名在內，第一部分是神的名字（AH、THOTH等），第二部分是MSS（讀音為Mes/Mose/Mosis），意思是神的子嗣，或由神所生。

西琴認為，哈特謝普蘇特是撫養《聖經》中的摩西的那位「法老的女兒」，所以為摩西取了一個字尾為MSS（即Mose、Moshe）的名字，做為其王朝的代表。

參見Hatshepsut（哈特謝普蘇特）、Moses（摩西）、Sphinx（獅身人面像）、Thothmes（托米斯）。

Akapana 阿卡帕納

位於玻利維亞的的的喀喀湖（Titicaca）岸邊，蒂亞瓦納科（Tiahuanacu，也拼寫Tiwanaku〔提瓦納庫〕）古代遺址的主要考古特徵之一。有人認為這座山形建築是金字塔的遺蹟。人們在開挖其內部後，發現裡面有一連串由管道連接的通道和腔室，這對西琴來說，代表它是冶金加工設備。

參見Tiahuanacu（蒂亞瓦納科）。

AKHEN-ATEN 阿肯那頓

法老阿蒙霍特普四世（Amenhotep/Amenophis IV）。西元前1379年左右，他在埃及引入了對名為「阿托恩」（Aten）的天體圓盤的崇拜。一些學者認為這是一神論的一種形式。按照西琴的說法，這是尼比魯星的新名稱，代表了「十字」（Cross），符合了期待它回歸到視線之內的盼望。這位法老在銘文中聲稱自己是神子（god-son），預告了彌賽亞時代（messianic time）的來臨。

參見Aten（阿托恩）、Winged Disc（有翼圓盤）。

A.ki.ti 阿奇提

（意思是「在地球上創建生命」。）

蘇美的新年節慶，在其儀式中，在位的城市之神要離開、消失，並在遊行隊伍中返回，隊伍的七個站點模擬了最初從尼比魯到第七顆行星（地球）的太空旅程。

在巴比倫，它被當作阿基圖節（Akitu）來慶祝，並在馬杜克神的地位提升到至高無上的過程中，發揮了核心作用。在巴比倫，新年儀式中包括了重新演繹馬杜克復活的「受難復活劇」，他曾經被活埋在大金字塔內，然後活著出來並取得勝利。

參見 Nabu（那布）、Pyramid Wars（金字塔戰爭）。

Akkad, Akkadian 阿卡德，阿卡德語

位於美索不達米亞西北部，毗鄰蘇美的土地，由使用「阿卡德語」的人們定居在此。「阿卡德語」被認為是所有閃族語（包括希伯來語、迦南語、腓尼基語、亞拉姆語〔Aramaic，又譯亞蘭語〕、阿拉伯語等）的母語。

在一份名為《薩貢傳奇》（*The Legend of Sargon*）的文獻中提到，在蘇美發生動盪之時，女神伊南娜（伊師塔）空降在田野（花園）裡，與園丁發生性關係，並向阿努納奇的領導階層推薦由這位園丁擔任下一位國王。

他的稱號是「舍魯－金」（Sharru-kin，意思是可信賴的國王，Sargon〔薩貢〕之名即源於此），在西元前 2370 年左右建立了新首都「亞甲」（Agade，意思是「和諧，統一」〔Union, United〕，Akkad〔阿卡德〕之名即源於此），而這個統一的領域從此被稱為「蘇美和阿卡德」。

阿卡德王朝，特別是在薩貢的孫子那拉姆－辛（Naram-Sin）統治期間，應伊南娜（伊師塔）的要求而投入征服行動與戰爭中，激怒了其他眾神。在西元

前2230年，眾神結束該王朝並消滅了亞甲。

參見 Naram-Sin（那拉姆－辛）、Sargon of Akkad（阿卡德的薩貢）。

Akkadian Prophecies 阿卡德預言

一組以古巴比倫語所寫成的、親馬杜克的楔形文字文獻，可以追溯到西元前二十二世紀。文獻中以世界末日的詞語，描述了將會降臨在人類甚至眾神的事件。

上面列舉了各種錯誤，預言了一段艱難的時期和災難的發生，包括神聖的審判和懲罰會以自然災害的形式到來，還有全面性的破壞、戰爭、國王和王權的垮臺、官員和祭司遭到殺害、神廟被褻瀆、饑荒和大規模的苦難，最後是救世主的出現，他將會糾正錯誤、撫慰人民，並為所有人帶來救贖。

文獻中，把過去、現在和未來視為連續不斷之事件的一部分，這些事件代表了預定的天命（Destiny）；因此，馬杜克必然能夠戰勝價值較低的神祇。

參見 Admonitions of IPU-WER（艾普－威爾的訓誡）、Marduk（馬杜克）、Nabu（那布）。

Alalu 阿拉盧

尼比魯星球的統治者，被阿努（Anu）廢除王位後，逃到了地球。按照西琴的說法，阿拉盧發現了地球上有黃金，導致阿努納來到地球上以取得這種金屬。在阿努來到地球訪問的其中一次，兩個人扭打，阿拉盧咬斷了阿努的「男子特徵」（manhood）。

Ale-woman 麥酒婦人

在《吉爾迦美什史詩》（*Epic of Gilgamesh*）中被稱為「西杜莉」（Siduri），是客棧老闆。在吉爾迦美什前往提爾蒙（Tilmun，意思是飛彈之地）的途中，到

達「死亡之海」時，西杜莉曾對吉爾伽美什提供了幫助和建議。

西琴已將「死亡之海」辨認為死海沿岸的耶利哥（Jericho）郊區，並指出在後來的《聖經》中有相似的故事，即耶利哥的旅館女老闆（Inrichkeeper-woman）喇合（Rahab），為以色列人的間諜提供了躲避處（編注：《和合本》中稱喇合為妓女。）。

Alexander (the Great) 亞歷山大大帝

馬其頓國王腓力二世（Philip II）和奧林匹亞絲（Olympias）女王所生的兒子。

亞歷山大在西元前334年，率領一支軍隊橫越歐洲和小亞細亞之間的赫勒斯滂（Hellespont，現今的達達尼爾〔Dardanelles〕）海峽，並在一連串戰役中，擊敗了波斯國王大流士（Darius）的軍隊。他從地中海開始征服亞洲，一直到印度地區，也征服了非洲的埃及。

歷史學家認為，亞歷山大對亞洲的入侵，是在回應波斯人先前對希臘的襲擊。但西琴進一步強調了亞歷山大的個人動機。由於宮廷傳聞說他真正的父親是埃及神阿蒙（Amon），這使他成為半神，值得永生不朽。這解釋了為什麼亞歷山大在與波斯人進行了第一次結果未定的戰鬥之後，就前往埃及著名的神諭地點：西瓦（Siwa）綠洲，以尋求對他的神性的確認。

然後，他前往巴比倫，進入埃薩吉（Esagil）神廟裡的主神之墓，向阿蒙／拉／馬杜克（Amon/Ra/Marduk）致敬。

亞歷山大在西元前323年於巴比倫去世，享年三十二歲。

Alexandria 亞歷山大港

埃及的城市，位於地中海沿岸，是在亞歷山大大帝去世後，為了埋葬他而建造。亞歷山大港在古代以學習的中心而著名，並與它的大圖書館連結在一起。但這座圖書館連同其寶貴的手稿，在西元642年被穆斯林征服者放火燒

毀了。這座城市以其港口聞名於世。

Allah 阿拉

穆斯林崇拜的唯一大神，以新月為象徵符號。

Allat 阿拉特

女神艾拉特（Elat）後來的名字，她是迦南神伊爾（El，編注：本系列前作部
分以 El 指稱）的配偶。伊爾是在近東，特別是在西奈半島和阿拉伯北部受
到敬拜的神。

Al Mamoon 阿爾‧瑪沐恩

埃及的穆斯林統治者（哈里發），在西元830年聘請了石匠、鐵匠和技師，
為他鑽開了進入吉薩大金字塔的通道，以尋找隱藏的寶藏。

他錯過了金字塔北面的原始入口，然後到達下降通道，這是其他金字塔已為
人熟悉的特徵。然後，由於一個石塊偶然掉落，他的手下發現了金字塔上部
的獨特部分：「國王房」和「皇后房」，以及通向它們的水平通道和上升通
道，還有宏偉的大走廊。

Alphabet, Alphabetic Writing 字母表，拼音文字

蘇美擁有第一個書寫系統，是從象形文字表示對象或動作，發展到使用楔形
符號（楔形文字）來表示音節發音。埃及的文字書寫也取得了類似的進步，
但始終都是使用象形文字（象形符號）。因此，這兩個書寫系統都需要使用
到數百個符號。

在西元前兩千年中期首次出現在西奈半島的拼音文字，是一個天才的成
就，他改用聲音系統，選擇了物體的簡化象形文字，例如，牛頭（在閃族

希伯來文為 Aluf）來表示聲音「A」、房子（在閃族希伯來文為 Bayit）表示聲音「B」，依此類推。最後，將字母縮減為只有二十二個符號的字母表（alphabet）。

西琴在字母表的發明時間和地點上，看到了以下問題的可能答案：在《出埃及記》中，摩西在西奈山上，以什麼語言和字母，（僅用兩塊石版）寫下了神聖的約定？（有關希伯來字母表，參見DNA〔去脫氧核糖核酸〕。）

Amalekites 亞瑪力人

這個部族在出埃及期間阻止以色列人進入西奈半島，導致了激烈的戰鬥。

Amar.Pal 阿馬爾－波爾

Amar.Sin（阿爾馬－辛）這個名字另一個可能的讀音。西琴認為，阿爾馬－辛／阿爾馬－波爾（mar.Sin/Amar.Pal）是「示拿（即蘇美）的國王暗拉非（Amraphel）」。根據《創世記》第十四章，暗拉非領導了「東方國王」對抗「西方國王」聯盟的戰爭，而亞伯拉罕在那場戰爭中扮演了重要的角色。

西琴精確地指出，這次攻擊的年代是在西元前2041年，將它等同於烏爾（Ur）第三王朝皇家年鑑（年代記冊／Date Formulas）中，阿瑪爾－辛對西方「反叛土地」所進行的軍事遠征。按照西琴的說法，真正的目標是西奈的太空站，而亞伯拉罕主要的任務是保衛太空站。

參見 Amar.Sin（阿馬爾－辛）、Spaceport（太空站）、Tilmun（提爾蒙）。

Amar.Sin 阿馬爾－辛

（意思是「被辛看著」。）

蘇美的烏爾第三王朝的第三位統治者（西元前2047年至2039年在位），是舒爾吉（Shulgi）的兒子。阿瑪爾－辛試圖透過在北部和西部的軍事攻勢，來

捍衛蘇美。他率領一支具懲罰性質的軍事遠征軍，對抗親馬杜克的迦南國王聯盟，這個聯盟可能試圖奪取對西奈半島太空站的控制權。

參見 Amar.Pal（阿爾馬－波爾）、En.shag（恩夏格）、Tilmun（提爾蒙）。

Amazon 亞馬遜

南美洲的巨大河流，其眾多支流從西部的安地斯山脈，一直流向東部的大西洋，大部分流經一片大雨林，長度超過兩千英里（約三千兩百公里）。這條河流流經了叢林深處無法通行的地區，因此成為有關失落城市之報導的來源，例如傳說中的亞喀克（Akakor）。

AMON (Ammon, Amen) 阿蒙

埃及神拉（RA）的別名，意思是「不可見的」。按照西琴的說法，拉是巴比倫所稱的馬杜克神的埃及名字，而當拉／馬杜克被從埃及流放之後，人們開始使用「阿蒙」這個稱號（通常是「拉－阿蒙」〔Ra-Amon〕的組合形式）。西琴將這些事件與名為「第一中間期」的埃及混亂時期連結起來。這個時期開始於西元前2160年左右，在埃及歷史上介於古王國與中王國之間。

Amorites (*Amurru*, **Martu**) 亞摩利人

居住於幼發拉底河以西的土地上的閃族人，主要在現今的敘利亞。在文化和宗教上，是蘇美和阿卡德人的一部分，當時他們的首領勝任了統治蘇美和巴比倫的工作。他們最著名的中心 —— 馬里（Mari）已被廣泛挖掘。

Amos 阿摩司

《希伯來聖經》中的先知之一，他向以色列和其他國家的人民，傳達了上帝的聖言。在時間順序上，他是先知中的第一位，大約在西元前760年開始

預言。他正確地預言了亞述未來的攻擊行動，並生活在「主之日」（Days of Lord）即將來臨的時代。主之日是「日頭在午間落下，使地在白晝黑暗」的日子。（《阿摩司書》8：9）。按照西琴的說法，主之日是尼比魯星返回地球附近。

參見 Days of Lord（主之日）。

An; An.*Anu* 安；安、阿努

安（An，意思是「天國」）；安、阿努（An./Anu，意思是「住在天國者」）。尼比魯星的太空人來到地球時，該星球的統治者。阿努與配偶安圖（Antu）所生的兒子是恩利爾，與其他妻子所生的孩子有艾／恩基（Ea/Enki）和寧呼爾薩格。儘管尼比魯皇族有一長串後代，但阿努透過廢除擁有統治權的國王阿拉盧，奪取了王位。他們之間的仇恨持續影響了隨後的幾個世代。他是神系的首領，數字階級為60。

按照西琴的說法，阿努至少曾經到訪地球三次，其中一次是必須發起全面的地球任務時；第二次是在阿努納奇叛變之後，當時決定要創造「原始工人」；另一次則是在西元前四千年左右，當人類被授予文明時，他與安圖一起來進行國事訪問。

AN, Annu 安，阿努城

（在《聖經》中被稱為「安城」〔On〕。）

這是埃及城市「赫利奧波利斯」（Heliopolis）最初的名稱，為古埃及的第一個宗教中心。象形文字銘文中提到，法老每年被允許進入這座城市的大神廟裡的至聖所，以觀看「天船」（celestial barque），在其中的是從「百萬年之星」來到地球的普塔（Ptah）之子「拉神」。

根據《創世記》第四十一章，約瑟（Joseph）被任命治理埃及時，法老「將

安城的祭司波提非拉的女兒亞西納，給他為妻。」（41：45）。

參見 Ben-Ben（本本石）。

Anakim [H] 亞衲族

通常被翻譯為「巨人」，參見 Anunnaki（阿努納奇）、Nefilim（納菲力姆）。

Anat 阿娜特

（意思是「她是回應者」。）

迦南傳說的女神，是巴爾神的玩伴；關於她的性事和天空漫遊探險故事，在蘇美／阿卡德文獻中，都是伊師塔的經歷。

Anatolia 安納托利亞（又譯安納托尼亞）

小亞細亞，現今的土耳其。

Angels 天使

在《聖經》中，這個詞語用於翻譯希伯來單字Maľachim，字面意思是「使者」（編注：《和合本》譯為「使者」）。儘管《聖經》中曾經用它來表示國王的使者，但「天使」的翻譯是指神聖的使者，通常被描繪為有翅膀的生物。

在《以賽亞書》第六章中，描述了一種叫做「撒拉弗」（Seraphim）的天使，每位天使有六個翅膀。約櫃上的兩個金色基路伯（Cherubim）有四個翅膀（類似於保護法老圖坦卡門棺材的神聖實體）。

按照西琴的說法，在美索不達米亞，神及其使者都被描繪為穿著有翅膀的制服，以表明他們的太空人身分。

參見Cherubim（基路伯）、Eaglemen（鷹人）、Winged Beings（有翼生物）。

ANKH 安可

古埃及的象形文字，看起來像垂線工具，意思是「生命」（Life）。

An.na 安納

（意思是「天國的石頭」。）

蘇美語中指稱「錫」的詞語，在阿卡德語中是 Anaku，從這個單字演變出希伯來文的 Anak，意思是「項鍊」，以及 Anakh，意思是「垂線工具」。參見 Ankh（安可）。

Anshan 安善

一個波斯地區，是阿契美尼斯人的據點，當居魯士（Cyrus，編注：《和合本》譯為「古列」）在西元前549年成為國王時，他們在古代世界中留下了印記。

An.shar 安莎

（意思是「天國最重要的」。）

按照西琴的說法，這是我們稱為土星的行星。美索不達米亞的《創世史詩》（*Epic of Creation*）描述了它在太陽系形成過程中的角色。

參見 Ki.shar（基莎）。

Antarctica 南極洲

冰封的最南端大陸，是地球南極的所在地。歐洲人在西元1820年發現南極洲之前，還不知道它的存在，但是從早期傳下來的地圖中，已經正確呈現出該大陸的樣子，這表示南極洲在以前的時代就已經為人所知了。

西琴提出，蘇美語中的地名「伊卡魯姆」（Erkallum），通常被翻譯為「大底下」（the Great Below），指的就是南極洲。它是《聖經》中造成大洪水開端的「大淵」（Great Deep）。按照西琴的說法，大洪水是由於南極大陸上的冰蓋滑動，造成巨大的潮汐波、海平面上升及氣候變化所導致的。

參見 Nibiru's Orbit（尼比魯的軌道）。

Antikythera Mechanism 安提基特拉儀器

這是令人難以置信的裝置，裡面的青銅齒輪緊密地裝在一個木盒子裡，這是希臘潛水員於西元 1900 年在地中海安提基特拉島附近的沉船中發現的。沉船中的其他文物，可以追溯到西元前四世紀；船本身的年代可以追溯到西元前兩百年左右。在盒子內和某些齒輪上的早期希臘文字，指出這是一個複雜的儀器，用於計算太陽、月亮和行星相對於黃道宮時代的天體運動。大約在此儀器誕生的一千七百年後，最類似的齒輪天文或鐘錶設備，才出現在歐洲。這個儀器已經在雅典的國家考古博物館中進行了 X 光檢查、MRI 檢查和其他研究；但專家們對於以下問題的答案一無所知：在西元前四百／兩百年，誰擁有製造這個儀器所需的天文知識和技術能力？它的用途是什麼？有關西琴的解釋，請參閱《過往神話之旅》（*Journeys to the Mythical Past*，中文名暫譯）。

Antu 安圖

安／阿努的正式配偶。因為她是阿努的同父異母姊妹，雖然她所生的兒子恩利爾並非長子，卻能成為阿努的合法繼承人。她曾陪伴阿努到地球進行國事訪問。

Anunnaki 阿努納奇

意思是「那些從天國來到地球者」，有時簡稱為「阿努納」（Anunna，意思是

「天國者」)。

他們是來到地球開採黃金的尼比魯人。第一個五十人團隊由艾（Ea）領導，而後有更多尼比魯人隨著恩利爾來到地球，並且在後來被稱為「蘇美」的伊丁（E.Din，意思是「正直者的家／住所」），建立了七個具有特定功能的定居點。他們待在地球上的最高峰時期一共有六百名，還有三百名執行特殊任務的伊吉吉（Igi.gi）加入。他們是古代人崇拜的「天地之神」。

西琴在他的著作中提到，《聖經》中的詞語 Anakim（亞衲族），通常被認為是「巨人」，實際上是 Anunnaki（阿努納奇）的希伯來文翻譯。他們在阿卡德語被稱為「伊陸」（Ilu，意思是高大的人），也是《聖經》中的伊羅興（Elohim）。

根據《蘇美國王列表》，阿努納奇從到達之日到大洪水期間，在地球上統治了 120 個 Sars（等於 432,000 個地球年）。西琴的結論是，他們在西元前六世紀時離開了地球。

參見 An(Anu)（安／阿努）、Ea/Enki（艾／恩基）、El（伊爾）、Elohim（伊羅興）、Enlil（恩利爾）、Nazca（納斯卡）、Nefilim（納菲力姆）、Nibiru（尼比魯）、King/Kingship（國王／王權）。

An.zu 安祖

（意思是「天空的知曉者」。）

恩利爾的對手，他成功竊取了「命運碑刻」，並且破壞了「天地紐帶」（Bond Heaven-Earth，又譯天地連接）。在名為《祖的神話》（*The Myth of Zu*）的蘇美文獻中，描述了這些事件，以及恩利爾的兒子尼努爾塔最終打敗了這位邪惡之神。但是，一份缺失的文獻在最近被發現，上面顯示犯罪者的名字實際上是「安祖」，而不是祖（Zu）。

參見 Aerial Battles（空中戰鬥）、Zu（祖）。

Aphrodite 愛芙羅黛蒂

希臘的愛神（即羅馬的維納斯〔Venus〕），宙斯的女兒，也是奧林匹亞十二主神（Twelve Olympians）之一。根據傳說，她是從近東經由賽普勒斯島（Cyprus）來到希臘。她的許多特質與伊南娜（伊師塔）相似。

Apin 阿平

蘇美人為我們所稱的火星所取的名字。參見 Mars（火星）。

Apkallu 阿普卡爾

從尼比魯駕駛太空船到地球的第一批指揮官的統稱。源自 Ab.gal（意思是「偉大的領導者」）的第一個名字。

Apocalypse 啟示

這個詞源於希臘語的「揭露」（To reveal），意味著有關末日的預言啟示，包括時間的完結（End of Time）、世界的完結（End of the World），或是完結事件本身的災難性面向。

在埃及和巴比倫都出現了啟示類的文獻，而且比《聖經》早了一千年以上，這些文獻都對人們的宗教或社會犯罪之事進行告誡，並且描述了全球甚至宇宙範圍內即將發生的劇變和災難。他們還預言了救世主的出現，救世主將撫慰並拯救群眾。

參見 Admonitions of IPU-WER（艾普－威爾的訓誡）、
Akkadian Prophecies（阿卡德預言）、Day of the Lord（主之日）、
End of Days（完結日）、Marduk（馬杜克）、Nabu（那布）、Prophets（先知）。

Apocrypha 新約外傳

未包含在《希伯來聖經》之內的其他旁經（偽經）古書，有其他多種語言版本，包含《禧年書》（*Book of Jubilees*）、《以諾書》（*Book of Enoch*）、《挪亞書》（*Book of Noah*）。它們為聖經故事提供了更多細節，例如領導者的名字，以及娶了人類的女兒為妻子的納菲力姆的數量（兩百名）。

Apollo 阿波羅

希臘人（後來是羅馬人）的主要神祇，是預言和占卜的神，是眾神意志的解譯者；德爾斐（Delphi）是古希臘最神聖的神諭地點，那裡是敬拜他的主要場所。

他是宙斯的長子（由女神勒托〔Leto〕所生），但他不是合法繼承人，因為宙斯後來跟他的姊妹兼妻子生了一個兒子（阿瑞斯〔Ares〕／火星）。

阿波羅直接參與了特洛伊戰爭（Trojan War），而根據西琴所著的《地球編年史探險》（*The Earth Chronicles Expeditions*，中文名暫譯），傳說他曾經前往包括美洲在內的遙遠土地。

Aqhat 阿迦特

在迦南的眾神和英雄故事中，他是原本無繼承人的老人在伊爾神的幫助下所生的兒子。「眾神的工匠」送給他一把神奇的弓。女神阿娜特想要這把弓，因此與阿迦特做愛，並賜給他永生，以換得這把弓。（關於故事結尾的碑刻，尚未被發現。）

Aquarius 水瓶宮

「水的主人」（The Water Bearer），十二個黃道星宮之一。蘇美人將此星座與艾

（E.a，意思是「他的家是水」）相連結，並透過描繪艾坐在水流中的圖畫來呈現。

Arali 阿拉利

（意思是「在水邊的閃閃發光之地」。）

在非洲東南部的阿努納奇金礦產地；恩基在非洲的總部。

Aram, Arameans 亞蘭，亞蘭人

居住在幼發拉底河上游地區，使用閃族語（亞蘭語〔Aramaic，又譯亞拉姆語〕）的人們。該地區現今主要在敘利亞東北部。

參見 Damascus（大馬色）。

Ararat 亞拉拉特

（即《聖經》中的亞拉臘山。）

西亞最高的雙峰山峰（17,000 英尺和 12,000 英尺，約 5200 公尺和 3650 公尺），位於現今的土耳其東部，介於凡湖（Lake Van）和塞凡湖（Lake Sevan）之間。這個地區在古代被稱為「烏拉爾圖」（Urartu），在西元前兩千年晚期是胡里人（Hurrian）的王國所在地。

從《聖經》的大洪水故事中可以得知，這裡是在大洪水消退後第一個出現的旱地，挪亞的方舟可能在停靠在這裡。在美索不達米亞的大洪水傳說中，這裡被稱為「尼彩山」（Mount Nitzir，意思是「拯救之山」）。

按照西琴的說法，這對雙峰在大洪水之前和之後，都被阿努納奇當作太空船的登陸走廊的可見地標來使用。

Aratta 阿拉塔

遠離蘇美且位於山脈之外的土地，以其糧倉和珠寶而聞名，這裡也許是印度河谷的古老中心：哈拉帕（Harappa）。它被大阿努納奇授予女神伊師塔，做為她的領地。但她一直回到自己喜歡的蘇美城市烏魯克，引起了名為〈恩麥卡爾和阿拉塔之主〉（Enmerkar and the Lord of Aratta）的蘇美史詩中詳細描述的競爭。

參見 Harappa（哈拉帕）。

Arba 亞巴

（在希伯來文中的意思是「四」。）

根據《聖經》，這是希伯崙（Hebron，意思是「一座堡壘城市」）的舊稱，取自昔日的統治者之名，亞巴是「亞衲族（Anakim）最尊大的人」。

西琴指出，「最尊大的人」是希伯來文對於蘇美的 Lu.gal（努戈）的字面翻譯，Lu.gal 的意思是「國王」，而亞衲族（Anakim）是希伯來文中對阿努納奇的稱呼。因此，希伯崙原本是被稱為「亞巴」的半神之據點。

參見 Anunnaki（阿努納奇）、Kings/Kingship（國王／王權）。

Archaeoastronomy 考古天文學

這門學科是將天文學與考古學結合起來，透過確定古代遺蹟的天文朝向，來確定其建造年代。諾曼・洛克耶（Norman Lockyer）爵士在造訪希臘的雅典娜神廟之後，於西元1894年出版了《天文學的黎明》（*The Dawn of Astronomy*），首次提出這門學科，並應用在確認埃及神廟和英國巨石陣的年代上。

Ares 阿瑞斯

（羅馬對「火星」的稱呼。）

在希臘神話中，他是宙斯和赫拉（Hera）的兒子，被認為是宙斯的合法繼承人（因為赫拉是宙斯的姊妹兼妻子），儘管阿波羅是女神勒托為宙斯所生下的長子。

Aries（**Ku.mal**）白羊宮（庫瑪）

「公羊」。十二個黃道星宮之一，在美索不達米亞地區是與馬杜克神相關。與其他黃道星宮相比，它占據了比較小的空間，因此屬於它的黃道宮時代長度少於數學上的2160年（25,920年週期的十二分之一）。西元前二十一世紀是否已經進入白羊宮時代（馬杜克至高無上的時代）？這件事曾經發生爭議，並導致核武器於西元前2024年在地球上被啟動。

馬杜克的祭司貝羅蘇斯（Berossus）曾為他的希臘主人寫道，他們當時的白羊宮時代始於塞琉古（Seleucid）時代之前的一千九百二十年，即西元前2232年。

Ariokh 亞略（又譯艾瑞克）

在《創世記》第十四章所列的「以拉撒王」（King of Ellasar），是在亞伯拉罕的時代入侵迦南的東方國王之一。

Ark 方舟、櫃

在英文中，這個詞語指《聖經》大洪水故事裡挪亞的「潛水舟」（希伯來文是 Tevah，參見 Noah's Ark〔挪亞方舟〕），另外也指聖約之「櫃」（希伯來文是 Aron），摩西將刻有十誡的石版放在鍍金的木箱裡（參見 Ark of the Covenant

〔約櫃〕、Deluge〔大洪水〕）。

Ark of the Covenant ([H] *Aron Ha-Brith*) 約櫃

在出埃及期間，根據上帝對摩西的精確指示，所打造而成的木製鍍金盒子。有兩個基路伯在約櫃的頂端，它們是使用黃金鑄造而成，而且翅膀相互觸及，是一種神聖的交流裝置。如果未經授權就靠近或觸摸約櫃，將會導致死亡。

約櫃裡存放了摩西從西奈山帶下來的兩塊石製的律法碑刻，且伴隨以色列人走出埃及，並在他們穿越約旦河時，發揮了奇蹟般的作用。最後，它被放置在由所羅門國王建造的耶路撒冷聖殿的至聖所中，只有大祭司才能接近。

巴比倫人在西元前587年洗劫耶路撒冷並摧毀聖殿時，約櫃就從所在的神聖之處消失了；約櫃是在何時及如何消失，至今仍是一個充滿猜測和傳說的話題。（西琴在《地球編年史探險》中，描述了他進行的一次充滿冒險的嘗試，試圖揭開這個謎團。）

Armageddon 哈米吉多頓

這個詞代表了即將吞噬地球及其人類的最終且可怕的啟示，來自新約的《聖約翰啟示錄》（俗稱《啟示錄》）。書中提到了一場災難性的預言，「自從地上有人以來，沒有這樣大這樣利害的地震」（16:18），還預見了一場最終的可怕戰爭，「眾王聚集在一處，希伯來話叫作哈米吉多頓」（16:16）。這個詞顯然是翻譯自希伯來文的 Har Megiddo（哈爾米吉多），即米吉多山。

在《聖經》所描述的時代裡，位於以色列的米吉多山，就已經被視為戰略的高峰，有多場戰役在此進行。《啟示錄》提到，在那場最後的戰爭中，其中的一頭獸「甚至在人面前，叫火從天降在地上」（13:13），這種說法可以理解是對核爆炸的預言。

西琴在《完結日》（*The End of Days*）中，將哈米吉多頓預言，放在關於彌賽亞時代之前的最終戰爭（例如先知以西結所說的哥革和瑪各〔Gog and Magog〕）的其他預言的脈絡下，並考察了西元2007年在米吉多山腳下發現的古代馬賽克所描繪的雙魚符號，以做為啟示時期的線索。

參見 Ezekiel（以西結書）、Gog and Magog（哥革和瑪各）、Megiddo（米吉多）、Revelation（啟示錄）。

Arpakhshad (Arpachshad) 亞法撒

在《創世記》第十章，根據大洪水之後在地球上重新安置人類的國家族譜列表，亞法撒是閃（Shem，挪亞的三個兒子中的長子）的五個兒子之一，亞伯拉罕是他的後裔。根據《禧年書》中關於亞法撒的詳細描述，他的領地是後來被稱為「埃蘭」（Elam）的土地。

Aryans 雅利安人（又譯阿利安人）

（也拼寫為 Arya。）

使用印歐語的人，在西元前兩千年時，他們可能從高加索地區遷移到印度次大陸，並帶來了記載在《吠陀經》中的眾神故事。

參見 Hindu Traditions（印度傳統）、Indo-European（印歐語系）。

Asar 阿薩爾

馬杜克的稱號，在《伊奴瑪・伊立什》（*Enuma elish*，又譯埃努瑪・埃利什）文獻的第七塊碑刻上，這是他的五十個名字中的幾個前綴字。

Ascending Passage 上升通道

埃及吉薩大金字塔內部的主要內部通道之一，通往大走廊和「國王房」。

Ashanti 阿散蒂（又譯阿善提）

西非的一個部落，以精湛的金飾技藝而聞名。西琴指出，他們的男性特徵類似於中美洲的奧爾梅克（Olmec）酋長的特徵。

Asher 亞設

族長雅各（Jacob）的十二個兒子之一，以色列人的支派以他來命名。

Asherah 阿西拉

（《聖經》中稱為 Ashtoreth〔亞斯他錄，又譯亞絲托瑞〕。）

西元前兩千年晚期到一千年早期，在近東地區廣泛受到敬拜的迦南女神。

Ashur 阿舒爾

（意思是「看見者」。）

亞述人的主神，也是他們稱呼自己的領土及其中一個首都的名字（參見 Assyria〔亞述〕）。亞述人採用了蘇美－阿卡德的神系，在文獻中把恩利爾的特質分配給阿舒爾，但經常指稱他是恩利爾的兒子尼努爾塔。他被描繪成一個成熟的鬍子神，戴著屬於眾神的有角的頭盔。

當亞述在西元前一千年的前半時期，於近東提升至霸主地位時，每位亞述國王都聲稱其軍事行動及殘酷的征服是「在我的神阿舒爾的指揮下」進行的。

參見 Assyria（亞述）、Nineveh（尼尼微）、Sennacherib（西拿基立）、Shalmaneser（撒縵以色）。

Ashurbanipal 亞述巴尼帕

（阿卡德語是 Ashur-bani-apli，意思是「由神阿舒爾所造的兒子」。）

一位亞述國王（西元前668年至630年在位），因為設在尼尼微的圖書館而聞名。有時他被稱為「第一位考古學家」，因為他收集了許多泥版碑刻，以及對當時來說已經相當古老的工藝品。他曾自誇道：「抄寫員之神讓我接觸了書寫的祕密」，包括閱讀蘇美文的能力，甚至是理解「大洪水發生之前」的銘文的能力。這是在《聖經》之外，首次提到大洪水事件的地方。

他所收集的那些碑刻，主題涉及的範圍很廣泛，包括《吉爾伽美什史詩》（*Epic of Gilgamesh*，其中也講述了大洪水的故事）之類的名家文獻，也特別注意關於天體的資訊。在純天文學的文獻中，有一些碑刻屬於《貝爾的日子》（*The day of Bel*，意思是「主之日」），還有重要的《伊奴瑪‧伊立什》，即「創世史詩」，講述了一顆入侵的星球如何進入太陽系並成為尼比魯星，阿努納奇就是從這顆行星來到地球。

西琴的結論是，這些文獻收藏和純天文學碑刻，都著重於尼比魯星，包括它最初的到來、後續的到來，以及預期中的到來。他表示，有一些文獻實際上是用來觀測尼比魯到達近地點（perigee）的時間之準則。

參見 Assyria（亞述）、Epic of Creation（創世史詩）、Nineveh（尼尼微）。

Ashurnasirpal II 亞述拿色帕二世

一位亞述國王（西元前883年至859年在位），他戴上十字架當作皇家徽章的一部分，同時占領了黎巴嫩的登陸點，按照西琴的說法，此占領行動是因為人們對尼比魯回歸的盼望越來越高。

參見 Cross（十字）、Landing Place（登陸點）。

Asia Minor 小亞細亞

位在亞洲的最西端，形狀像亞洲大陸的延伸，並伸向歐洲。在古代是西臺人之地，現今是土耳其。

參見 Anatolia（安納托利亞）。

Assembly of the gods 眾神大會

參見 Council of the gods（眾神議會）。

Assyria（*Ashur*）亞述

底格里斯河上游地區的一個王國，在蘇美時期被稱為「沙巴圖」（Subartu），並成為蘇美與阿卡德最北端的延伸。在語言和種族背景上，它的人民（亞述人）似乎與阿卡德的薩貢（Sargon of Akkad）有血緣關係，其中一些最著名的國王以「舍魯金」（Sharru-kin，即薩貢〔Sargon-Sargon〕）做為王室名稱。（《創世記》第 10 章中，將亞述〔Ashur〕列為閃的兒子。）在宗教上，亞述人採用了蘇美人的神系，並著重在恩利爾一族的眾神，包括恩利爾、尼努爾塔、辛、阿達德、沙馬氏（Shamash）和伊師塔。

亞述在西元前兩千年崛起，與巴比倫及其主神馬杜克爭奪霸權，入侵了埃及，並在西元前九世紀至西元前七世紀的「新亞述」時期，獲得古代近東的統治地位。

自從西元 1843 年以來，人們就開始挖掘亞述的皇家及宗教中心，包括阿舒爾、尼尼微、尼姆魯德（Nimrud）和迦拉（Calah）等地，發現了廣闊的城市中心、宏偉的宮殿、大神廟、收藏了刻字泥版的巨大圖書館，以及大量的工藝品。

這些向亞述帝國的國王致敬的描繪和銘文，讓現代人能夠重建西元前兩千年到一千年的生活及事件，並驗證了《聖經》中所描述的戰爭故事和知名亞述國王的征服行動，包括提格拉特－帕拉沙爾三世（Tiglath-Pileser III，西元前 744 年至 727 年在位）入侵以色列，並流放了以色列的部分領導者；以及他的兒子撒縵以色五世（Shalmaneser V）在西元前 722 年襲擊以色列，並流放所有人

民，創造了「失落的十個支派」（Lost Ten Tribes）的謎團；西拿基立在西元前702年襲擊猶大，但圍困其首都耶路撒冷的行動以失敗收場。正如聖經先知的預言，亞述在西元前614年至612年的一連串軍事失敗後，被來自北方的入侵者襲擊並走向盡頭。

參見Ashur（阿舒爾）、Babylon（巴比倫）、Harran（哈蘭）、Nineveh（尼尼微）。

Asteroid Belt 小行星帶

位於火星和木星之間的天體區域，充斥著小行星（這是一顆行星的小部分殘骸）。這些小行星在火星和木星之間的「帶狀區」裡持續繞著太陽運行。

西琴在《第12個天體》（*The 12th Planet*）中提到，《創世記》第一章提到的天體拉基亞（Raki'a，意思是「被錘打的手鐲」），等同於阿卡德語的Rakkis，（根據美索不達米亞的創世史詩《伊奴瑪・伊立什》），小行星帶是神行星（god-planet）尼比魯／馬杜克與行星提亞瑪特（Tiamat，又譯提亞馬特）碰撞後，「像被錘打的手鐲在天上伸展」。

儘管天文學家仍不確定小行星帶是如何形成的，但西琴認為，提亞瑪特的半邊殘骸，在與馬杜克（Marduk）的衛星（其軌道是逆行的）碰撞後，被砸成碎片。而提亞瑪特的另一半被撞開但沒有粉碎，它被推向新的軌道位置，成為地球。

Astrolabe 星盤

（意思是「星辰守望者」。）

用於描述在巴比倫發現的圓形泥版的詞語，該圓盤像派餅那樣被劃分為十二個部分，穿過三個同心環，形成了天空的平面圖，並在劃分出的三十六個天空位置中列出了天體。

參見 Planispheres（平面天體圖）。

Astrology 占星術

占星術研究太陽、月亮和行星的運行，相信這些行星相對於彼此的位置，以及它們所在的黃道「站點」，會影響人類的個人命運。但是，當「占星術」剛開始在美索不達米亞（尤其是在巴比倫）出現時，是將天文觀測應用於國事，也就是王國及其統治者的命運，而不是個人的星座運勢。

Astronauts, ancient 太空人（古代）

參見 Apkallu（阿普卡爾）、Anunnaki（阿努納奇）、Eaglemen（鷹人）、Nefilim（納菲力姆）。

Astronomy 天文學

學者針對在尼尼微和巴比倫的大型圖書館，以及其他古代遺址的小型圖書館中發現的碑刻進行解譯，對於其天文學文獻的豐富性、細節和精巧程度，感到相當震驚，這些文獻內容包含對天體的日常觀測，到預測到未來五十年的月蝕表等。特定類別的祭司會使用廟塔（ziggurats，階梯形金字塔）的各個臺階進行觀測，並且每日向國王提供天文報告。

儘管當前的教科書稱讚那是「巴比倫天文學」，但是這些文獻（以阿卡德語撰寫）中的抄寫符號以及使用的詞語，無疑呈現出巴比倫／亞述的天文學是基於較早期的蘇美天文學知識、紀錄和文獻而來的，有些文獻是在蘇美的城市遺址（如尼普爾、埃利都〔Eridu〕和烏爾）發現的。這些文獻所使用的大量且精確的天文術語，震驚了學者，例如An.pa代表「天頂」（Zenith），An.bil代表「至日點」，An.ub代表「至日點的朝向」，An.ur代表「地平線」，當然還有為行星、恆星和星座命名並區分它們。

最早的知識已經採用了 Dub（此為蘇美詞語，指稱360度的球形天文學，這是直到現代仍在沿用的），將地球周圍的天空分為三條「路」，即北部的恩利爾之路、南部的艾（恩基）之路，以及在中間的阿努之路。環繞著阿努之路的天域，被劃分為十二個黃道星宮，而這些星宮的蘇美名字和圖示（如獅子、公牛、公羊、雙子、雙魚等）仍被使用至今。

有許多碑刻被組成同一個系列（例如「伊奴瑪‧阿努‧恩利爾」〔Enuma Anu Enlil〕就是由三十塊碑刻組成），其中也在平面上描繪天球，亦即現今所稱的「星盤」。在所有文獻中，最重要的是提到尼比魯星，包括它的軌道路徑、阿努和安圖來到地球進行國事訪問時看到了它的出現，以及它在西元前一千年的回歸。

參見 E.Ninnu（伊尼奴）、Gudea（古蒂亞）、Lagash（拉格什）、Nibiru（尼比魯）、Temples（神廟）、Ways of Heaven（天空之路）、Ziggurats（廟塔）、Zodiac（黃道帶）。

關於其他及之後天文結構，參見 Chichen Itza（奇琴伊察）、Denderah（丹德拉赫）、Gilgal Repha'im（基列利乏音）、Sacsahuaman（沙克沙華孟）、Sarmizegetusa（薩爾米澤傑圖薩）、Stonehenge（巨石陣）、Tiahuanacu（蒂亞瓦納科）等。

Aswan 亞斯文（又譯阿斯旺）

位在上埃及的古代尼羅河畔城市「色耶尼」（Syene）的現代名稱。位於尼羅河北部可以通航的地區，有別於南部充滿大瀑布的河段。它在古代是埃及和努比亞（Nubia）之間的邊界。埃及傳說認為，該地點是普塔（Ptah）神設置水閘以調節河水流量的地方，並由此將埃及的土地從大洪水的底部抬起，使其適合居住。它是現代亞斯文水壩的所在地。

Atahualpa 阿塔瓦爾帕

西班牙人於西元1530年在法蘭西斯克・皮薩羅（Francisco Pizzaro）的領導下，首次抵達祕魯時，阿塔瓦爾帕是印加王位的覬覦者。

ATEN 阿托恩

在西元前十四世紀，當埃及的領導神拉（RA）成為阿蒙（AMON，意思是「不可見的」）時，埃及法老阿蒙霍特普（Amenhotep，又拼寫為Amenophis）四世宣稱，阿托恩（它被描繪為放射光線的天體圓盤）是敬拜的主要對象，並將自己改名為「阿肯那頓」（AKHEN-ATEN，意思是「阿托恩的僕人／崇拜者」），並建造了一個全新的首都－宗教中心，取名為「阿赫塔頓」（AKHET-ATEN，意思是「地平線上的阿托恩」）。

一些學者把阿托恩視為「新太陽」或「新拉神」（New Ra），並把這個轉變解釋為新的「太陽宗教」，其他人則在對阿托恩的敬拜行為中，發現了一神教的元素。拉（阿蒙）的祭司強烈反對這個宗教變革，阿肯那頓和他所建的城市，在西元前1362年迅速結束。

西琴在《完結日》中，將阿托恩解釋為眾神的行星（百萬年之星）── 尼比魯 ── 正在回歸的路徑上：仍然未可見，但被期盼要重新回歸到人們的視線之中。他指出，當時在埃及和美索不達米亞的皇家描繪中，開始看到十字的符號。

Athena 雅典娜

希臘的戰爭女神，也是許多半神英雄的守護者。她被羅馬人稱為「密涅瓦」（Minerva）。她是宙斯的女兒，也是奧林匹亞十二主神之一，主神廟位於雅典，這座城市即是以她的名字命名。在特洛伊戰爭的故事中，她與同父異母

的兄弟阿波羅一起積極參與了戰爭活動。

Atlantes 阿特蘭蒂斯

高度超過15英尺（約4.6公尺）的巨大人形石像，豎立在墨西哥的古代遺址托央（Tollan）裡的平頂托爾特克（Toltec）金字塔上。它們被雕刻了罕見種族的嚴肅表情，戴著裝飾了星形符號的羽毛頭冠，並以手槍式放射槍等武器來武裝。

Atlantis 亞特蘭提斯

在柏拉圖（Plato）的著作中所描述的，傳說中天堂般的島國國家。他寫道，亞特蘭提斯由於火山爆發的災難而被大海吞沒了。儘管人們在許多凹陷的島嶼或被淹沒的結構遺蹟的地方，進行了搜索，也有人聲稱已經發現了它，但西琴相信，如果亞特蘭提斯或類似的地方實際上曾經存在過，那麼包括希臘和中美洲來源的各種資料細節，都指向它是位在中美洲。

Atra-Hasis 阿特拉－哈西斯（又譯阿特拉－雜湊斯）

（意思是「擁有極高智慧之人」。）

蘇美史詩故事的標題，以阿卡德語的多種翻譯版本而廣為人知。阿特拉－哈西斯是一位恩基的奉獻者，被視為大洪水的英雄。文獻的一開始，是阿努在造訪地球期間，為恩利爾和恩基分配職權，也描述了在礦場中辛勤勞動的阿努納奇發生叛變，導致恩基和寧呼爾薩格塑造了原始工人，並記錄了之後導致大洪水發生的事件。

這份文獻中，有許多地方類似於《創世記》裡的亞當、挪亞、大洪水，以及人類得以結婚與生育的故事。

Avebury Circle 奧布里石圈

英格蘭的圓形遺蹟，距離巨石陣不遠。

Ayar Brothers 艾亞兄弟

根據西班牙編年史學家在祕魯記錄的南美洲當地傳說，創造神維拉科查
（Viracocha）在安地斯山脈的心臟地帶，創造了四個艾亞兄弟，以及他們的姊
妹兼妻子。在大洪水之後，維拉科查指示他們要前往並定居於何處。維拉科
查指示了一對艾亞夫妻去建立神聖首都庫斯科（Cuzco），並賜予一根金棒，
以用來指出庫斯科的地點，並確定其神廟的朝向。
參見 Aymara（艾馬拉）、Cuzco（庫斯科）、Tiahuanacu（蒂亞瓦納科）、
維拉科查（Viracocha）。

Aymara 艾馬拉

在印加人之前，居住在祕魯南部的安地斯山高地的原住民（及其語言）。

Azag 阿札格

在一首頌揚尼努爾塔神的蘇美詩中，阿札格是尼努爾塔在空戰中擊敗的對手
之稱號。
參見 Anzu（安祖）、Zu（祖）。

Aztecs 阿茲特克人

西班牙人於西元1519年抵達墨西哥時，居住在墨西哥中部的原住民部落。他
們的首都（現今已變成墨西哥城）被稱為「特諾奇提特蘭」（Tenochtitlan），
當時的國王是蒙特蘇馬（Moctezuma，也譯寫為 Montezuma）。

在阿茲特克的傳說中，描述了先祖是經由大海抵達墨西哥，並且四處流浪，
直到找到了被標記為「特諾奇提特蘭」的地方，才定居下來。

Azt-lan 阿茲特蘭

意思是「白地」，根據阿茲特克人的傳說，這是阿茲特克人的第一對父權制
夫妻的祖居，而渡海移民到中美洲的七個阿茲特克部落，也是來自此處。

B

Ba'al 巴爾

（意思是「主，主人」。）

迦南人／腓尼基人的主神，是眾神首領伊爾（El）最重要的兒子，他在打敗兄弟亞姆（Yam）和莫特（Mot）之後，獲得了「伊利恩」（Elyon，意思是「至高無上」）的頭銜。

巴爾具有「風暴神」的特質，以雷電為武器。這一點，以及他的綽號「哈達」（Hadad），都暗示他是迦南人所說的阿達德（Adad，恩利爾最小的兒子），阿達德以類似的「風暴武器」，成為西臺的民族神。

巴爾的至高地位，展現在他對「扎豐之峰」（Crest of Zaphon）的統治，這個位在黎巴嫩山區的獨特平臺，至今仍被稱為「巴勒貝克」（Ba'albek）。

根據迦南傳說，當巴爾被莫特殺害之後，是女神阿娜特和夏佩西（Shepesh）讓他獲得重生。

Ba'albek 巴勒貝克

（意思是「巴爾的裂谷」。）

位於黎巴嫩山區的古老遺址，擁有廣闊的石鋪平臺，以及氣勢恢宏的羅馬神廟遺蹟，包括獻給朱比特（Jupiter）的最大神廟。這些遺蹟屹立在更早的結構之上，該結構由層層疊高的巨大石塊組成，包括（在西牆的）世界上最大的三石牌坊（Trilithon），由三個重達 1,100 噸、經過造形的石塊組成。

有一個類似但尚未開採完成的巨大石塊，仍保留在附近山谷的採石場中。當地的傳說提到，是「巨人們」完成了這些不可能的壯舉：抬起這些巨大石塊，將它們運到幾英里外的山上平臺，並放在最初的古老高聳結構中排成一排。

西琴已經確認這個地點是眾神的「登陸點」，它在大洪水中留存下來，並成為恩利爾和恩基的臨時總部。西琴也認為，這個高升的結構是由石頭建造的火箭飛船發射塔。吉爾伽美什前往該處尋求永生時，曾經見證其中一枚火箭飛船的發射過程。

參見 Agriculture（農業）、Domestication（馴養）。

Babylon 巴比倫

來自阿卡德語的「巴伊利」（Bab-Ili，意思是「眾神的門戶」），在《希伯來聖經》中稱為「巴別」（Bab-El）。

這個首都城市的名字，後來也成為當地王國的名字。這個王國位在蘇美和阿卡德北邊的幼發拉底河上，有時被稱為「巴比倫尼亞」（Babylonia）。

這個城市首先在《聖經》中關於巴別塔（Tower of Babel）的故事被提及。在第一次世界大戰之前，人們開始對當地進行考古發掘，已經發現了它的位置和帝國的範圍。

對於古代近東各地發現的楔形文字文獻，所進行的種種解譯，提供了相關的歷史資料。巴比倫大約在西元前 1900 年成為獨立的王國，它持續與亞述對抗，並在以漢摩拉比（Hammurabi）出名的王朝（西元前 1790 年左右）之後，提升到帝國的地位。

歷史學家以持續了大約五個世紀的加喜特（Kassite）時期，將「舊巴比倫時期」與「新巴比倫時期」區分開來。新巴比倫帝國存在於西元前十二世紀至西元前六世紀，其征服行動中，包含了多次襲擊耶路撒冷、尼布甲尼撒二世（Nebuchadnezzar II）在西元前 587 年破壞了聖殿，這些事件都充分證實了《聖經》中的相關故事。

巴比倫的興起和歷史，與馬杜克神的命運和野心息息相關。馬杜克神的主要神廟，是位在廣大神聖區域中的知名廟塔（七層臺階的「金字塔」）。西琴將這個神聖區域與羅馬的梵蒂岡相比，其中有具備不同功能的各種建築物，還有按照等級排列的大量祭司，分別負責清潔工、屠夫、醫療人員，到管理人員、天文學家和占星家等職責。在尼布甲尼撒二世統治的時期，對神聖區域進行最後的擴大工程。按照西琴的說法，這是由於對尼比魯星的回歸及阿努神再度重訪之期望所推動的。

曾經是帝國首都、宗教中心和王國象徵的巴比倫，在西元前 539 年於阿契美尼德－波斯國王居魯士的手中，走向終結。

參見 Hammurabi（漢摩拉比）、Kassites（加喜特）、Marduk（馬杜克）、Ziggurats（廟塔）。

Bad-Tibira 巴地比拉

阿努納奇在美索不達米亞南部（後來的蘇美）建立的第二個「眾神之城」。它的功能是冶金中心。

Bahrein 巴林

位在阿拉伯附近的波斯灣上的島嶼，一些學者認為這是蘇美傳說中的提爾蒙（Tilmun，意思是「飛彈之地」）。但西琴認為並非如此。

Bala'am ([H] *Bile'am*) 巴蘭

根據《聖經》，這位出名的預言祭司在出埃及期間被摩押（Mo'ab）國王留下，要求他對以色列人施加詛咒，但最終巴蘭卻宣布了一個有利的預言，將以色列的未來與一顆出現的星星連結在一起。

Balam 巴拉姆

一位馬雅祭司的名字，他的話語被記錄在《奇拉姆‧巴拉姆》（*Chilam Balam*，意思是「巴拉姆的神諭或口述」），這對馬雅人來說是神聖的紀錄，記載了他們神話般的過去和預言中的未來。西琴猜想馬雅的巴拉姆與《聖經》中的巴蘭，在名字和功能上可能具有相似之處。

Balikh River 巴厘克河

幼發拉底河重要的北部支流。哈蘭市位於巴厘克河河畔，早在亞伯拉罕的時代，就已經在近東事件中扮演了重要的角色。

參見 Harran（哈蘭）、Nabuna'id（那布納德）。

Ball Courts/Games 球場／球賽

中美洲的聖地，尤其是在馬雅人的遺址，其中包括了用來打特拉其特里（Tlachtli）橡膠球比賽的球場。球場為長方形，兩側的長邊（例如奇琴伊察〔Chichen Itza〕的球場，長度就有545英尺）是提供給觀眾觀看比賽的地方。

在每個長邊的中央，牆壁上離地面35英尺的頂部，有一個凸出的石環。球員必須在沒有使用雙手（編注：指手掌）的情況下，將球扔進石環中。有兩支球隊一起比賽，每支球隊七個球員。打輸的球隊隊長將會失去他的頭。

Battle of Kadesh 卡疊石之戰

西元前1274年，埃及和西臺軍隊在卡疊石（Kadesh，編注：《和合本》譯為「加低斯」）發生的一場大型戰役。卡疊石是位在奧倫特河（Orontes River，在現今的敘利亞）河畔的一座堡壘。

卡疊石之戰被詳細記錄在埃及卡納克（Karnak，又譯卡奈克）神廟的牆壁上，由拉美西斯二世指揮，有成千上萬的步兵和弓箭手，以及數千輛馬戰車參與其中。

儘管戰役本身沒有確定的勝負結果，但是拉美西斯二世幾乎在那裡喪生，同時，這場戰役結束了埃及帝國企圖到達並控制幼發拉底河上游地區的野心。在這兩個國家的首都，都發現了由卡疊石之戰所導致的，埃及與西臺之間的和平條約的文獻。

參見 Hittites（西臺人）、Karnak（卡納克）、Naharin（納哈林）。

Ba.u 巴烏

尼努爾塔的配偶，綽號古拉（Gula，意思是「偉大者」）。她以提供醫療服務給拉加什（Lagash，她的「崇拜中心」）的人民而聞名。當從西奈半島釋放的致命核爆雲到達蘇美時，巴烏無法強迫自己離開心愛的拉加什。《蘇美的哀歌》（*Lamentation Over Sumer*）文獻中指出，當她徘徊在後面時，「暴風雨趕上了她，彷彿她是凡人一樣」，暗示她已經死亡了。

Bearded People 蓄鬍人

　　儘管美洲原住民沒有鬍鬚，但是中美洲的許多紀念碑上都描繪了蓄鬍的人，他們有時與典型無鬍子的馬雅人或阿茲特克人一起出現。

　　西琴指出，「蓄鬍人」的臉部特徵，顯示他們是地中海人，而且對於「誰曾經在古代到達美洲，以及如何到達」這個通常無法解釋（且被忽略）的難解謎題，提供了解釋。

Be'er-Sheba 別是巴

　　（希伯來文，意思是「七之井」。如今多譯為「貝爾謝巴」。）

　　直至今日，這座城市仍位在南地（Negev，以色列南部的乾燥地區）。根據《聖經》的記載，這裡曾經是希伯來族長亞伯拉罕、以撒和雅各的總部。

Bel 貝爾

　　主神巴爾（Ba'al，意思是「主，主人」）的縮寫形式。在巴比倫的文獻中，所指的是馬杜克。參見 Ba'al（巴爾）。

Bela 比拉

　　死海附近的一座城市，在《創世記》第十四章中，列出其國王和所多瑪及蛾摩拉的國王，與迦南國王一起組成聯盟，在亞伯拉罕的時代，抵抗來自美索不達米亞的入侵。

Belshazzar 伯沙撒

　　（即 Bel-shar-uzur，意思是「希望主〔即馬杜克〕保護著國王」，中文音譯為「貝沙烏祖」。）

巴比倫的最後一位統治者，由他的父親那布納德（Nabuna'id）國王任命為攝政王。根據《但以理書》，有一隻飄浮的手出現在他的宮廷中，寫下了三個詞，預示著巴比倫將被波斯人攻陷（此事確實發生在西元前539年）。

參見 Daniel（但以理）、Nabuna'id（那布納德）。

BEN-BEN 本本石

一個神聖的物品，被保存在古埃及城市安／阿努（An/Annu，後來稱為赫利奧波利斯〔Heliopolis〕）主神廟的至聖所中。這個名字可能是指「尖塔鳥」（pyramidion-bird）；象形字文獻將其描繪為圓錐形，提及它是「天船」（Celestial Barge）的上部；神拉（Ra）曾經乘坐天船從「百萬年之星」來到地球。

Benjamin 便雅憫

雅各與拉結（Rachel）所生的兩個兒子中的小兒子，是約瑟的同父同母兄弟。他的希伯來語名字 Ben-Yamin，反映了生活在哈蘭地區的主要部落的名字，在族長亞伯拉罕離開迦南之後，他的親屬仍留在那裡。

參見 Harran（哈蘭）、Hurrians（胡里人）、Matriarchs（女族長）、Mitanni（米坦尼）、Patriarchs（族長）。

Bent Pyramid 彎曲金字塔（又譯曲折金字塔）

位在達舒爾（Dahshur，美杜姆〔Maidum〕附近）的金字塔，歸屬於法老斯尼夫魯（Sneferu，第四王朝的第一位統治者）。這座金字塔在一開始跟吉薩金字塔一樣，以52度角來建造，但由於北邊的一座類似的金字塔坍塌了，因此在施工到半途時改為安全的43度角。

Berossus 貝羅蘇斯

（來自 Bel-Re'ushu 的希臘文名字，Bel-Re'ushu 的意思是「主〔貝爾／馬杜克〕是他的指導者／牧人」。）

巴比倫的祭司－歷史學家，他在西元前三世紀時，受到亞歷山大大帝的希臘接班人塞琉古（Seleucid）的委託，為他們編寫了有關蘇美人／阿卡德人文獻的摘要。這些文獻中提到了阿努納奇眾神，包括他們來到地球，以及之後直到巴比倫和亞述垮臺之前所發生的事件。

儘管貝羅蘇斯撰寫的三卷著作已經不存在，但是其中一部分因為被其他古代歷史學家和學者引用而保留了下來。因此，人們才會得知包括創造人類、大洪水（其中的英雄以希臘語 Sisistrus 來稱呼）、由巴別塔事件引起的「語言混亂」等《聖經》中的重大事件，都是美索不達米亞地區的基本知識。

貝羅蘇斯著作的一個主要面向，是使用 3600 年做為阿努納奇到達地球的時間單位，這一點被之後挖掘出來的楔形文字碑刻證實了。這為西琴提供了一個線索，也就是 3600 年是阿努納奇的行星尼比魯的軌道週期（即一個「阿努納奇年」）。

貝羅蘇斯的著作是關於阿努納奇到達地球之年代的最早記載，提到了阿努納奇是在大洪水之前的 432,000 年（120 個 Sars）來到地球。根據貝羅蘇斯著作的片段，他提到了世界所經歷的週期性大災難與黃道宮時代有關。

參見 Ages（時代）、Harran（哈蘭）、History/Cyclical（歷史 / 週期性）、Seleucids（塞琉古）。

Beru 貝魯

蘇美制的度量單位，在時間上，等於一天的十二分之一（即白天加夜晚為二十四小時制的十二分之一，以文字表示為「雙小時」），也用在距離（通常

翻譯為 league，中文音譯為「雷格」）或天文學（天弧的第十二個部分）上。

Beth-El 伯特利

（希伯來文，意思是「神殿、上帝的住所」。）

《聖經》中提到的小鎮，位在耶路撒冷附近，亞伯拉罕在那裡「為耶和華築了一座壇」。在《列王記下》中，伯特利也出現在先知以利亞（Elijah）的旅途中，他經由耶利哥（Jericho）到達約旦河東岸之後，被「旋風」帶到天堂。

Beth-Lehem 伯利恆

（希伯來文，意思是「麵包屋」。）

《舊約聖經》中提到的古鎮。拉結和丈夫雅各一起旅行，在半途因難產而過世後，被埋葬在那裡。她的墳墓位於現今伯利恆（在耶路撒冷西南方六英里處）的郊區，是猶太人和穆斯林朝聖的聖地。

《聖經》中，自從以色列人定居在此之後，這座猶太城鎮就跟大衛王連結在一起。因為大衛王是來自伯利恆一個農業家庭的牧羊人，被先知撒母耳施膏而成為國王。

《新約聖經》強調了耶穌與「大衛之家」（House of David）的血統，並將伯利恆確定為耶穌的出生地（《馬太福音》、《路加福音》）。聖誕教堂（The Church of the Nativity）就建在石窟上，根據基督教的傳統，耶穌誕生於此，是基督教徒前往伯利恆朝聖的焦點。

Beth-Shemesh 伯示麥

（希伯來文，意思是「〔神〕沙馬氏的住所」。）

歷史上，在埃及有一個南方的伯示麥，即赫利奧波利斯（也就是阿努／安城），北方的伯示麥則在黎巴嫩山區，後來被稱為「巴勒貝克」。在《士師

記》中，有一個在猶大的城鎮也叫伯示麥。

Black Headed People 黑頭人

(a)蘇美人的綽號。(b)在阿茲特克人的曆法中，將過去的時代分為數個「太陽」紀元，而第四個太陽紀元是「羽蛇神」魁札爾科亞特爾（Quetzalcoatl）來到中美洲的時代，被稱為「第四個太陽」，也是「黑頭人的紀元」。西琴已經計算出，「第四個太陽」紀元大約開始於西元前3500年，晚於蘇美文明展開的幾個世紀之後，這也提高了中美洲會使用這個詞語並非偶然的巧合的可能性。

Boat of Heaven 天船

蘇美文獻中，在提及伊南娜的空中飛行時，用這個詞彙來指稱她的空中戰車。

Boghazkoi 波格斯凱

位於土耳其中北部的地名，是古代西臺首都哈圖沙斯（Hattushas）的所在地。

Bolivia 玻利維亞

位於安地斯地區的國家，於西元1825年從祕魯分裂出來，保留了的的喀喀湖（Lake Titicaca）南部，以及蒂亞瓦納科和普瑪彭古（Puma Punku）的考古遺址。

Bond Heaven-Earth 天地紐帶（又譯天地連接）

參見 Dur.an.ki（杜爾安基）。

Book of Adam and Eve 亞當和夏娃之書

一本古老的旁經書，有許多版本，提供了亞當和夏娃被逐出伊甸園後，這第一對人類夫妻及其家庭的傳奇細節。

在《以諾書》（*Book of Enoch*）中提到這本書時，認為最原始的《亞當和夏娃之書》是大洪水之前的著作之一。

然而，現代學者認為，這本書是由希伯來文作家在西元前一世紀到西元一世紀之間的某個時期創作的。

Book of the Dead 亡靈書

刻在古埃及皇家陵墓牆上的象形文字經文集，被學者集體認為是一部古代著作，其中分為幾章，主要提及法老在去世之後前往眾神行列的來世之旅。這些文獻通常伴隨著相關的描繪。由於某些部分或「章節」處理了圖特（Thoth）與拉（Ra）這兩位神之間的衝突，因此在古埃及的信仰中，認為圖特本人是這本「書」的作者。

Book of Enoch 以諾書

學者認為這本書是在西元前二世紀時在猶大創作的作品，旨在提供《聖經》中大洪水之前的第七位族長以諾的生命和天體旅程的完整故事。根據《創世記》，以諾沒有死，但是在三百六十五歲時離開了，「因為神將他取去。」（5：24）

這本書的版本或出處，包括了《以諾的秘密之書》（*The Book of the Secrets of Enoch*）、《以諾的證言》（*The Testimony of Enoch*）、《以諾語錄》（*The Words of Enoch*）等的作品，並且有兩個主要版本保存了千年之久：衣索比亞語版（*以諾一書／I Enoch*）；斯拉夫語版（*以諾二書／II Enoch*）。這些書中最引人入勝的部

分，是對於以諾的旅程的描述，其中包含天文學、曆法和地球科學的知識。

Book of Jubilees 禧年書

一本偽經書（自稱是「聖經書」，但未包含在正統的《聖經》中），問世時間被學者追溯到西元前二世紀或西元前一世紀。書中重寫了史前史和歷史，所根據的是7×7的「年份的週數」（weeks of years）曆法，同時認為第五十年（禧年）是賦予人們與土地自由的一年。

它為正統《聖經》——《創世記》和《出埃及記》的第一部分 —— 所寫的內容增加了許多細節。它在古代被廣泛引用，也出現在原始希伯來文的各種古代翻譯版本，以及《死海古卷》（Dead Sea scrolls）中，這個事實表明了，雖然它沒有註明來源，但在古代被認為是可靠的。

Jubilee是希伯來詞語Yovel的翻譯，而Yovel的字面意思是「公羊」（Ram）。

Borsippa 博爾西帕（又譯博爾西巴）

位在巴比倫南方的城市，是馬杜克之子那布（Nabu）神的「崇拜中心」。在馬杜克為了爭取至高無上的地位，導致阿努納奇之間的衝突逐步升高之時，博爾西帕在對立方的眾神命令下，被埃蘭軍隊摧毀（西元前兩千年晚期）。

Bow 弓

在近東傳說中，弓是具有魔法屬性的神聖武器，有時是神賜予受寵的個人之神器。在關於眾神的圓筒印章圖像上，有一位帶著弓箭的神，很可能是恩利爾。伊南娜（伊師塔）被描繪成戰爭女神時，也被呈現為帶著一把弓箭。

《聖經》中，上帝在大洪水之後展示了神聖的「雲中之弓」（Keshet be-Anan，編注，《和合本》為：「我把虹放在雲彩中。」〔9：13〕），做為不會再有大洪水發生的記號，因此，這個詞語被認為是在指彩虹。對此，西琴表示，

有鑑於亞述的遺蹟上描繪了一個手裡拿著弓的「雲中之神」的事實，弓不一
定是在指彩虹。

Brazil 巴西

南美洲最大的國家，占據了該大陸東半部的大部分地區及亞馬遜河流域。

巴西的官方語言是葡萄牙語，不同於南美其他國家是以西班牙語為官方語
言，這是由於西班牙和葡萄牙之間的一項條約，將新世界劃分為兩個國家所
導致的。這樣的劃分應該是由葡萄牙要求的，因為早在哥倫布發現美洲之
前，葡萄牙就可以使用地圖正確地呈現出美洲的樣貌。

巴西的各種岩石雕刻和陶器的考古發現顯示，古代近東人在哥倫布航海的數
千年前，就已經到達了美洲的海岸。

Bronze 青銅

（Zabar〔中文音譯為「扎巴」〕，意思是「閃閃發光的雙重金屬」。）

青銅是由可以熔化及鑄造的銅和錫所製成的合金，具有很高的強度，可以製
成工具、器具和雕塑品。雖然古代使用的其他金屬（金、銀、銅和鐵）可以
在大自然中找到，但是錫必須透過高溫才能從名為「錫石」（Cassiterite）的礦
物中萃取而得；同時，只有將特定比例的錫（具有延展性和柔軟性）加到銅
裡，才能做出青銅。

儘管有這些技術上的挑戰，但是在近東地區，「青銅時代」大約始於西元前
3300年，並且在西元前1100年左右被鐵器時代所取代。

在玻利維亞，蒂亞瓦納科附近的普瑪彭古，人們發現了古代人在早期使用的
有趣青銅器，那裡的石塊與專門設計的青銅夾具固定在一起，其結構可追溯
到西元前4000年。這些物品以及其他證據使得西琴做出結論，認為蒂亞瓦納
科是由阿努納奇在大洪水之後不久建立的，是主要的冶金中心。

參見 Metals/Metallurgy（金屬／冶金）、Tiahuanacu（蒂亞瓦納科）、Tin（錫）。

Brook of Egypt 埃及小河

（《聖經》和亞述銘文中的 Nahal Mitzra'yim。）

位於西奈半島中部的淺河（阿拉伯語中的乾河床〔wadi〕），僅在雨季時才會有水流。如今，埃及小河被稱為「伊爾—阿里什乾河床」（Wadi el-Arish）。這是上帝應許給亞伯拉罕及其後裔繼承的土地的南部邊界（《創世記》第 15章）。

參見 Abraham（亞伯拉罕）、Nin.gal（寧加爾）。

Bull 公牛

恩利爾的暱稱（公牛恩利爾）；他和兒子阿達德的「崇拜動物」。在西臺和迦南的古蹟中，阿達德被描繪為站在一隻公牛上。

Bull-men 牛人

神的守護者，被描繪在美索不達米亞的遺蹟和圓筒印章上，有人類的上半身，以及牛的後腿和尾巴。

Bull of Heaven（**Gud.anna**）天國公牛（古安納）

與恩利爾相關的金牛座的蘇美名稱。

在《吉爾伽美什史詩》中，天國公牛是恩利爾放置在黎巴嫩雪松森林的一頭獨特公牛。恩奇都（Enkidu，吉爾伽美什的同伴）殺死了它。由於《吉爾伽美什史詩》有部分片段並不完整，因此不清楚它是一頭裝飾了寶石和金屬的獨特但真實的公牛，還是一個機器製品。

在古埃及圖畫中，描繪了屠殺「天國公牛」的事件，這被認為是天體事件，

象徵著恩利爾時代的結束。

Burning Bush 燃燒的灌木叢

當摩西在西奈半島放牧一群綿羊時，灌木叢吸引了摩西的注意力，因為「荊棘被火燒著，卻沒有燒燬」。（《出埃及記》3：2）當他走近時，聽到了上帝的聲音，上帝將帶領以色列人離開埃及的任務分派給他。

Buzur 布祖爾

恩基的稱號之一，在蘇美語中具有雙重含義：「知道或解決祕密者」和「銅礦的他」。按照西琴的說法，這是《聖經》伊甸園故事裡「蛇」之身分的重要線索，因為希伯來文Nachash（中文音譯為「納卡什」），也具有與Buzur相同的多重含義。

參見 Enki（恩基）、Eden（伊甸）、Ningishzida（寧吉什西達）、Serpent（大蛇）。

Byblos 比布魯斯

位於地中海沿岸的腓尼基人的城市（《聖經》裡的迦巴勒〔Gebal〕），現在是黎巴嫩。在當地的遺址中，發現了一枚古老的硬幣，上面描繪了附近的巴勒貝克聖地，那裡的大平臺上放置了錐形飛彈。

考古學家在這座城市的神廟中發現了直立的巨石，看起來是用來觀測平分日點和至日點的「類巨石陣」天文臺。

C

Cain 該隱

亞當和夏娃的長子。他是「種地的」，殺死了「牧羊」的弟弟亞伯。上帝為
了懲罰該隱，將他驅逐到挪得（Nod，意思是「遷徙之地」），讓他在那裡展
開家族血脈並定居，同時上帝也給了他永久的獨特保護標記。

西琴引用了蘇美人關於種地者和牧羊人之間的衝突故事，以及大英博物館中
關於 Ka.in 的碑刻，提到他「注定要悲傷地在大地上漫遊」，並認為「該隱的
記號」可能是遺傳特徵，例如，美洲原住民的臉上沒有鬍子。這對於早期人
類定居於北美洲一事提供了解答：是源於該隱的遷徙和血統。

參見 Agriculture（農業）、Domestication（馴化）。

Calah 迦拉

一個亞述的城市，原本只有在《創世記》第十章中被提及，後來人們發現了
一塊碑刻，上面有一位亞述國王描述了在那裡修復一座古神廟。考古發現確

定了這個地方是西元前九世紀時的亞述皇家城市 Kalhu。

聖經將迦拉列為英勇的獵戶寧錄（Nimrod）的城市之一；有趣的是，該遺址的當地名稱是 Tel Nimrud（意思是「寧錄的山丘」）。

Calendars 曆法

關於每年的地球－太陽週期，以及每月的月球－地球週期的計時曆法，始於蘇美的尼普爾（蘇美的宗教／天文中心）；在當地，「月」這個詞的意思是 Ezen（節日），因為每個月都被用來專門慶祝以阿努為首的十二位大神之一。後來，巴比倫的十二個月曆法（包括閏年的第十三個月）是基於蘇美人的曆法，而猶太人至今使用的希伯來曆也是延續自這些曆法，使用了相同的月份名稱和閏年安排等。

西琴確認了希伯來／猶太曆是延續自尼普爾曆，因此認為猶太人的計年（西元 2008 年為猶太曆的 5768 年）顯示出尼普爾曆始於西元前 3760 年。這個複雜的陰陽合曆需要複雜的天文知識，後來被希臘人和羅馬人的簡化陽曆所取代，而穆斯林則是採用陰曆。西元陽曆的計年 A.D.（Anno Domini，在主之年），始於人們推定的耶穌出生年，是教宗格里高利十三（Gregory XIII）在西元 1582 年改革羅馬儒略曆（Julian Calendar，名字取自羅馬皇帝尤利烏斯‧凱撒〔Julius Caesar〕）之後所採用的。

在中美洲，曆法的故事始於阿茲特克國王在西元 1519 年將黃金圓盤贈送給西班牙領導人埃爾南‧科爾特斯（Hernando Cortes）；這個黃金圓盤在科爾特斯回到西班牙後，就迅速被熔化了。在墨西哥城，可以看到這個圓盤的石製複製品；它根據長度為千百年不等的「太陽」或時代，來記錄時間的流逝（請參閱 Ages〔年代〕）。

在「曆法」一詞更常見的定義上，中美洲有三種。其中一個是卓爾金曆（Tzolkin），由二十個基本日循環十三次，組成只有兩百六十天的神聖年。

另一種是哈布曆（Haab），把一個陽曆年的三百六十五天，分成十八個月，每月二十天，再加上年末特別的五天；因此哈布曆與埃及的曆法有些相似。最古老的曆法被稱為「長紀曆」（The Long Count），起源於奧爾梅克人（Olmecs）。它記錄了從第一天（現在經推算後應該等同於西元前3113年8月13日）之後經過的天數。西琴認為，那是被阿茲特克人稱為羽蛇神「魁札爾科亞特爾」的圖特，從埃及來到中美洲的時間。

參見 Ages（時代）、Mayan Calendar（馬雅曆）、Nippur Calendar（尼普爾曆）、Olmecs（奧爾梅克人）。

Cambyses 岡比西斯

居魯士（Cyrus）的兒子暨波斯王位的繼承人，他征服了埃及。根據希臘歷史學家希羅多德（Herodotus）的說法，岡比西斯曾到達非洲的努比亞（Nubia）尋找青春之泉。

Campbell's Chamber 坎貝爾房

吉薩大金字塔中「國王房」上方的「減壓室」（Relieving Chambers），由探險家霍華德・維斯（Howard Vyse）命名，以紀念當時（1837年）在開羅的英國領事科林・坎貝爾（Colin Campbell）上校。（在吉薩有一座「坎貝爾墓」，也是採用他的名字以向他致敬；但這不是他的墓地。）

Canaan, Canaanites 迦南，迦南人

《聖經》中的迦南（Cena'an）包括了現今的以色列、約旦、黎巴嫩和敘利亞西南部的土地。除了《聖經》中的資料以外，人們對於迦南人所知甚少，而且在埃及、亞述和腓尼基的銘文中，也沒有提到迦南人，直到後來人們才經由考古發現了一個主要的迦南人遺址。這個遺址位於敘利亞的地中海沿岸，

一個名為「拉斯沙姆拉」（Ras Shamra）的地方，人們發現了一批刻有銘文的陶土碑刻，上面的內容確認了當地是烏加里特（Ugarit），並提供了有關迦南語言、文化和宗教的第一手資料，而這些資料是由阿卡德人改編的。

《聖經》提到迦南是含（Ham，挪亞的第二個兒子）的兒子，而含的土地是在非洲，而非亞洲。因此，迦南這個人被認為是閃（Shem，挪亞的長子）之土地的篡位者。於是，迦南（這片土地）在地域上可以由上帝應許給閃的後代亞伯拉罕，以及他的後裔：「就是迦南全地……永遠為業。」（《創世記》17：8）

Cancer 巨蟹宮

黃道星宮的名稱，蘇美人稱之為「杜布」（Dub，在蘇美語中是指「夾子」、「鉗子」，並被描繪為蟹爪）。

Capricorn 摩羯宮

黃道星宮的名稱，蘇美人稱之為「蘇忽爾馬什」（Suhur.mash，在蘇美語中是指「山羊魚」）。

Capstones 頂石

這種石頭的形狀類似角錐體，用來將金字塔封蓋，最後使四個側面達到頂點的共同端點。

Caracol 卡拉科爾

（在馬雅語中，意思是「蝸牛」。）

天文觀測臺，因其內部的螺旋樓梯而得名。

參見 Chichen Itza（奇琴伊察）。

Carchemish 迦基米施

西臺人在幼發拉底河上游地區建立的城市，是通往小亞細亞的堅固門戶。西元前605年，由法老尼科（Necho）率領的埃及入侵軍隊，在這裡被巴比倫的尼布甲尼撒二世徹底擊敗。這場戰役和失敗的結果，曾經被先知耶利米預言（《耶米利書》第46章）。

Carthage 迦太基

（又拼寫為 Keret-Hadasha，意思是「新城市」。）

西元前九世紀，航海的腓尼基人在西地中海的非洲海岸上（在現今突尼西亞境內）建立的殖民地，做為向西航行到大西洋的轉運站。西元前三世紀和西元前二世紀的布匿戰爭（Punic Wars），是迦太基人和羅馬為了爭奪海上航線的控制權而作戰，迦太基市成為漢尼拔（Hannibal）向羅馬發動襲擊的基地。參見 Phoenicians（腓尼基人）。

Cassiterite 錫石

一種礦石，將它放在高溫的爐子或窯中，可以冶煉出錫（在自然界中很少以天然金屬的形態被發現）。對於製造青銅（銅和錫的合金），錫是必要的成分。一些學者認為，對錫石的需求，解釋了不列顛群島的一些早期定居點。而西琴將「美洲」加進這份列表中。

Cassites (or Kassites) 卡西人

一個民族，可能來自美索不達米亞東方的高地，在西元前三千年至二千年時，於冶金方面表現出色。由於青銅是他們首要的金屬，他們的名字可能源自希臘的 Cassiteros，或可能是 Cassiterite（錫石）這個名詞的來源。

參見 Kassites（加喜特人），他們曾統治巴比倫。

Cedars, Cedar Forest 雪松，雪松森林

在《聖經》中，雄偉的雪松樹因為非凡的高度（高達150英尺）、力量和美麗而受到稱讚，在古代被視為眾神的禮物，而且只能被砍伐下來用於神廟或奉獻給皇家宮殿。雪松只生長在黎巴嫩山區的特殊森林中，在《吉爾伽美什史詩》裡，這座森林被描述為由兇猛的機器人怪物守護的眾神藏身處。

西琴認為，在「雪松森林」裡的是眾神的祕密「登陸點」，也就是巴勒貝克平臺和石頭發射塔。雪松樹仍然在黎巴嫩地區生長，是該國的國徽。

Celestial Battle 天體碰撞／天幕之戰

在《伊奴瑪・伊立什》（創世史詩）中所描述的，入侵的尼比魯／馬杜克星及其衛星，與較老的提亞瑪特星及其衛星之間，所發生的碰撞。

根據西琴的解釋，這不是寓言神話，而是複雜的宇宙論，其結果是導致了提亞瑪特星解體，並因此誕生了地球，以及由它的遺骸組成的小行星帶，同時也將尼比魯星吸引到圍繞著我們的太陽的細長軌道上。

Celestial Barque 天船

埃及象形文字詞語的翻譯，是拉神來到地球時所搭乘的交通工具，其上部是圓錐形的「本本石」（Ben-Ben）。在埃及藝術中，描繪了天神都是乘著「天船」在天空中往返。

參見 Aerial Chariots（空中戰車）、Spacecraft（太空船）。

Celestial Disk 天體圓盤

（也稱為「有翼圓盤」〔Winged Disk〕。）

圓盤上普遍存在的天體符號，帶有兩個往外伸出的翅膀。數千年來，從埃及和努比亞，到迦南、巴比倫、亞述、西臺和波斯，在皇家和宗教遺蹟、雕塑品及圓筒印章上，天體圓盤都是主要的圖像。按照西琴的說法，它是尼比魯星的象徵。

Celestial Time 天體時間

由西琴創造的詞語，用來表示2160年乘12年的黃道宮循環週期，他認為，阿努納奇的目的是在「地球時間」（地球的一年）和「神聖時間」（尼比魯星的一年，在數學上為3600個地球年）之間，建立可行的關係。相當於2160個地球年的一個黃道宮年，與相當於3600個地球年的一個尼比魯年，產生了6：10的「黃金比例」。

參見 Ages（時代）、Divine Time（神聖時間）、End of Days（完結日）、Messianic Clock（彌賽亞時鐘）、Time（時間）、Zodiac（黃道帶）、Zodiacal Ages（黃道宮時代）。

Chacmool 查克穆爾

中美洲的半神雕像，總是靠著背斜躺。

Chaldeans 迦勒底人

由希臘歷史學家引入的名稱，意指精通天文學和數學的巴比倫人。因此，Chaldea ＝古代巴比倫＝蘇美。學者將《聖經》所陳述的，亞伯拉罕來自「哈什丁（Khashdim）的烏爾（Ur）」，翻譯為「迦勒底人的烏爾」，指稱那裡是蘇美的烏爾城。（編注：現今常翻譯為「精通占星者、星象家」。）

Chavin de Huantar 查文德萬塔爾

這個遺址位在祕魯的北部山區，大約在西元前1500年，有早於印加人的文化在此繁榮發展。考古學家在那裡發現了複雜的土方工程、由磚石砌成的大型建築結構、以大理石鋪成的階地、下沉的廣場、巨大的階梯，以及精美雕刻了當地神明的圖像為裝飾的巨石。

儘管有一些研究人員認為「查文文化」是「安地斯文明的母體」，但「查文人」是誰，以及這些結構的用途仍然是一個謎。奇怪的是，這裡還發現了一些刻有非洲、猶太人和印歐人特徵的人物雕像。西琴指出，有一些工藝品似乎描繪了一個熟悉的近東主題：吉爾伽美什與兩隻獅子摔角。所有這些都顯示了，來自「舊大陸」的人們，在千年前曾經待在「新大陸」。

Chephren 齊夫倫

（譯自埃及文 CHEF-RA，也翻譯為 Khefra、Chefra、Chefren，中文音譯為「卡夫拉」。）

埃及第四王朝（西元前2650年至2480年）的法老，埃及學者認為吉薩大金字塔附近的「第二金字塔」及獅身人面像，是由他建造的。西琴在這個主題上有相反的發現，參見 Pyramids（金字塔）。

Cheops 基奧普斯

參見 Khufu（古夫）。

Cherubim ([H] *Kheruvim*) 基路伯

《聖經》中，在亞當和夏娃被驅逐出去後，上帝「在伊甸園的東邊」安設這種天使，「要把守生命樹的道路」（《創世記》3：24）。

根據《出埃及記》第三十七章，以黃金製成的「二基路伯高張翅膀……基路伯是臉對臉」，被放置在約櫃上。

有關美索不達米亞和埃及的類似描繪，參見 Angels（天使）、

Eaglemen（鷹人）、Winged Beings（有翼生物）。

Chichen Itza 奇琴伊察

墨西哥猶加敦（Yucatan）半島的馬雅遺址，已經被修復，據信是馬雅的伊察（Itza）部落在西元200年左右建立的（這個地名的意思是「伊察的井口」）；來自墨西哥中西部的托爾特克移民，大約在西元1000年時打造了目前的布局和地標。

此遺址分布在一個大型的祭儀區域上，最著名的地標是卡斯蒂略（El Castillo，一座獨特的階梯金字塔）、卡拉科爾（Caracol，一座天文觀測臺），一座長度545英尺、兩側有雕飾牆的球場，以及神聖的「卡諾特」（Cenote，巨大的聖井水池），曾經有少女和貴重物品被扔進去當作獻給眾神的祭品。大神廟由石柱組成，石柱上雕刻了有翅膀和鬍鬚（！）的「天神」，在天神之間是一個人類英雄的肖像，他的臉上有鬍子，因此被暱稱為「山姆大叔」。

Chilam Balam 奇拉姆‧巴拉姆

意思是「巴拉姆（Balam）祭司的神諭或口述」，這是一本神聖的馬雅圖畫書的標題。

參見 Balam（巴拉姆）。

Chimu 奇穆

祕魯北部的部落居民，其文化早於印加人，後來被印加人覆蓋。他們的首

都昌昌（Chan-Chan）位於莫切河（Moche）流入太平洋的地方，是一座大都市，其神聖區域、階梯金字塔和住宅區，遍布了八平方英里。

Cities of the gods 眾神之城

根據蘇美的文獻，阿努納奇在創造人類之前，就在伊丁（E.Din）建造了一系列的定居地。這些城市在大洪水中被摧毀，之後被精確地重建在原來的地點，並且變成人類的城市。

西琴指出，最初城市的布局方式，是要用作登陸走廊。

參見 Anunnaki（阿努納奇）、Eden（伊甸）、Erech（以力）、Eridu（埃利都）、Mesopotamia（美索不達米亞）、Sumer（蘇美）。

City of David 大衛之城

大約在西元前 1000 年，大衛王將猶太人的首都從希伯崙遷至耶路撒冷，並將摩利亞山（Mount Moriah）南方山岬上的耶布斯人（Jebusite）要塞，改建為他的王宮。他的兒子所羅門（Solomon）和其他猶太人國王，曾經在這裡建造宮殿。因此，考古學家按照《聖經》的說法，將聖殿山（Temple Mount）以南的地區稱為「大衛之城」。

Clay Tablets 泥版

由黏土製成的碑刻，抄寫員使用尖筆在上面刻出楔形文字。在黏土乾燥後（或在重要情況下，例如條約，會以火來燒乾），成為永久性的書面檔案。最初在蘇美使用的泥版有各種尺寸，但許多泥版的尺寸都很小，因此抄寫員可以用左手拿住泥版，用右手拿尖筆來刻寫。

在近東地區發現的完整或片段的泥版，有數以萬計。許多泥版是神廟商店、工人的口糧或是已收稅款的簡單紀錄；其他還記錄了商業交易、土地契約、

婚約或皇家年鑑。在許多情況下，碑刻記錄的天文資料通常是按照順序排列的。另外，史詩故事通常是由數個碑刻組成，在這種情況下，下一個碑刻會以上一個碑刻的最後一個詞開始，以表示連續性。同時，抄寫員會在總結的碑刻上，刻下自己的名字和頭銜。

許多神廟和皇家宮殿都有自己的碑刻圖書館，這些碑刻被直立放置在架子上，每個架子的開頭都放置了「目錄碑刻」。

Clovis 克洛維斯

美國新墨西哥州的一個考古遺址，是人類在美洲的早期定居點。它的年代由一些研究人員追溯到西元前9500年，在關於北美洲最早於何時何地有人定居的爭論中，這一點顯得特別突出。

Codices 手抄本

中美洲原住民保存的圖畫書手稿；大部分被狂熱的西班牙神父視為異端而遭到摧毀，但其中一些得以倖免，成為哥倫比亞時代之前的當地人民、文化、歷史、傳說和宗教的唯一資訊來源。

Coffin Texts 棺材文獻

畫在埃及木製棺材上的象形文字，大部分來自希臘和羅馬時期。

Comets 慧星

一種小型天體，以不同週期的長軌道繞太陽運行，靠近太陽時會散發出氣態的發光尾巴。天文學家認為，慧星是由未知的天體碰撞造成的，但無法解釋為什麼許多慧星具有逆行軌道（順時針）方向，而不是太陽系中常見的逆時針方向。

西琴指出，這種逆行軌道就是入侵的尼比魯（馬杜克）星的軌道。他認為，逆行彗星起源，可以用《伊奴瑪・伊立什》裡的陳述來解釋，那是「天幕之戰」（天體碰撞）的結果，提亞瑪特的「小衛星」的「主人」，「被粉碎，破碎了……走在她身邊的助手們轉過身來」。

在舊大陸和新大陸的文化中，彗星的出現都被視為神聖的天體預兆。

參見 Bala'am（巴蘭）、Halley's Comet（哈雷彗星）。

Confusion of Languages 語言混亂

根據《創世記》第十一章，在巴別塔事件之前，「天下人的口音言語都是一樣。」但是當事件發生後，上帝（對未具名的同事）說：「我們下去，在那裡變亂他們（人類）的口音，使他們的言語彼此不通。」

貝羅蘇斯也提到了「巴別塔」事件導致的語言多樣化。有幾位重述這個故事的希臘歷史學家，可能是從貝羅蘇斯的著作裡摘錄下來的。西琴還引用了阿卡德／蘇美文獻的資料，認為這是由於恩利爾對人類的憤怒而故意造成的語言多樣化。

參見 Tower of Babel（巴別塔）。

Constellations 星宮／星座

天上的恆星組成了「星宮／星座」，其命名可以追溯到數千年前的蘇美時代，這是早期希臘天文學家（例如歐多克索斯〔Eudoxus〕和喜帕恰斯〔Hipparchus〕）所公認的事實。

蘇美人（及其後的巴比倫人等）將天空劃分為三條「路」，北部天域是恩利爾之路，南部天域是艾（恩基）之路，中心天帶是阿努之路，而且有許多泥版都列出了每條路上的星宮／星座。

中間的阿努之路專用於黃道十二星宮，在蘇美文明（西元前四千年）展開

時，以金牛座（Gu.Anna ／古安納，天國公牛）為開始。由於許多提及更早時期事件的文獻中，採用了黃道的詞語（在蘇美人關於大洪水的傳說中，提到大洪水發生在獅子宮〔Ur. Gula ／烏爾古拉〕時代，大約是在西元前10900年），因此可以確定星宮／星座的概念比人類的文明出現得更早。

按照西琴的說法，對阿努納奇而言，一個地球年是微不足道的時間單位，因此他們將恆星進行分組，並發明了黃道十二星宮做為「天體曆」，每一個星宮單位（一個黃道宮時代）的數學長度是2160個地球年，與尼比魯軌道週期的3600個地球年，形成了6：10的方便比例。

參見 Celestial Time（天體時間）、Zodiac（黃道帶）。

Copan 科潘

在現今瓜地馬拉的一個經典馬雅遺址。考古證據顯示，它是一所天文學院的所在地，該學院的專家們在會議廳開會，商定了曆法的相關問題。

Copper (**Uru.du**) 銅

考古學的發現顯示，銅是人類最早使用的金屬，最早可以追溯到西元前五千年，從近東的札格羅斯（Zagros）和托魯斯（Taurus）山區開始。對於銅的使用，始於將柔軟的天然銅塊錘打成薄板和器皿。在窯爐發明後，就可以對開採的銅礦石進行冶煉和精煉，使得能夠開採銅的土地（例如賽普勒斯〔Cyprus〕或克里特島〔Crete〕）成為各國爭搶的領土。埃及人從西奈南部的礦山中獲得銅，著名的「所羅門王的寶藏」（King Solomon's Mines）就在附近。

在發現了銅與錫或鋅製成合金後，能獲得其他有用的特性之後，就開啟了冶金時代。在《聖經》中，用來指稱「銅」的Nehoshet，源自意思為「解密」的動詞。衍生的名詞Nahash（編注：作者在前書中拼寫為Nachash，中譯為納

卡什）具有兩個含義：「知曉祕密者」和「大蛇」（例如伊甸園的故事）；類似的蘇美詞語也是如此。值得注意的是，在《出埃及記》中，摩西透過打造銅蛇（Nehushtan）阻止了困擾以色列人的瘟疫。

參見 Buzur（布祖爾）、Enki（恩基）、Eden（伊甸）。

Cori-Cancha 科里坎查

（意思是「黃金圍場」。）

位在祕魯的印加首都庫斯科，是獻給維拉科查神的主要神殿。它的牆壁完全被黃金包覆，但西班牙人一到此地，便將這些黃金從牆壁上撬下來。（光禿禿的牆壁上仍然帶有金板的痕跡。）

至聖所的半圓形部分，是由形狀完美的方石建造而成，而在冬至日那一天，日出時，太陽的光線會照在金色祭壇上，並且在它照射到巨大的純金圓盤時產生圓形的陽光。考古天文學的線索顯示，這座神廟的朝向是在印加人之前的數千年確定的。

參見 Ayar Brothers（艾亞兄弟）、Viracocha（維拉科查）。

Council of the gods 眾神議會

根據蘇美文獻，阿努納奇最重要的決定不是透過阿努或恩利爾單方面的法令做出的，而是在「決定命運的大阿努納奇坐下來交換提議」之後做出的。有關眾神的問題，以及影響人類的重要決定，都是在這樣的會議上辯論並決定的。阿努納奇的領導人（包括恩基、寧呼爾薩格等人）在會議上致辭，有時在決定之前會進行激烈的辯論。埃及的《切斯特·比替聖經殘卷》（*Chester Beatty Papyrus*）還記錄到，眾神議會商討了對於荷魯斯（Horus）和塞特（Seth）的矛盾主張。

Covenant ([H] *Brit*) 盟約

通常指條約，但《聖經》中使用該詞語，是將上帝對亞伯拉罕及其後代的應許，定義為永恆的承諾。

Craftsman of the gods 眾神的工匠

在迦南傳說中被稱為「庫塔爾－哈西斯」（Kothar-Hasis，意思是「精通和博學」），他為巴爾神製造了用來打敗其兄弟的神聖武器，然後為巴爾在扎豐山（Mount Zaphon）的要塞強化了設備。他還為一位年輕的英雄做了一把獨特的弓，而女神阿娜特企圖擁有這把弓。希臘學者將庫塔爾－哈西斯與赫菲斯托斯（Hephaestus）相比，根據希臘神話，赫菲斯托斯為宙斯和赫拉（Hera）建造了住所。

Creation Tales 創世故事

幾乎世界上所有的文明都有創世故事，並且著重在人類如何從「第一對夫妻」開始。最著名的是《創世記》的故事，其中不僅描述了地球的進化，而且從地球本身及天國的創造開始。《聖經》的版本無疑是源自蘇美／阿卡德的「創世史詩」《伊奴瑪‧伊立什》。這些來源資料將「創造亞當」歸功於阿努納奇／伊羅興。

西琴在《第12個天體》中，提供了其他蘇美／阿卡德文獻，詳細介紹了恩基（知識之神）和寧呼爾薩格（醫學女神）如何利用基因工程，將地球上的猿人改造為智人。

由於阿努納奇在地球上漫遊，因此世界其他地方的創世故事中，都提到了由科學之神塑造的「第一對夫妻」，例如在中美洲，羽蛇神魁札爾科亞特爾是在女神西哈科特爾（Cihuacoatl，意思是蛇女）的協助下完成了這件事。

Crest of Zaphon 扎豐之峰

在迦南傳說中，這個名稱是指巴爾的堡壘，而在《以賽亞書》第十四章中，這個名稱是指黎巴嫩山區的登陸點，Zaphon 可以指「北部之地」及「祕密之地」。按照西琴的說法，吉爾伽美什和其他蘇美文獻提到的「登陸點」，現在稱為「巴勒貝克」。

參見 Adad（阿達德）、Ba'al（巴爾）、Craftsman of the gods（眾神的工匠）、Zaphon（扎豐）。

Crete 克里特

地中海的一座大島。許多「神話」事件的發生地點，還有傳說中的彌諾陶洛斯（Minotaur，牛頭人身怪物）被囚禁的迷宮。西元前 1800 年至 1450 年左右，邁諾安（Minoan）文明（希臘文明的前身）在這裡蓬勃發展。

迦南文獻中，有關 KRT 及其國王的文字，很可能與這座島嶼的希臘名稱「Kreta」有關。在《聖經》中，它被稱為「迦斐託」（Caphtor）。

Cro-Magnon Man 克羅馬儂人

先進的智人，在生理上與現代人幾乎沒有區別。現代人在四萬年前突然出現在西亞，取代了歐洲更原始的尼安德塔人（Neanderthals）。儘管他們被稱為「石器時代的人」和「洞穴人」，但他們在石頭中添加了木材、骨頭和黏土，當作器皿、工具和武器的材料；他們有穿衣服；有手工藝品（包括母親女神的肖像）；同時也用藝術畫裝飾洞穴，直到今日仍令人吃驚。

西琴在《眾神與人類的戰爭》中提到，蘇美文獻記載了「地球的譴責」大約始於七萬五千年前，那是使人類倒退的新冰河時代。大約「在四萬九千年前，恩基和寧呼爾薩格提升了有阿努納奇血統的人類的地位」，使他們成為

統治者，這一發展可以解釋「克羅馬儂人」的出現。

Cronus 克洛諾斯

在希臘神話中，十二位泰坦（Titans，第一對天體夫妻 ——「蓋亞／地球」和「烏拉諾斯〔Uranus，拼字與「天王星」相同〕／天空」——的後代）中最年輕的男性。克洛諾斯為了尋求統治權，閹割父親，並監禁或驅逐了其他泰坦。他和姊姊瑞亞（Rhea）結婚。他們的三個兒子和三個女兒組成了奧林匹亞神系的半數，其中包括大神宙斯。宙斯後來罷免了父親克洛諾斯。

Cross 十字

當西班牙征服者在西元1519年到達阿茲特克人的首都 —— 特諾奇提特蘭（Tenochtitlan，現為墨西哥城）時，他們驚訝地發現十字符號被描繪在盾牌上，做為阿茲特克人的主神之象徵。這只是其中一個例子。儘管自從耶穌被釘上十字架以來，十字符號就被認為是基督教的象徵，但實際上它在古代文化中已經是神聖的象徵。

按照西琴的說法，自蘇美時代開始，「十字的符號」就成為「眾神的行星」尼比魯每次出現在人們視野中之時的象徵。因此，在西元前一千年時，隨著人們對於尼比魯回歸到視線中的盼望逐漸增加，它在整個古代世界中被顯著地呈現出來（當成皇家徽章，出現在紀念碑、圓筒印章上等）。

參見 Aten（阿托恩）。

Cubit 腕尺

一種古老的測量長度的單位，據推算，一腕尺在《聖經》中等於24個「手指」，在埃及的皇家王宮中等於28個「手指」（525公釐＝20.63英吋）。艾薩克·牛頓（Isaac Newton）爵士計算得出，使用於吉薩金字塔和諾亞方舟的結

構上的「一神聖腕尺」等於25.2英吋。

Cuneiform Script 楔形文字

蘇美在西元前四千年採用的文字，然後在整個古代近東和西亞使用了三千多年。楔形文字是從象形文字演變而來，每個符號代表的是口語單字（例如蘇美語、阿卡德語、西臺語、迦南語、波斯語等）的音節發音。在特殊的抄寫學校受訓的抄寫員，必須學習許多楔形符號的五百多種變體，這些變體是在巴比倫和亞述使用的高峰期形成的。西琴表示，這些變體不僅是按照邏輯排列，實際上還遵循了高級數學公式。

Cush (or *Kush*) 古實

根據《創世記》，古實是含語系（即非洲）部落國家在大洪水之後的後裔，與埃及的麥西（Mizra'im）有親緣關係，並且與之相鄰。古代的努比亞和衣索比亞。

Cuzco 庫斯科

在祕魯的印加首都。根據當地傳說，在大洪水之後，大神維拉科查帶著四對兄弟－姊妹夫妻重新居住在這片大地上，同時，他把一根金棒給了其中一個兄弟，以用來尋找安地斯文明未來的中心位置 —— 庫斯科。這就是為什麼許多印加時代之前的庫斯科神廟和宮殿，都被黃金覆蓋的原因。從西元1021年至1532年，庫斯科有十四位印加統治者。

當西班牙人在西元1533年到達庫斯科時，這裡是一座巨大的都市，分為十二個區，對應了十二個黃道星宮，其中有四條皇家道路通往印加帝國的四個角落。西班牙的編年史學家稱其為「高貴的裝飾城市」，裡面有廣場、橋梁、建築物、宮殿，以及牆壁上覆蓋黃金的「黃金圍場」神廟 —— 科里坎查。

西班牙人在掠奪這座城市之後，在彼此之間劃分了這些建築物，最終拆除了大部分，將建材用來建造道明會（Dominican）教堂和修道院。如今，前往庫斯科的遊客，仍然可以在許多地方看到印加時代之前的建築結構遺蹟，它們是由彼此嵌入的石塊建造而成的。

Cylinder Seals 圓筒印章

現代輪轉式印刷機的前身，「圓筒印章」是一種起源於蘇美的設備，後來在整個古代近東地區都被模仿。這些小圓筒（通常是一英吋左右）大多是藝術家使用石頭（在某些情況下是用半寶石）雕刻而成的，上面刻了左右反向的插圖，有時還附有文字。當圓筒在潮濕的黏土上滾動時，圖像就被印在黏土上，成為左右正向的插圖，在黏土乾燥後，就留下了該印章的永久性印記。這個詞語在「圓筒」後面加了「密封」一詞（編注：Seal 也有「密封」的意思），是因為它們被用來密封容器（例如油、酒），或是做為鑑定泥版文件的印章。

Cyprus 賽普勒斯

地中海的一座島嶼，靠近現今的敘利亞、黎巴嫩和土耳其海岸；是古代的銅礦來源。根據希臘傳說，愛芙羅黛蒂女神是從賽普勒斯來到希臘的。

Cyrus 居魯士

（又稱 Kurash〔古流士〕，《聖經》中稱為 Koresh〔古列〕。）

一位著名的阿契美尼德－波斯國王（西元前559年至530年在位），他實現了耶利米的聖經預言，在西元前538年占領了巴比倫。居魯士的統治範圍包括古代蘇美和阿卡德的土地、巴比倫和亞述、馬里和米坦尼（Mitanni），小亞細亞的西臺王國和希臘人定居點，東方的埃蘭和米底（Media），以及更遠的

地方。

居魯士最初的作為之一，是發布一份公告，允許猶太流亡者回到猶大，以重建被巴比倫人摧毀的耶路撒冷聖殿。上面刻著這份公告的居魯士圓柱（Cylinder of Cyrus），目前被保存在大英博物館裡。

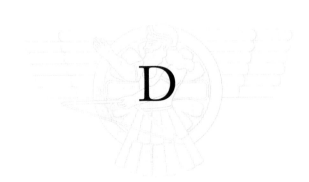

Dagan 達甘

馬里的一位重要男神。他抱怨說，自己年老時，國王就不再向他請教任何事情了。

Dagon 大袞

非利士人（Philistines）的主神。這個名字的意思可能是「魚群的他」（He of the Fishes）── 海神。

Dahshur 達舒爾

埃及的地名，位在吉薩的南邊，有兩座著名的金字塔歸屬於法老斯尼夫魯，分別是彎曲金字塔和紅金字塔。

Damascus 大馬色（今稱大馬士革）

一座古老的城市，現在是敘利亞的首都，位於主要貿易路線的交會點。在《創世記》第十四章中，首次提到這個地名。亞伯拉罕為了追捕俘虜其姪子的東方國王聯盟，來到此地附近，當時是在大衛和所羅門王國的境內。

隨後，它成為亞蘭（Aram）的首都，但在西元前732年被亞述人占領後就衰退了。

參見 Aram, Arameans（亞蘭、亞蘭人）。

Dam.ki.na 唐克娜

（意思是「來到地球的女士」。）

艾的配偶，其長子馬杜克的母親，跟隨艾從尼比魯來到地球，並將馬杜克帶在身邊。在艾被授予稱號「恩基」（En.ki，意思是大地／地球之主）之後，她改名為寧基（Nin.Ki，意思是大地／地球之女士）。

Dan 但

雅各的十二個兒子之一。以他命名的以色列支派被分配到迦南的最北端。

Danel 丹尼爾

（意思是「被伊爾〔El〕審判的人」。）

迦南故事中的主角，他是一個逐漸老去的首領，卻無法擁有合法繼承人。直到最後，他一直在為自己的妻子生兒子一事祈禱。有兩個「男人」回應了他的懇求，出現在他的住所，使他能夠由妻子生下一個合法繼承人。這兩個「男人」後來被證實是神伊爾和巴爾。

Daniel 但以理

（希伯來文，意思是「被上帝審判的人」。）

《但以理書》中提到，但以理是尼布甲尼撒二世攻占耶路撒冷後，從猶大地區被流放到巴比倫的貴族之子的其中一位。但以理曾經在伯沙撒的宮廷中任職，因為講解夢境，以及解開由飄浮的手寫在宮廷牆上的預言而著名。

之後但以理開始做夢，預見了動亂和王國興衰的異象，以及涉及天使、野獸和其他象徵的異象。這些異象被認為是新約《啟示錄》類似異象的原型。天使告知但以理，他的夢和異象與「時間的完結」（End of Time）有關。

但以理多次詢問它何時會過去，卻收到幾個神祕的答案。這些答案一直是人們研究和猜測的話題，包括最近才發現的由艾薩克‧牛頓爵士計算的結果。西琴在《完結日》（*The End of Days*）一書中，提供了自己的見解。

參見 Ages（時代）、Babylon（巴比倫）、Belshazzar（伯沙撒）、End of Days（完結日）、Prophets（先知）、Zodiacal Ages（黃道宮時代）。

Darius 大流士

在《哈該書》、《撒迦利亞書》、《但以理書》等聖經中提到的阿契美尼德／波斯國王（西元前522年至486年在位）。他將波斯帝國的領土向西擴展至東南歐的色雷斯（Thrace），向南擴展至非洲的埃及。

他的皇家圓筒印章上，以楔形文字刻上他的名字和頭銜，並描繪了一位待在有翼圓盤裡的神在天空盤旋。

Date Formulas 年代記冊

蘇美的年度紀錄，每位國王統治期間的每一年，都會以主要事件來標明。這些銘文對於建立近東年代學，以及了解該時代的重大事件，具有難以估量的

重要價值。

Date Palm 棗椰、海棗

伊甸園中的生命之樹，就是指棗椰樹嗎？西琴為了表達這種觀點，展示了埃
及關於來世（Afterlife）的描繪，以及亞述藝術、希臘德爾斐的阿波羅神廟的
圖畫中，生命之樹都是以棗椰樹來表現。

有關來世的埃及文獻、《以諾書》、《出埃及記》和迦南人的不朽傳說中，
都將棗椰樹與永生（eternal life）連結在一起。美索不達米亞的文獻也具有代
表性意義，其中詳細描述了在烏魯克的眾神之飲食，其中「每年的每一天，
每天的四餐」都需要「一百零八顆普通棗和提爾蒙（即西奈半島）之地的
棗」。

參見 Garden of Eden（伊甸園）、Plant of Life（生命之植物）、
Tree of Life（生命之樹）。

David 大衛

大衛是最重要的猶太國王，他的專長、事蹟和不法行為，在《聖經》中有大
量的記載。他是伯利恆的耶西（Jesse）的兒子，原本是年輕的牧羊人，卻挺
身而出，使用機弦甩石殺死了非利士人歌利亞（Goliath）（《撒母耳記上》第
17 章）。

他繼承了以色列第一任國王掃羅（Saul）的王位；在《撒母耳記上》第十六
章中，大衛受膏後，「耶和華的靈就大大感動大衛」（16：13），這使得大衛
成為「上帝的受膏者」，他的後代（從兒子所羅門開始）將是耶路撒冷王權
的合法繼承人。根據《詩篇》第八十九篇，大衛被上帝的聖油膏了，在上帝
和「大衛之家」之間，建立了特殊而永恆的紐帶。

他是一名戰士和國家建設者，與鄰近的敵人作戰，並在西元前一千年左右將

耶路撒冷確立為國家首都。有許多詩篇表達了對耶和華的無限奉獻，它們都被歸屬於出自大衛。希伯來先知認為，大衛在耶路撒冷的王位的最終恢復，是當神聖的彌賽亞諾言實現之時。新約聖經則透過列出大衛王朝的血統，展開了耶穌的故事。

按照西琴的說法，選擇大衛（牧羊人）、透過受膏的行為將他確認為國王，以及希伯崙被選為王權的第一個所在地，都與阿努納奇「從天國帶下來的王權」有象徵性的關聯。

參見 Anunnaki（阿努納奇）、亞巴（Arba）、Jerusalem Temple（耶路撒冷聖殿）、King/Kingship（國王／王權）。

Davison's Chamber 達文森房

吉薩大金字塔「國王房」上方的第一個「建築密室」，以在1765年發現它的納旦尼爾·達文森（Nathaniel Davison）的名字來命名。

Day the Earth Stood Still 地球靜止日

有關墨西哥的「眾神之城」——特奧蒂瓦坎（Teotihuacan）的傳說中，將兩座大金字塔建築與一場降臨於地球的災難連結起來，當時太陽沒有升起而夜晚的黑暗持續存在。在特奧蒂瓦坎（意思是「眾神之地」），有兩位神在神聖的火焰中犧牲自己，以說服太陽和月亮重新出現並恢復運行。其他眾神透過豎立太陽金字塔和月亮金字塔，來紀念這個事件。

同樣的，在南美洲，印加傳說也提到，造物神曾有一次對人民發怒，並且在大地上把陽光藏起來：「二十個小時沒有黎明。」直到國王匆忙地恢復規定的祭儀時，造物神才寬容人們。安地斯山區的烏魯（Uru）民族傳說中，也包含了類似的「黑暗之日」回憶。

西琴在《失落的國度》（*The Lost Realms*）提到了《聖經》裡最具挑戰性的事件

之一，即太陽沒有落下的那一天：根據《約書亞記》第十章，耶和華為了幫助以色列人參戰，使「日頭停在基遍，月亮止在亞雅崙谷」，這種現象持續了「約有一日之久」。

一代又一代的學者努力研究這個故事，都無法找到令人滿意的解釋，大多數人認為這個故事只是神話。西琴的回應就在《當時間開始》（*When Time Began*）中，他指出，如果太陽靜止不動，沒有在地球的一側（近東）落下，那麼它就不會在地球的另一側（美洲）升起；因此，相反的故事描述了在地球兩側的人們目擊了同一個事件的影響。

西琴採用編年史學家蒙特西諾斯（Montesinos）計年方式，將南美洲事件的發生日期計算為西元前1394年，相當於約書亞的亞雅崙谷戰役發生的時間。因此，即使科學上的原因尚待解釋，實際上的確發生了莫名其妙的事件：地球靜止不動。

參見Joshua（約書亞）、Teotihuacan（特奧蒂瓦坎）。

Day of the Lord 主之日

從西元前八世紀開始，聖經先知就越來越常使用這個詞語，並且在西元前六世紀時急速增加提到的次數。先知形容這是「天體之主」（Celestial Lord，編注：《和合本》大多稱「萬軍之耶和華」）從南方出現，照亮金星，靠近地球，在地球上造成午時的黑暗和地震：以賽亞預見到，當天體之主將「從天邊」再度出現時，天上會「震動」，而大地「在主將要穿越時會離其本位」（編注：參見《以賽亞書》第13章，但部分內容不完全相符）；阿摩司（Amos）預言那將會「使地在白晝黑暗」（《阿摩司書》第八章）。

西琴解釋說，「主之日」（編注：《和合本》譯為「耶和華的日子」）是對於尼比魯星重返地球附近的預期。西琴在《完結日》中呈現的精心分析顯示，從西元前八世紀開始，聖經先知如何預見到即將到來的這一天，而且隨著這

一天的接近，緊迫感和細節越來越多；按照西琴的說法，這個事件實際上是
發生在西元前556年，呈現為不尋常的日食事件。（另請參見《過往神話之
旅》中有關驚人的「安提基特拉儀器」的年代。）

Dead Sea 死海

位在約旦河的終點，是類似湖水卻沒有生命的水體，現在被劃分給以色列
和約旦王國。死海位在深谷地區，是地球上的最低點。它在希伯來文中被
稱為 Yam Hamelach（意思是「鹽海」），是因為高蒸發率加上水分流入不足，
導致水中含有極高的礦物鹽量，沒有任何生命能在此存活；亞述王薩貢二世
（Sargon II）的銘文中也這麼稱呼它。

西琴將《吉爾伽美什史詩》視為事實，認為吉爾伽美什在試圖穿越「水已死
的貧瘠海域」時，實際上是在試圖前往西奈太空站的途中穿越死海。西琴還
認為，死海南邊的延伸海域，源自於核劇變所造成的洪水；這場核劇變毀滅
了當地的所多瑪、蛾摩拉及其他三個「罪惡之城」。

參見 Abraham（亞伯拉罕）、Erra（艾拉）、Gilgamesh（吉爾伽美什）、
Lot（羅得）、Nuclear Weapons（核武器）。

Dead Sea Scrolls 死海古卷

西元1947年春天，一個牧羊男孩在俯瞰死海的荒蕪懸崖上，尋找一隻走失的
綿羊，然後在一座山洞中發現了一疊陶罐，其中藏了有刻字的羊皮紙卷軸。
在那之後發現的手稿和其他作品，被統稱為「死海古卷」。原來，這些希伯
來手稿是在兩千多年前猶太人起義反抗羅馬對猶大地區的統治時，小心地藏
起來的。

由於大多數卷軸是在毗鄰庫姆蘭（Qumran）的洞穴中被發現的，因此人們認
為它們是被稱為愛色尼人（Essenes）的猶太教派的藏書，當時他們撤退到庫

姆蘭。

死海古卷中，有許多是《希伯來聖經》的手抄本；有些是佚失的旁經書籍，由此被證實了它們的存在；其他則是與該教派的原則、習俗和信仰有關。

儘管這些卷軸在基督教誕生的初始時期，點燃了宗教熱潮，但人們對愛色尼人是否真的藏身在庫姆蘭，甚至是否所有捲軸都屬於他們，皆沒有共識。或許它們是從耶路撒冷聖殿被帶過來，以拯救它們免於遭受羅馬人的猛烈攻擊。

不過，所有人都同意的是，這些卷軸的存在，證實了經典的《希伯來聖經》和各種旁經文獻（另外也確認了提及「納菲力姆」的內容）。

DED 塔德

（也拼寫為 DJED。）

一個埃及象形文字，描繪了階梯柱，意思是「永恆」。

Delphi 德爾斐

位於雅典西邊的海角上的神聖區域，上面有許多神廟。德爾斐是古希臘最著名的神諭之地：在阿波羅神廟的內部聖殿裡，一個隱藏在地下室的神諭女祭司，會在類似出神的意識狀態下，對於提出有關自身命運問題的國王和英雄，提供神祕的答案。如此模稜兩可的德爾菲神諭，鼓勵了馬其頓（Macedon）的亞歷山大進行征服行動。

西琴基於該地點的地形和布局，以及主要的神聖物體是圓石（Omphalos）的事實，認為這裡是無畏且狂妄的阿波羅神的實體基地。

Deluge 大洪水

根據《聖經》，這場大洪水淹沒了地球，除了挪亞和方舟之外的人類都滅絕

了。儘管幾乎所有文化的傳說都提到了一場毀滅性的大洪水，但《聖經》中的故事一直被認為只是故事，直到人們在早期的美索不達米亞文獻中也發現了類似的故事（例如，《吉爾伽美什史詩》和《阿特拉－哈西斯》）。

蘇美和阿卡德的文獻中，詳細介紹了許多神的角色、身分和動機，並且增加了實際位置、統治者名字的細節（包括「挪亞」的身分，他是蘇美語中的吉烏蘇他拉〔Ziusudra〕、阿卡德語中的烏特納比西丁〔Utnapishtim〕），還有關於方舟的描述，西琴認為那是一艘潛水艇。

這些文獻讓西琴能將事件的發生時間確認在一萬三千年前左右，這個結論連結了大洪水與科學上已確認的上一個冰河時期的結束。西琴將「大洪水」解釋為吞沒世界的大潮汐波，這是由於巨大的冰蓋滑出南極洲大陸所引起的。阿努納奇從位在非洲末端的科學站觀察到，這是一場即將發生的災難。他們意識到當尼比魯星在預期中通過近日點時，將會引發雪崩。恩利爾想要讓人類在毫無準備下滅亡，恩基則透過拯救「挪亞」來反抗這一點。

參見 Ea/Enki（艾／恩基）、Man/Mankind（人／人類）、
Nibiru's Orbit（尼比魯的軌道）、Noah（挪亞）、Ziusudra（吉烏蘇他拉）。

Demigods 半神

古代文明的書面紀錄中，包含了關於「半神」的許多內容，半神的雙親之一是神或女神。在《蘇美國王列表》中，列舉了大洪水之前的半神統治者（包括其神聖父母的名字）。在大洪水之後的時代，烏魯克的幾位國王是半神，可能父親是烏圖（Utu），或是（跟吉爾伽美什一樣）母親是女神寧松（Ninsun，又譯寧桑）。

曼涅托提供的古埃及王朝列表，始於兩個神的王朝，然後是三十個半神。在法老時代，國王會聲稱自己是神的後代，並在王室頭銜加上 MSS（意思是神的「子嗣」）當作字尾。

亞歷山大大帝相信宮殿傳言，提到他的真正父親並非腓力（Philip）國王，而是埃及神阿蒙（Ammon）。

《希伯來聖經》也承認半神的存在，像是《創世記》第六章就提到：「神的兒子們和人的女子們交合生子。」在《約書亞記》第十四章中，則將以色列人到來之前的希伯崙統治者稱為「亞衲族（Anakim，即阿努納奇）的後裔」，因此他們是半神的後代。

Denderah 丹德拉赫

位在上埃及，在女神哈索爾（Hathor）的神廟中，天花板上裝飾了黃道十二宮的星宮圖。

Descending Passage 下降通道

在吉薩大金字塔中，有一條通道從金字塔的北側原始入口，一直通到金字塔基岩底部的坑洞。它與其他金字塔中的下降通道相似，古代人幾乎都知道它的存在。西元820年，探險者偶然在下降通道裡，發現了可能封住上升通道（此金字塔的獨特之處）的位置。

Destiny (Nam) 天命（蘭姆）

西琴指出，在大多數現代語言及蘇美文獻的現代翻譯中，「天命」（Destiny）和「命運」（Fate）是可以互換的詞語，但蘇美人將「天命」（蘇美語為 Nam）區分開來，天命一旦確定，就無法更改。「命運」（蘇美語為 Nam.tar）儘管受到天命的限制，但可以透過自由意志、正義行為、祈禱等方式來改變。

預定的天命適用於人們、國王、國家、眾神本身，甚至適用於地球和其他行星（其「天命」是分配給每個行星的軌道）。儘管人類的必死性是他的天命，但在這個必然性中的是他的命運，如果他能遵循神的誡命等做出公義的

行為，可能導致更長的壽命、更健康的生活等。蘇美人透過這種方式，將自由意志、自由選擇和道德的概念，引進人類的生活和行為。

Deuteronomy 申命記

（希伯來文為 Devarim，意思是「語錄」。）

《聖經》中所稱的《摩西五經》的第五本書，其開頭詩句是：「以下所記的，是摩西在約但河（即約旦河）東的曠野……向以色列眾人所說的話。」書中回顧了《出埃及記》的事件，並重複了以色列人必須遵守的誡命。

Dil.gan 迪爾甘

木星的蘇美名稱。

Dilmun 迪爾蒙（又譯迪爾門）

參見 Tilmun（提爾蒙）。

Din.gir 丁基爾

使用在蘇美的楔形文字書寫中的兩個音節的單字，是一種限定詞（determinative），定義了其後名詞的性質。因為 din.gir 總是出現在神的名字之前，例如 dingir Enlil、dingir Enki 等，所以譯者將其翻譯為「神」，即「神恩利爾」、「神恩基」等。古代的阿卡德－蘇美詞彙表中，阿卡德語將其翻譯為 Ilu（中文音譯為「伊陸」，希伯來和迦南的 El〔中文音譯為「伊爾」〕，就是來自這個詞，El 被翻譯為「神」），並把它的圖形符號簡化為星星。

西琴研究了楔形符號 Din.gir 的發展，從後來的星形符號追溯到其兩個圖案的源起，指出該符號描繪了一個兩階段的火箭飛船。分開來說，Din 在蘇美語中的意思是「正直、公正」，而 Gir 的意思是「火箭」，因此原來的意思是

「火箭中的正直／公正者」。

參見 God, gods（上帝，眾神）。

Dir.ga 迪爾加

（意思是「黑暗、如冠冕般」。）

恩利爾設在尼普爾的天地紐帶（Bond Heaven-Earth）設施裡的一間內室，裡面安裝了「帶有星空標誌的天頂」。

Divine Black Bird (Im.du.gud) 神聖黑鳥（伊姆杜吉德）

尼努爾塔神的飛行器，他乘坐其中漫遊地球的天空。神聖黑鳥的機翼跨度大約是 75 英尺，相關描繪顯示它有兩個拱形的翅膀。它被停放在拉格什（Lagash，尼努爾塔的「崇拜中心」）神聖區域裡的人造平臺上的特殊圍場中。

Divine Formulas 神聖公式

譯者用來表達蘇美詞語 —— Me（中文音譯為「門伊」）—— 難以捉摸的意義，Me 是一種小型而便於攜帶的物品，其中包含且提供了高級文明中從太空旅行到神廟儀式等，各方面的祕密知識或「公式」。Me 不僅是對資料進行編碼的東西（我們現在將其稱為「電腦晶片」或「記憶光碟」），而且還提供了行使此類知識的能力、權限和權力。

在標題為《獻給埃利都的讚美詩》（A Hymn to Eridu）的文獻中，記錄了恩利爾的抱怨，也就是 Me 的管理人恩基，拒絕給恩利爾把尼普爾建為指揮中心所需的 Me。之後關於恩利爾在尼普爾的任務指揮中心的描述裡，提到了 Me 被排放在「命運碑刻」的旁邊，做為必要設備。

另一份文獻則講述了伊南娜如何拜訪恩基，以取得使她的城市烏魯克成為王權和祭司職位之中心所需要的 Me。最後她偷走了一百個 Me，並將它們拿在

手中就逃離了。學者還把這個詞語翻譯為「神聖力量」、「神聖誡命」、「神話般的美德」。

參見 Dur.an.ki（杜爾安基）、Enlil（恩利爾）、Zu（祖）。

Divine Ranks 神聖階級

蘇美－阿卡德神系的主神擁有數字階級。西琴從各種文獻中蒐集資料，確定這些階級遵循了蘇美的六十進位法（基數六十）系統，阿努（十二位大神之首）的階級是60、恩利爾是50、艾（恩基）是40，娜娜／辛是30、烏圖／沙馬氏是20、伊希庫爾／阿達德是10。他們的女性伴侶為「半階級」：安圖是55、寧利爾是45、寧基是35、伊南娜（伊師塔）是15（她使寧呼爾薩格的階級降到5）。

在爭取繼承權的對抗中，尼努爾塔獲得了恩利爾的50階級，不過，在西元前2024年的核爆炸之後，馬杜克獲得50階級和「五十個名字」。

在雕塑和其他描繪中，神明的地位是透過帽子上成對的角的數量來表示。

Divine Scribe 神聖抄寫員

埃及神圖特的頭銜之一，他寫下了眾神議會的決定。據說他「親手寫下了」埃及的《亡靈書》（*Book of the Dead*）這部作品。

Divine Time 神聖時間

西琴在《當時間開始》一書中，用來表示阿努納奇在尼比魯的一年（尼比魯繞日軌道一圈等於3600個地球年）的詞語，與「地球時間」（Earthly Time，一年等於地球繞日軌道一圈）不同。

參見 Sar（撒爾）。

DNA 去脫氧核糖核酸

每個活細胞中的四個核酸分子鏈（以首字母 A、C、G、T 來稱呼）結合並形成了「基因」。這些基因將決定生命形式是細菌、花、魚、鳥、動物或人類。解開遺傳祕密的關鍵，是發現遺傳鏈配對形成了一個雙螺旋。

西琴在《宇宙密碼》（*The Cosmic Code*）中指出，在古代，這樣的雙螺旋被描繪為纏繞的蛇，它是埃及神普塔的象形文字符號；普塔就是恩基，人類基因工程的創造者，而「蛇」則是出現在《聖經》中的亞當與夏娃故事。「纏繞的蛇」至今仍然是醫學的象徵，也是恩基之子兼助手寧吉什西達（Nin.gish.zid. da，意思是「工藝／生命樹之主」）的蘇美象徵符號。

人類的基因組就排列在二十二對「染色體」中（另外加上兩個來決定性別）；DNA 以四個「字母」的其中三個，結合成二十二組不同的胺基酸「三重奏」，而當 DNA 發揮作用時，這些胺基酸就成為組成蛋白質「單字」的「動詞」。西琴發現，希伯來文也使用了二十二個字母組成「三重奏」，由它們充當「根動詞」來模仿 DNA 的作用方式，這一點很了不起。

Dome of the Rock 岩石圓頂

耶路撒冷聖殿山上的一個八角形結構，是神聖的「基石」上的保護性房屋。這塊基石是一個大而特殊的岩石露頭，當初所羅門聖殿的至聖所裡的約櫃，就放在上面（根據傳統說法，這裡也是亞伯拉罕準備犧牲兒子以撒當作祭品的地方）。

這個建築結構是由穆斯林在西元七世紀占領耶路撒冷之後建造的；穆斯林認為，穆罕默德就是從那塊神聖的岩石上升到天堂。這座建築的鍍金圓頂，就蓋在拜占庭式教堂上，是由黎巴嫩巴勒貝克的哈里發阿卜杜勒‧馬利克（Abd al-Malik）建造的。

參見 Ark of the Covenant（約櫃）、Foundation Stone（基石）。

Domestication 馴化

使野生植物（例如大麥、小麥）或野生動物（例如綿羊、山羊）適應人類的需求，並且在受控的條件下（例如田間作物、放牧等農業）養育的過程。總的來說，這個過程大約始於西元前一萬年至九千年的近東地區，即現在的黎巴嫩／敘利亞地區。雖然科學家和社會學家對於人類如何從「狩獵－採集」轉變為農業和畜牧業，進行了理論上的研究，但蘇美文獻將這個功蹟歸因於眾神在西元前一萬一千年大洪水毀滅地球之後，刻意做出的決定。

拉哈爾（Lahar，意思是「羊毛動物」，即綿羊）和安閃（Anshan，意思是「穀類植物」）的故事之類的文獻指出，這兩者均源於「創造室」（Creation Chamber），即恩利爾和恩基在大洪水之後所建立的「塑造之屋」，它就位在「芳香雪松山」的「純淨土丘」上。（按照西琴的說法，阿努納奇的登陸點就是黎巴嫩的巴勒貝克）。然後，眾神首先教導納路加路（Nam.lu.gallu，意思是「文明人類」）「耕地」和「養羊」，以便使眾神能夠飽足。蘇美的其他文獻將農業教學歸功於恩利爾及其兒子尼努爾塔，畜牧業教學則歸功於恩基。

Duat 杜亞特

譯自埃及象形文字的名字，意思是「用作升上星星的居所」，是法老在來世之旅中的第一個目的地。在《金字塔經文》和《亡靈書》中，都把它描述為一個附有地下通道和通往「前往天國的大門」的房室之處。在那間房室裡，大門將被打開，而國王會在一個「神聖上升物」（Divine Ascender）中被帶進天國，在「百萬年之星」加入眾神的行列。

西琴認為，這些文獻中的旅程詳細資訊，是實際的地理和地形說明，並得出結論表示，杜亞特位在西奈半島的中部平原，即阿努納奇在大洪水之後的太

空站的所在地。

Dumu.zi 杜姆茲

（意思是「生命之子」。）

恩基的六個兒子中最小的，與伊南娜／伊師塔（恩利爾的孫女）訂婚。他的哥哥馬杜克反對這件婚事，並且導致杜姆茲的死亡。許多蘇美文獻都描述了神明版的「羅密歐與朱麗葉」般的悲慘愛情，以及心急如焚的伊南娜如何尋找心愛的人的身體，以使他復活。

西琴除了研究埃及相關文獻之外，也認為是伊南娜開始了木乃伊化的習俗，她希望保留杜姆茲的身體，直到他復活。美索不達米亞的第十個月就是以杜姆茲來命名（在阿卡德語和希伯來語中，稱為塔姆茲〔Tammuz〕。編注：《和合本》譯為「搭模斯月」，為猶太曆的四月），即使在《聖經》所描述的時代中，人們也在那個月為他哀悼。

Dur.an.ki 杜爾安基（又譯杜蘭基）

（意思是「天地紐帶、天地連接」。）

大洪水之前，恩利爾設在尼普爾的任務指揮中心裡，最裡面的密室或至聖所。阿努納奇的太空操作，就是在這裡透過「命運碑刻」控制的。命運碑刻是由天空圖、行星軌道和其他太空資料編碼製成的設備。

西琴認為，在大洪水之後，是由耶路撒冷來執行這個功能。由於尼普爾也被認為是「地球之臍」，因此，杜爾安基可以比喻成是地球上的阿努納奇與母星尼比魯之間的虛擬臍帶。

參見 Nippur（尼普爾）、Omphalos（圓石）。

Dvir 施恩座

根據《出埃及記》，上帝從約櫃上的金色基路伯的兩雙翅膀之間的空間，對摩西說話。在耶路撒冷的聖殿建造好之後，約櫃被放到至聖所中，只有大祭司才能進入，並且（以嚴格規定的方式）接近施恩座，「聽到（主的聲音）從約櫃上的覆蓋物對他說話。」《欽定版聖經》（又稱《詹姆士王聖經》）將這個詞語翻譯為「神諭處」（oracle），如今通常翻譯為「聖殿」、「內聖殿」。但是西琴指出，在希伯來文中，Dvir 的字面意思是「發聲者」（Speaker），也就是一種語音通信設備！

Dzibilchaltun 齊比沙爾敦

位於猶加敦半島上墨西哥灣沿岸的馬雅遺址，其遺蹟（廣場、金字塔和神廟）覆蓋了大約二十平方英里的驚人面積。考古學證據支持了當地的傳說，也就是馬雅人和馬雅之前的文明起源，始於由 Can（意思是「蛇」）所領導的人們乘船來到此地。

這裡的主要景點，是具有天文學意義的七人偶神廟（Temple of the Seven Dolls），神廟的名稱源自於在那裡發現的圍成一圈的七個人偶。西琴在《地球編年史探險》中提到，這些小人偶（現在收藏於該遺蹟的小博物館中）很類似背著背包的太空人。

E

E.a 艾

（意思是「他的家是水」。）

首批到達地球的五十名阿努納奇首領的名字，他們降落在波斯灣。艾是由於科學知識而被選中，任務是從海灣水域中取得黃金。關於他的描繪是流動的水流，為「水瓶宮」的原型。

他是尼比魯統治者阿努的長子，卻不是法定繼承人，因為他的母親是阿努的其中一個妾。繼承權屬於他的同父異母兄弟恩利爾，其母親不僅是阿努的正式配偶，還是阿努的同父異母姊妹。地球上的許多衝突都源於這兩個同父異母兄弟之間的競爭。為了調解衝突，阿努將「恩基」（En.Ki，意思是「地球之主、大地之主」）這個頭銜授予艾；但是他的數字階級是40，仍然低於恩利爾的50。

在最初的計畫失敗後，艾被任命負責非洲東南部的金礦開採活動。他在那裡發現了與阿努納奇相似的原始人的存在，導致了他最重要的功蹟：塑造人類

（The Adam）的基因工程。身為人類的創造者，艾指示忠實的追隨者建造著名的方舟，破壞了讓人類在大洪水中滅亡的計畫。

他在蘇美的「崇拜中心」是埃利都；他的領土在非洲，後來劃分給他的六個兒子。埃及人稱他為「普塔」（PTAH，意思是「發展者」）。他在文獻中被描述為「女士們的男人」，因為他的許多不忠行為中包括了與女性地球人的情事。他的自傳在一些部分受損的陶片上被發現了，西琴使用這些資料，撰寫了《恩基失落之書》（The Lost Book of Enki）。

Eaglemen 鷹人

對阿努納奇太空人的稱呼，他們通常被描繪為具有人的身體、鷹或鳥的頭部，以及一對或兩對翅膀的神。他們通常與恩利爾一族（Enlilites，又譯恩利利特斯）相關；恩利爾的孫子烏圖（沙馬氏）有時是他們的指揮官。恩利爾一族的祭司有時會打扮成鷹人，以便與恩基一族的祭司有所區別。

參見 Cherubim（基路伯）、Utu（烏圖）、Winged Beings（有翼生物）。

E.Anna 伊安納

（意思是「阿努之屋」。）

在烏魯克的主要廟塔神廟（ziggurat-temple）。

Earth 地球

（蘇美語為 Ki，希伯來語為 Gi，意思是「被切碎者」〔The Cleaved One〕，希臘文中的 Gaea〔蓋亞〕，以及拉丁文中代表「地球、土地」的 Geo，都是源自這個字。）

西琴根據《創世史詩》所做的解釋為，地球是提亞瑪特星球剩下的那一半。提亞瑪特在與尼比魯（馬杜克）的「天幕之戰」（天體碰撞）過程中破裂，

被碰撞力推到目前的軌道，並且吸引了提亞瑪特的主要衛星成為月球。地球
被暱稱為「第七行星」，是因為從外面進入太陽系時，地球是第七顆行星。
它的楔形符號是一個經緯線交錯的球形。

參見 Celestial Battle（天體碰撞／天幕之戰）。

Earthling 地球人

《聖經》中「亞當」（The Adam）的字面意思，Adam 源自 Adamah（希伯來文中
的「地球」）。

參見 Adam（亞當）。

E.babbar 伊巴巴爾

（意思是「明亮者之屋」。）

被稱為「太陽神」的烏圖（沙馬氏），設於崇拜中心西巴爾（Sippar）的神廟
之名稱。

Eber 希伯

根據《創世記》第十章的國家列表，挪亞的大兒子閃是「是希伯子孫之
祖」，其後裔包括了自稱為伊比利人（Ibri，即希伯來人）的亞伯蘭（亞伯拉
罕）。西琴在《眾神與人類的戰爭》中，將這些稱謂與蘇美的 Ni.Ibru（意思
是「十字的宜人之地」〔The Comely Place [of] Crossing〕）連結在一起，而 Ni.Ibru
是尼普爾的蘇美名字，因此，亞伯拉罕被稱為伊比利人，表示他出生在尼普
爾。

Ebla 埃布拉（又譯艾布拉）

（在古代年鑑中為 Ibla。）

一個城市國家（其遺址位於敘利亞北部的馬爾狄赫荒丘〔Tell Mardikh〕），大約從西元前2400年開始發展了一千年。考古學家在那裡發現了碑刻，上面將攻陷這個強大中心的功勞，直接歸給神奈格爾（Nergal）。

Eclipses 日食

由於地球繞著太陽公轉、月亮繞著地球公轉，地球的陰影有時會遮住月亮，造成月食現象。月食會定期發生，因此是可以預測的，有一塊現今存放於大英博物館的碑刻上，就包含了提前五十年預測月食的公式。

有時，月亮的陰影會遮住太陽，導致日食。由於日食這種情況很少發生，在古代被認為是具有重大意義的預兆。

關於「主之日」（按照西琴的說法，這是指尼比魯返回到地球附近）的《聖經》和美索不達米亞預言，以日食的形式描述了這個事件。根據西琴在《完結日》中的說明，有一次不尋常的日食事件發生在西元前556年。

參見 Day of the Lord（主之日）、Harran（哈蘭）、Nibiru（尼比魯）。

Ecuador 厄瓜多

南美洲西部的一個國家，因橫跨赤道（Equator）而得名。根據當地的傳統說法，第一批到達赤道地區的移居者，乘船從當地突出於太平洋的聖赫勒納角（Cape Santa Helena）登陸，而且他們是在綠色石頭所發出的神聖指示引導下抵達的。考古發現，當地的歷史可以追溯到大約西元前2500年。

根據傳說，當維拉科查離開美洲時，「維拉科查之航線」（route of Viracocha）也是從那裡越過海洋。

當祕魯的印加人擴張其帝國版圖時，厄瓜多是他們最北端的前哨基地。厄瓜多首都基多（Quito）的中央銀行國家博物館（Musco del Banco Central）裡，陳列著一些哥倫布時期之前的驚人黃金工藝品。

Eden 伊甸

來自蘇美的「伊丁」（E.din，意思是「正直者之家／居所」）一詞。阿努納奇在這裡建立了大洪水之前的定居點，後來是蘇美所在地。

參見 E.din（伊丁）。

Edfu 艾德芙

位在上埃及的一個遺址，當地大神殿的牆壁上有象形文字銘文，提到了荷魯斯神為了與父親的謀殺者塞特神對抗，在那裡建立了鑄造廠，並且招募人類參加戰爭，以「神聖金屬鍛造」的武器來武裝他們。神廟的銘文還指出，荷魯斯將他的大翼碟停放在那裡。「當鑄造廠的大門打開時，翼碟就會升起。」

參見 Aerial Chariots（空中戰車）、Iron（鐵）。

Edom 以東

《聖經》所描述之時代的王國，位於猶大地區的東南部。

Egypt 埃及

（蘇美語名字為 Magan〔中文音譯為「馬根」〕，希伯來文名字為 Mitzrayim。）古埃及人稱他們的土地為 HM-Ta（意思「黑暗土地」），這是含族人的土地，與《創世記》第十章的說法一致，其中稱這裡是挪亞的次子含的後裔之土地。

關於阿努納奇的蘇美傳說提到，「當地球被劃分時」，非洲被分配給恩基。根據埃及的傳說，肥沃的尼羅河谷是由神普塔（即恩基）及其子孫統治。在大洪水氾濫之後，普塔建設水壩並「將埃及從水下抬升起來」，使其可以居住。然後，大約在西元前 3100 年，由法老王朝主掌的埃及文明開始了。

參見 Ham（含）。

Egyptian Religion 埃及宗教

古埃及人用來指稱「眾神」的詞彙是 NTR，意思是「監護人」。他們是天國之神，在遠古時代從「百萬年之星」（被描繪為天體翼盤）來到地球。

起初只有神在統治埃及。根據祭司－歷史學家曼涅托的說法，普塔神及其兒子拉神，還有之後的眾神：舒（Shu）、蓋布（Geb）、奧西里斯（Osiris）、塞特和荷魯斯，一共統治了一萬兩千三百年，隨後是由圖特領導的神聖王朝，統治了一千五百七十年。這些神與同父異母的姊妹結婚，彼此戰鬥甚至互相殘殺。

在西元前 3100 年法老王朝展開之前，還有三十個半神統治過埃及。因此，法老也聲稱自己是半神，有一個永生的來世。

埃及中部的孟斐斯（Memphis）是第一個皇家兼宗教首都。在西元前 2200 年左右發生的劇變，將權力中心轉移到上埃及（即南埃及）的底比斯（Thebes）。隨著時間的推移，拉神（西琴認為他就是馬杜克）成為「阿蒙」（Amen，意思是「隱藏／不可見的神」）。

參見 Aten（阿托恩）、Ben-Ben（本本石）。

E.hul.hul 伊胡胡

（意思是「雙喜之屋／神廟」。）

娜娜（辛）神在哈蘭的主要神廟，其重要性僅次於他在烏爾的廟塔神廟。

參見 Adda-Guppi（阿達－古皮）、Harran（哈蘭）、Nabu'naid（那布納德）、Nannar（娜娜）、Ur（烏爾）。

Ekhal 艾克堂

（源自 E.GAL，意思是「偉大的住所」。編注：在本系列前書中，有時拼寫為
Hekhal，中文音譯為「赫克堂」。）

大禮堂，是耶路撒冷的所羅門聖殿裡主要的中間部分，沿襲了近東神廟的三
部分建築（前廳、大禮堂、至聖所）。

E.kur 伊庫爾

（意思是「像山一樣的房子」。）

大洪水之前，恩利爾設於尼普爾的廟塔神廟的名字。另外，在大洪水之後，
女主人是寧呼爾薩格的「有尖峰的屋子」的名字，也叫伊庫爾；西琴已經辨
認出它就是指吉薩大金字塔。

在地球編年史系列中，西琴將蘇美和阿卡德文獻中關於「神的伊庫爾戰爭」
（學者稱為「庫爾神話」〔Myths of Kur〕），稱為「金字塔戰爭」（實際上真的
發生過）。

El 伊爾

字面上的意思是「崇高的」（Lofty），這個詞語來自阿卡德語的 Ilu（中文音譯
為「伊陸」），意思是「神」（deity）。

在《希伯來聖經》中，它也是「神」的通稱，但是在迦南文獻中，伊爾（編
注：本系列前書部分以 EI 指稱）是眾神首領的名字，他曾經是活躍的天地
之神，但隨著時間的流逝，準備與他的配偶阿西拉（Asherah）一起退休 ——
他們也許就是月神辛及其配偶尼卡爾（Nikkal）。

根據在拉斯沙姆拉（即古代的烏加里特所在地）遺址上發現的迦南文獻，
這對夫妻有三個兒子，分別是亞姆（Yam，意思是「海洋、大洋」）、巴爾

（Ba'al，意思是「主」）、莫特（Mot，意思是「重擊者、毀滅者」），他們忙著互相爭戰。

希伯來文《聖經》中，使用 Elim 做為廣義的 El 的複數，而當涉及阿努納奇時，則使用 Elohim。

參見 Canaanites（迦南）、God, gods（上帝，眾神）。

Elam 埃蘭

（編注：《和合本》譯為「以攔」。）

在蘇美東南方山區的一個古老王國；它在《聖經》中首次被提及，是指閃的後代以攔的土地，其首都蘇薩（Susa）在《聖經》中是波斯時代的書珊（Shushan）。它是蘇美文明的延伸，由恩利爾分配給兒子尼努爾塔（埃蘭人稱他為 In-shushinak，意思是「蘇辛之主」〔Lord of Shushin〕）。埃蘭人是一個勇敢的民族，也是精通金屬武器的製造商，為各種軍事行動提供了軍隊，例如《創世記》第十四章所描述的「諸王之戰」。

el-Arish 伊爾—阿里什（又譯伊爾—艾里什）

西奈半島的城鎮和乾河床（wadi，河床僅在雨季時才有流動的水）的阿拉伯名稱。這個乾河床（在《聖經》中被稱為「埃及小河」）充滿了從半島南部山區流出的水，灌溉了中部的商隊和朝聖者城鎮奈赫勒（Nakhal），並在伊爾—阿里什鎮流出至地中海。

西琴指出，伊爾—埃里什（El-Arish）來自於尼努爾塔的蘇美稱號之一：烏拉許（Urash，意思是「犁地者」）；奈赫勒（Nakhl）來自辛神的配偶尼卡爾（Nikkal，即蘇美語的 Nin.gal〔寧加爾〕。）

參見 Sinai Peninsula（西奈半島）、Ways（道路）。

El Castillo 卡斯蒂略

（意思是「城堡」〔The Castle〕。）

西班牙人為一座宏偉的金字塔所取的名字，這座金字塔主導了奇琴伊察的天際線。它分為九層，高度大約185英尺，被認為是由托爾特克人而非馬雅人所建。它的天文學特色包括四個側面的每一側都有91個臺階，再加上最高那一階的平臺，總共是365階（等於一個陽曆年的天數）。另外，還有平分日那一天的現象，太陽的光線會照射到階梯上，形成了宛如一條蠕動的蛇的景象。蛇是神庫庫爾坎（Kukulkan）的象徵，這座金字塔正是為了向他致敬而建的。

參見Chichen Itza（奇琴伊察）。

El Dorado 埃爾多拉多

鍍金人（El hombre dorado, The Gilded Man）的簡稱，他是純金島王國的傳奇統治者，每天在浸入湖水之前都要被金粉覆蓋。這個傳說吸引了西班牙征服者和其他許多冒險家，繼續在中美洲和南美洲尋找黃金城市「埃爾多拉多」。

Elijah（[H] *Eli-Yahu*）以利亞

（意思是「我的神是耶和華」。）

一位先知，在《聖經》所描述的時代中因各種奇蹟而聞名，此外，他沒有死在地球上，因為他在「火車火馬⋯⋯旋風中」被帶到天國。

隨後的聖經先知認為，他將會重返以預告彌賽亞時代的到來。這個信念與每年的猶太逾越節大餐儀式有關。

參見Jericho（耶利哥）、Last Supper（最後的晚餐）、Tell Ghassul（特爾佳蘇爾）。

Elisha 以利沙

先知以利亞的主要門徒，目睹了師傅升上天國的過程，並抓住了他的外衣，獲得創造奇蹟的能力。

Elixirs 長生不老藥

幾乎在所有神明故事中，都提到眾神為了維持自己的「永生」而吃或喝的長生不老藥。當地球人阿達帕被帶到尼比魯星見阿努時，恩基確保他不會得到「生命麵包」和「生命之水」，以免獲得「神的生命」。在《聖經》中，伊甸園的亞當和夏娃的故事裡，「耶和華神」將他們驅逐出境，免得他們「伸手又摘生命樹的果子喫，就永遠活著」。（《創世記》3：22）。在埃及文獻中，關於法老的來世，提到了眾神的「永生的糧食」，尤其是「永生的飲料」，與印度－雅利安傳說中，索瑪（Soma）的長生不老藥相似。

Elohim [H] 伊羅興（又譯耶洛因）

儘管在《聖經》中，這個詞通常被翻譯成單數的「神」，但是在文法和上下文中，都是El的複數形式，就像「神說，我們要照著我們的形像，按著我們的樣式造人」（《創世記》第1章）。《創世記》第六章也提到了以人的女兒們為妻的「神的兒子們」。西琴指出，在蘇美資料的相似段落中，以及《聖經》的其他相關段落，都把這些事件歸因於阿努納奇。

參見 Anunnaki（阿努納奇）、Nefilim（納菲力姆）。

End of Days ([H] *Aharit Hayamim*) 完結日、日子的完結

（編注：《和合本》稱末後的日子、末期等。）

《聖經》中的一個詞語，首先被使用在雅各的預言中，指的是遙遠的未來，

但主要由先知使用來形容未來的彌賽亞時間，到那時，邪惡將從地球上消失，正義與和平將具有統治地位，但並非沒有可怕的災難，即世界末日；然後會有一個新的開始，所有國家都將湧向耶路撒冷去敬拜耶和華。

根據先知耶利米的說法，耶和華從一開始就計畫了這個結局；先知以賽亞認為馬杜克和納布的「跪拜」及「彎腰」是恢復「上帝之王國」的重要步驟（編注：《和合本》中為「彼勒屈身，尼波彎腰。」《以賽亞書》46：1）；先知何西阿斷言「天國」將在「完結日透過大衛之家」返回耶路撒冷的聖殿山上（編注：《和合本》中為「後來以色列人必歸回，尋求他們的神耶和華，和他們的王大衛。在末後的日子……」《何西阿書》3：5）。聖經先知還宣稱，上帝一直在計畫要發生的事：「我從起初指明末後的事，從古時言明未成的事。」上帝對以賽亞說。（《以賽亞書》46：10）

西琴強調，關於「完結日」和「主之日」的預言，通常被學者視為是同一組事件，但兩者是完全獨立且截然不同的預期事件。「主之日」是對於尼比魯星的回歸之預期，發生在《聖經》描述的時代範圍內。至於「完結日」的彌賽亞時間，在《希伯來聖經》的最後一本書《但以理書》中，仍引起人們的注意。西琴在《完結日》一書中，回顧了各種古老的和當前的預言，得出結論：神的使者告訴但以理的「一載、二載、半載」，指的是黃道宮時代。

參見 Apocalypse（啟示）、Armageddon（哈米吉多頓）、Celestial Time（天體時間）、Daniel（但以理）、Megiddo（米吉多）、Pisces（雙魚宮）、Revelation（啟示錄）、Zodiacal Ages（黃道宮時代）。

End of Time, End Time 時間的完結，完結時間

參見 End of Days（完結日）。

Enheduanna 恩何杜安娜

阿卡德的薩貢國王的女兒，曾經在烏爾擔任大祭司。她為蘇美的所有主要神廟撰寫了一系列的讚美詩，並且描述了每座神廟。這些碑刻已經被考古學家發現，並且存放在大英博物館。位於費城的大學博物館也展出一塊圓形泥土牌匾，上面描繪了恩何杜安娜正在進行獻酒儀式。

E.ninnu 伊尼奴

（意思是「五十之屋／神廟」。）

建造在拉格什的神聖區域裡的精美神廟，是尼努爾塔神及其配偶巴烏的新總部，以紀念他被授予了「50」的階級，確認尼努爾塔是恩利爾之繼承者的地位（按照西琴的說法，這件事大約發生在關鍵的西元前 2160 年，馬杜克成為埃及的「不可見」之神阿蒙的時候）。

建造者是古蒂亞（Gudea）國王，他在泥柱上（現今存放於巴黎的羅浮宮中）記錄了自己如何在夢中獲得神聖的指示、建築圖版，還有最後留在他身旁的物品，這些全都在建築過程中為他提供了精確的指導。

新的神廟包括了提供給尼努爾塔的飛行器伊姆杜吉德（Im.du.gud，意思是「神聖黑鳥」）的設施，以及獨特的功能 —— 按照西琴的說法，它形成了對準黃道星宮的內部天文館（Shu.gu.lam），以及對準日出的外部結構，成為「幼發拉底河上的巨石陣」。

參見 Gudea（古蒂亞）、Lagash（拉格什）、Ninurta（尼努爾塔）。

En.ki 恩基

（意思是「大地／地球之主」。）

參見 E.a.（艾）。

Enki.du 恩奇都

（意思是「由恩基創造的」。）

根據《吉爾伽美什史詩》和其他蘇美文獻的記載，恩奇都是一種「石器時代的男人」，在與妓女交往後，獲得了人的特質。恩奇都在烏魯克與吉爾伽美什搏鬥，並且征服了他，後來恩奇都成為吉爾伽美什尋求永生的護衛和同伴。最後，他因為在保護吉爾伽美什的同時，摧毀了恩利爾的「天國公牛」而受到懲罰。

參見 Cedar Forest（雪松森林）、Landing Place（登陸點）、Uruk（烏魯克）。

En.lil 恩利爾

（意思是「指揮之主」。）

阿努的兒子，是由阿努的配偶兼同父異母姊妹安圖所生，因此是尼比魯王位的法定繼承人；他的數字階級是50。

在艾為了尼比魯星的生存而前來地球獲取黃金的最初努力失敗之後，身為指揮官和嚴守紀律者的恩利爾，被派來組織「地球任務」（Earth Mission）。

恩利爾和艾（恩基）在繼承方面的競爭，因為兩人都愛上了同父異母的姊妹寧呼爾薩格而更加激烈。恩利爾與寧呼爾薩格有一個非婚生的兒子，但最終是與護士蘇德（Sud，後來更名為 Nin.lil〔寧利爾〕）結婚。

他認為年輕的阿努納奇（《聖經》中的納菲力姆）與「人類的女兒」之間的通婚，不適合地球任務，因此反對將人類從大洪水中拯救出來。但是，他在接受了人類倖存（由於恩基的緣故）的事實後，便將農業和王權授予人類，並受到蘇美人的尊敬和喜愛，蘇美人稱他為「父親恩利爾」。他的城市尼普爾曾經是蘇美的宗教中心。他的「最重要的兒子」尼努爾塔（其母親是寧呼爾薩格）生於尼比魯星，其他的兒子：娜娜（辛）和伊希庫爾（阿達德）出

生於地球上。

En.me.dur.an.ki 恩麥杜蘭基

（意思是「天地紐帶的門伊之大師」。）

根據蘇美傳說，恩麥杜蘭基是一個地球人，他被神烏圖（沙馬氏）和伊希庫爾（阿達德）送到「天國居所」，並被傳授天國的祕密，然後被送回地球以祭司的身分提供服務。他可能是《聖經》中以諾的原型。

在一份文獻中，他的名字被拼寫為 En.me.dur.anna（意思是「天國紐帶的門伊之大師」，中文音譯為「恩麥杜蘭那」），描述他是半神，由烏圖與一位女性地球人所生。蘇美語中的 Me，通常被翻譯為「神聖公式」（參見 Divine Formulas）。

Enoch ([H] *Hanokh*) 以諾

這個名字最早在《創世記》第四章中被列為該隱的兒子，但大多數人知道的是另一個以諾。這個以諾是亞當的兒子塞特之後代，是大洪水之前的第七位族長，他沒有死在地球上，而是「與神同行，神將他取去，他就不在世了」。（《創世記》5：23－24）。《創世記》第五章的內容，在《以諾書》中得到許多補充。《以諾書》描述了他的第一次及最後的天國旅程。西琴將以諾的故事與蘇美的恩麥杜蘭基相比。

Enosh 以挪士

亞當和夏娃的第三個兒子，挪亞是他的後代。

En.sag/En.shag 恩薩格

（意思是「崇高的主」。）

馬杜克與地球人妻子所生的兒子，後來以他的綽號「那布」（Nabu，意思是「發言人」）而聞名。

蘇美文獻指出，恩薩格的祖父恩基，與寧呼爾薩格（她掌管在西奈的中立第四區域）達成協議，讓恩薩格成為「提爾蒙之主」。提爾蒙的意思是「飛彈之地」，為太空站所在的西奈半島的一部分。在《完結日》中，西琴懷疑恩基與寧呼爾薩格的協議，是否可能引發了《創世記》第十四章中描述的諸王之戰。

參見 Abraham（亞伯拉罕）、Nabu（那布）、Spaceport（太空站）、Tilmun（提爾蒙）、War of the Kings（諸王之戰）。

Entwined Serpents 纏繞的蛇

至今為止，纏繞的蛇仍是治療和醫學的象徵。它是普塔（PTAH，恩基的埃及名字）的象形文字，也是他的兒子兼助手寧吉什西達（Ningishzidda，圖特的埃及名字）的象徵符號。

Enuma elish 伊奴瑪・伊立什

（意思是「當在高處時」。）

阿卡德／巴比倫版本的「創世史詩」的標題。它使用七塊泥版，講述天體神的「高處」（high above）創造之故事；從「大深淵」出現的馬杜克神，與古老女神提亞瑪特及其「旋轉主人」（swirling host）戰鬥，導致了「被錘打的手鐲」（小行星帶）和地球的形成；然後，它描述了阿努納奇移居到地球上，以及他們在馬杜克領導下所締造的功績。

學者將這個史詩視為善惡對抗的神話或寓言故事。西琴表示，這是巴比倫人對於複雜的、科學上合理的蘇美宇宙論的改寫，內容是關於太陽系如何形成，以及如何被入侵的尼比魯改變。

參見 Asteroid Belt（小行星帶）、Celestial Battle（天體碰撞／天幕之戰）、
Earth（地球）、Nibiru（尼比魯）。

Epic of Creation 創世史詩

參見 Enuma elish（伊奴瑪・伊立什）。

Epic of Gilgamesh 吉爾伽美什史詩

參見 Gilgamesh（吉爾伽美什），以及 Ale-woman（麥酒婦人）、
Baalbek（巴勒貝克）、Dead Sea（死海）、Deluge（大洪水）、
Enkidu（恩奇都）、Eternal Youth（永保青春）。

Equinox 平分日點

天文學術語，與太陽每年從北方到南方再返回的明顯移動有關，這樣的移動
導致了夏季和冬季的變化。在這種明顯的移動過程中，太陽兩次穿過地球的
赤道，分別在三月和九月（地球北半球的「春分」和「秋分」），此時白天
和黑夜是等長的，也就是平分日點。

在古代的美索不達米亞，新年從春分那一天開始。許多古老的近東神廟（例
如耶路撒冷和巴勒貝克的神廟）都是朝向「平分日點」，梵蒂岡的聖彼得大
教堂也是如此。許多馬雅和印加的神廟，也包括了平分日點的朝向。

Erech 以力

蘇美城市烏魯克在《聖經》中的名稱（希伯來文為 Erekh）。它不是阿努納奇
最初的七個「眾神之城」之一，它是為了阿努和安圖訪問地球而建造的城市
（按照西琴的說法，這件事大約發生在西元前四千年左右），它的神廟被命
名為伊安納（E.Anna，意思是「阿努的住所／家」）。然後阿努把它當作禮物

送給曾孫女伊南娜。伊南娜（伊師塔）透過決心、詭計和女性魅力，使烏魯克成為了重要的城市，其中包括吉爾伽美什在內的一系列英勇國王。

Eresh.ki.gal 厄里斯奇格（又譯以利什吉加爾）

（意思是「偉大土地的香氣女士」。）

恩利爾的孫女，伊南娜的姊妹。她與恩基的兒子奈格爾結婚；兩人一起統治「下層世界」（Lower World，非洲的最南端），那裡有一個科學機構（按照西琴的說法，它是用來觀察南極洲的狀況）。在《伊南娜下降到下層世界》（*Inanna's Descent to the Lower World*）的文獻中，提到了厄里斯奇格的領地和那裡的某些重大事件。

E.ri.du 埃利都

（意思是「建在遠處的房屋」。）

阿努納奇的「家外之家」（home away from home），這是恩基首次登陸地球時，在南部沼澤地邊緣建立的第一個定居點。它跟其他眾神之城一樣被大洪水摧毀了，並在西元前3800年左右重建（精確地位於原來的位置），是蘇美的第一座城市。

儘管恩基的領土在非洲，但埃利都仍然是他在美索不達米亞的永久城市和「崇拜中心」。有讚美詩讚揚了他在那裡的神廟／家，並透露他將神祕的「神聖公式」門伊（Me）藏在那裡。

按照西琴的說法，許多語言中的「地球」（Earth）一詞，如舊高地德語的Erda、德語的Erde、丹麥語的Jord、冰島語的Jordh、哥德語的Airtha、中古英語的Erthe、庫德語的Erd、亞蘭語中的Eredz，以及希伯來語的Eretz，均源自於第一個埃利都（Eridu）。

Erra 艾拉

（意思是「殲滅者」。）

奈格爾的綽號，來自《艾拉史詩》（*Erra Epos*）。這份文獻中描述了西元前2024年的事件，它們導致阿努納奇使用「威力無窮的武器」（西琴認為它們是核武器）摧毀在西奈半島的太空站，以及死海平原上的「罪惡之城」。

參見Nergal（奈格爾）。

E.sag.il 埃薩吉

（意思是「頭部高聳之屋」。）

馬杜克在巴比倫的廟塔神廟的名字。在他獲得至高無上的地位後，建造埃薩吉做為此地位的確認，大約完成於西元前1960年。埃薩吉的天體朝向被設計為指向依庫星（Iku），也就是白羊星宮的主星；它的七層臺階用於進行連續的天文觀測。

埃薩吉也是馬杜克的官方住所，有多位祭司在此服務。巴比倫國王、亞述國王和波斯國王，都曾經到這裡接受神的祝福，因為他們獲得了巴比倫的王位，紀錄中的最後一位是居魯士。馬杜克過世後（根據西琴在《完結日》中的說法，是在西元前323年），這座廟塔成為這位神的墳墓。

參見Babylon（巴比倫）、Marduk（馬杜克）、Ziggurats（廟塔）。

Esarhaddon 以撒哈頓

（也拼寫為Asarhaddon。）

亞述國王（西元前680年至669年在位）。

《聖經》中關於他在遙遠的尼尼微（Nineveh）繼任王位時的暴力行為之記載，長期以來一直受到人們的懷疑，後來得到了出土的亞述文獻的證實。

以撒哈頓入侵埃及，而且他的年鑑中提到西奈半島的埃及小河，以及居住在那裡的基尼人（Qenites），這些都證實了《聖經》的內容。以撒哈頓的年鑑提到，他在開始入侵埃及之前，曾經前往哈蘭，向那裡的老神辛致敬。現今存放於大英博物館的以撒哈頓石碑上，刻著太陽系十二個成員的象徵符號。

Esau 以掃

以撒（Isaac）和利百加（Rebecca）的兒子，雅各的雙胞胎兄弟。

Essenes 愛色尼人（又譯艾賽尼派）

居住在死海沿岸庫姆蘭地區的苦行教派的推測名稱，《死海古卷》就是在庫姆蘭被發現的。

Etana 伊塔那

蘇美城市基什的統治者。《蘇美國王列表》中，簡單地在伊塔那的名字後面寫上「升上天國的人」。後來，人們發現了長篇文獻《伊塔那史詩》（*The Epic of Etana*）的碑刻，該故事講述了這位公義的國王沒有兒子能夠繼承王位，因此，神烏圖（沙馬氏）用一隻「鷹」把他帶到神聖居所，讓他在那裡獲得了「生育植物」（Plant of Birth）。文獻中描述了當伊塔那被那隻鷹帶到高處時，地球是如何變得越來越小，直到消失不見。對此越來越感到害怕的伊塔那，要求回到地球。

Eternal Life 永生

「永恆青春」（Eternal Youth）的另一種說法。

參見 Immortality（永生不朽）。

Eternal Youth 永恆青春

根據《吉爾伽美什史詩》的記載，在他尋求永生的過程中，遇到了仍然活著的大洪水英雄，這位英雄被賦予了眾神的長壽。然後他向吉爾伽美什透露了「眾神的祕密」：一種「生命之植物」的下落，它的漿果能賦予永恆的青春。（吉爾伽美什設法獲得了這種植物，但最後被一條蛇從他手中奪走了。）幾千年後，由胡安・龐塞・德萊昂（Juan Ponce de Leon）領導的西班牙人，到佛羅里達探索一個傳說中的青春不老之泉。

參見 Elixirs（長生不老藥）、Food of Life（生命食物）、Fountain of Youth（青春之泉）、Plant of Life（生命之植物）、Water of Life（生命之水）。

Ethiopia 衣索比亞

在非洲東部，位於蘇丹（Sudan）南方的一塊土地。當地傳說認為，這是曾到耶路撒冷拜訪所羅門王的示巴（Sheba）女王的王國，並認為埃提阿伯（Ethiopian，編注：《和合本》稱為「古實」）國王是所羅門的後裔。

Euphrates River 幼發拉底河

一條主要河流，它與底格里斯河一起灌溉並且劃定了美索不達米亞（Mesopotamia，意思是「兩河之間的土地」）地區。它發源於安納托利亞（小亞細亞）北部山區，沿途有多條支流匯入，一直流到南部的波斯灣。蘇美的許多主要城市和文化中心，點綴了這條河的路線；它離開高原之後的流域適合航行，是必要的運輸和貿易路線。

幼發拉底河是《聖經》中的伯拉河（Prath），在阿卡德語中被稱為「普拉圖」（Puratu），是四條「天堂之河」之一。根據《聖經》，幼發拉底河劃定

了神應許給亞伯拉罕及其後裔之地的東部邊界。

Eve 夏娃

亞當的女同伴兼妻子的名字。希伯來文《聖經》稱她為Hava（意思是「生命的她」），並且是從亞當的肋骨塑造了她（因此，也有「肋骨的她」的意思），這兩個面向可能源自於蘇美語中Ti的意思是「生活」和「肋骨」。

關於西琴對於《聖經》中伊甸園的夏娃和蛇的故事裡，所具有的蘇美／遺傳學方面的內容，請參見Copper（銅）、Ea/Enki（艾／恩基）。

Evil Wind 邪惡之風

在蘇美的《哀歌文獻》（*Lamentation Texts*）中所使用的詞語，用來描述吹向蘇美的致命之風，它對人們和動物造成了可怕而恐怖的死亡，使空氣和水中充滿了毒，但建築物完好無損。《哀歌文獻》清楚地說明，那場結束了蘇美偉大文明的「殘酷風暴」，是由「一次邪惡的爆炸」引起的，「那邪惡的爆炸在瞬間就被創造出來了。」

西琴表示，邪惡之風就是核爆雲，當時交戰的阿努納奇使用了核武器，核爆雲被風從西奈半島和附近的死海平原吹向東方。

參見Lamentation Texts（哀歌文獻）、Nuclear Weapons（核武器）。

Exodus 出埃及

《聖經》的第二本書所敘述的故事，以色列人以充滿奇蹟的方式擺脫了埃及的束縛，而後在西奈半島的曠野流浪。在希伯來文版本中，它的標題是Shemoth（意思是「名字」），根據開篇經文來命名（「以色列的眾子……他們的名字記在下面。」），在英文版中被稱為「出埃及記」。

由於大多數學者認為採取壓迫行動的法老是拉美西斯二世，因此出埃及事

件發生的時間通常被追溯到西元前十三世紀中葉。然而,《聖經》本身指出,出埃及事件發生在所羅門王開始在耶路撒冷建造聖殿之前的四百八十年(《列王記上》第 6 章)。

這件事再加上其他同步事件,讓西琴得出結論:出埃及事件始於西元前 1433年。這樣的年份使得出埃及事件處於當時的地緣政治和宗教事件的背景下:包括埃及第十八王朝的宮廷陰謀、埃及對米坦尼和西臺的軍事攻擊,以及關於控制阿努納奇的太空站相關地點的競爭。

參見 Battle of Kadesh(卡疊石之戰)、Harran(哈蘭)、
Hatshepsut(哈特謝普蘇特)、Hittites(西臺)、
Mission Control Center(任務指揮中心)、Mitanni(米坦尼)、Moses(摩西)、
Mount Sinai(西奈山)、Naharin(納哈林)、Promised Land(應許之地)、
Sinai Peninsula(西奈半島)、Spaceport(太空站)、Thothmes(托米斯)。

Ezekiel 以西結

《聖經》中的一位重要先知,是西元前 598 年巴比倫國王尼布甲尼撒二世奪取耶路撒冷城後,被從耶路撒冷流放的猶太祭司和貴族之一。他們居住在哈蘭(族長的祖先居住地)附近的哈布爾河(Khabur,編注:《和合本》為「迦巴魯河」)附近。

《以西結書》以「神的異象」開始,他看見了一個神聖的「天空飛行室」(sky chamber,編注:《和合本》為「一朵包括閃爍火的大雲」),裡面的乘客指示他向人們傳達上帝的聖言。

以西結在廣泛的預言中,描述了對未來重建的聖殿的虛擬遊覽(第 40 章之後),以及使枯乾的骸骨復活(第 37 章),並預言了完結日以及彌賽亞時間之前的最後戰爭(第 38 章)。值得注意的是,他在第二十八章中提到了「伊羅興之地」及其在黎巴嫩的「火石」(按照西琴的說法,那個地方現今稱為

巴勒貝克。編注：在《和合本》中，應是分別對應「神的聖山」、「發光如火的寶石」）。

在《完結日》中，西琴認為以西結的異象、他們所在的地域和時間之背景，是巴比倫和亞述末期的歷史事件、西元前六世紀阿努納奇的離開，以及關於他們返回的預言。

參見 Adda-Guppi（阿達—古皮）、Aerial Chariots（空中戰車）、Baalbek（巴勒貝克）、Harran（哈蘭）、Jerusalem（耶路撒冷）、Nabuna'id（那布納德）、Sin（辛）、Temples（神廟）。

Falcon god 獵鷹神

埃及神荷魯斯的稱號和象形文字符號，荷魯斯通常被描繪成有一顆獵鷹的頭。

Fastness of Zaphon 扎豐堡壘

迦南語的描述性名稱，指的是巴爾神在黎巴嫩山區的堡壘（現今稱為 Ba'albek，即巴勒貝克，編注：意思是巴爾的裂谷）。

參見 Crest of Zaphon（扎豐之峰）。

Fate (Nam.tar) 命運（蘭姆塔）

參見 Destiny（天命）。

Fifty 五十

這個數字為恩利爾的階級（在阿努的 60 階級之後）。在地球上的繼承權競爭中，恩利爾透過將尼努爾塔的新神廟命名為「伊尼奴」（E.NINNU，意思是「五十之屋／神廟」），把 50 階級延伸到他的合法繼承人尼努爾塔。

當馬杜克終於在地球上享有至高無上的地位時，他在「五十眾神」大會上被授予「五十個名字」，使此地位得到正式化。這五十個名字被添加到原本只有六塊碑刻的蘇美「創世史詩」中，成為巴比倫版本中的第七塊碑刻。名單中的第五十個名字是尼比魯，使得馬杜克既是地球上的至高神，又是天上的至高行星。

在《完結日》中，西琴解釋了出埃及期間引入「禧年」（五十年）的動機和意義。

參見 Book of Jubilees（禧年書）、Divine Ranks（神聖階級）、Marduk（馬杜克）。

Fifty-two 五十二

圖特的神奇或祕密數字。

參見 Calendars（曆法）、Quetzalcoatl（魁札爾科亞特爾）、Thoth（圖特）。

Fish-men 漁夫

服裝上部像一條魚的祭司。這種服裝是某些恩利爾一族祭司的制服。

另請參見 Eaglemen（鷹人）。

Flood 洪水

（指「大洪水」、「挪亞的洪水」。）

參見 Deluge（大洪水）。

Forty 四十

恩基的數字階級；以色列人出埃及時，在西奈持續徘徊的時間（四十年）。

Food of Life 生命食物

在蘇美文獻中，將「生命食物」和「生命之水」稱為阿努納奇的營養品。它們可以在阿努納奇的母星尼比魯上取得，並帶來地球以維持他們的長壽。

當地球人阿達帕被帶到尼比魯參觀時，恩基確保他不會得到「生命食物」和「生命之水」，以免他獲得眾神的長壽。

參見 Elixirs（長生不老藥）、Plant of Life（生命之植物）。

Foundation Stone ([H] *Even Shatit*) 基石

耶路撒冷的聖殿山上，不尋常的岩石露頭的名字。所羅門聖殿的至聖所就坐落在這塊基石上，以用來放置約櫃；根據猶太傳統，亞伯拉罕就是要在這裡將以撒當成祭品獻給上帝。穆斯林之所以崇敬這塊基石，是因為按照其傳統，穆罕默德就是從那裡升天，進行夜間天堂之旅。（西琴在《地球編年史探險》中，描述了他冒險前往岩石下面的神祕洞穴的活動。）

參見 Dome of the Rock（岩石圓頂）。

Fountain of Youth 青春之泉

傳奇的水，飲用者應該會重返青春，再度變得年輕。西琴在《通往天國的階梯》（*The Stairway to Heaven*）中寫道，胡安·龐塞·德萊昂對佛羅里達的探索，就是人類不斷追尋這類對抗年老和死亡的神奇解藥的例子之一。

參見 Eternal Youth（永恆青春）、Waters of Life（生命之水）。

Four Corners of the Earth 地球的四角

《聖經》中的詞語，有時會被稱為地球的「四翼」（Four Wings），傳達了地球上的各處、整個地球的概念。它可能源於巴比倫地圖指示四個方向的方式。

Four Regions 四個區域

蘇美文獻中，經常提到「四個Ub（即地區）」；西琴已經追溯到它們的形成，是始於一項終結了「金字塔戰爭」的和平條約。

第一區域是底格里斯河－幼發拉底河地區，在恩利爾一族的支持下，（大約在西元前3800年）興起了蘇美文明及其分支。第二區域是非洲的尼羅河文明地區，處在恩基一族的統治下（大約開始於西元前3100年）。第三區域是印度河谷文明所在地（大約在西元前2900年），被給予已訂婚的伊南娜（恩利爾的孫女）和杜姆茲（恩基的兒子）。第四區域是「神聖的」，位在西奈半島上，專屬於眾神：是阿努納奇太空站所在的禁區。

G

Gabriel 加百列

根據《以諾書》，一位大天使將以諾帶到了第七層天堂的神聖存在（Divine Presence）中。穆斯林相信，先知穆罕默德是被加百列從麥加（Mecca）帶到耶路撒冷，再從那裡升上天堂到神的面前。

Gaea 蓋亞

這是希臘神話中最初的女神的名字，意思是「地球」，她起源於混沌，並生出了烏拉諾斯（Uranus，意思是「星空」，拼字與「天王星」相同）。

Gaga 佳佳

在《創世史詩》中，天體安莎（Anshar）的使者的名字，它被派往其他天體進行任務。按照西琴的說法，它是我們稱為「土星」的這顆行星的衛星，因為即將到來的入侵行星尼比魯（馬杜克）而轉向（到另一個軌道），成為我

們稱為「冥王星」的行星。

Garden of Eden 伊甸園

參見 Eden（伊甸）。

Gate of the Sun 太陽門

在玻利維亞的蒂亞瓦納科，三個主要遺蹟之一的名稱。這是一個巨大的獨立大門，有大型開口、具裝飾的拱門、邊框、過梁、凹壁和假窗，全都是由同一塊重達一百多噸的巨大石塊切刻而成的。

參見 Tiahuanacu（蒂亞瓦納科）。

Gates of Heaven 天堂之門

根據《創世記》第二十八章，雅各從迦南到哈蘭的路上，夢見一個異象，他看到天使在通往天堂的階梯上去及下來；他意識到這個地方是 Sha'ar Hashama'yim（意思是「天堂之門」，編注：《和合本》為「天的門」）。

根據埃及的《亡靈書》和《金字塔經文》，已亡故的法老前往來世的旅程，將會把法老帶到「百萬年之星」，在那裡，「天堂之門」將為他敞開，讓他加入永恆的行列。

Gateway of the gods 眾神的門戶

Bab-Ili（巴伊利）這個名字所代表的意思，在阿卡德語中為 Babylon（巴比倫）。

Gaza (*Azzah*) 迦薩

地中海沿岸的一座城市；在《創世記》第十章中，它是最南邊的迦南城。西

元前十二世紀時，迦薩被非利士人（即「海洋人」）占領，並成為他們在猶太西方的五個據點之一。它被列在亞述國王西拿基立（Sennacherib）的年鑑裡。

GEB 蓋布

（意思是「堆積大地的他」。）

早期的埃及神，代表神化的地球，他與努特（Nut，意思是天空）一起生了男神奧西里斯和塞特，以及他們的姊妹愛西絲（Isis）和奈芙蒂斯（Nephtys），這四位是埃及神系的四大主神。

Gebal 迦巴勒

《聖經》中對於腓尼基城市「比布魯斯」（Byblos）的稱呼。

Gemini 雙子宮

黃道星宮之一，它的蘇美名字為「馬西塔巴」（Mash.tab.ba，意思是「雙胞胎」）。按照西琴的說法，這個名字是為了向恩利爾的雙胞胎孫子表達敬意：烏圖（沙馬氏）和伊南娜（伊師塔）。

Genesis 創世記

《聖經》第一本書的英文名字，取自希伯來文版本的開篇首字 Bereshit，第一句的原文是 Bereshit bara Elohim et Hashama'yim v'et Ha'aretz（翻譯為「起初神創造天地」）。書中內容從創造天地開始，描述了進化論、解釋眾神（Elohim）在人類的誕生中所扮演的角色、記錄人類在大洪水之前的歷史，並追蹤大洪水之後的事件，一直到亞伯拉罕一族的故事。

西琴感到困惑的是，為什麼《聖經》第一本書中的第一個單字，是以第二個

字母（Beth = 'B'）開始，而不是第一個字母（Aleph = 'A'）開頭，同時，他展示了如果這本書確實是以 A 開頭，那麼句子將被改變為：Ab-reshit bara Elohim, et Hashama' yim, v' et Ha' aretz，意思是「始祖創造了眾神、天國和地球」。西琴在《重返創世記》（ Genesis Revisited，又譯「再談創世記」）中指出，《聖經》的開篇敘述，與《伊奴瑪・伊立什》所描述的，尼比魯（馬杜克）和提亞瑪特之間的天體碰撞部分是相符的。

Genetic Engineering 基因工程

蘇美的創世文獻中，非常詳細地描述了恩基和寧呼爾薩格塑造人類的過程。西琴指出，這些文獻描述了進行基因工程的過程，也就是在「已經存在」的原始人裡，加入阿努納奇的基因，產生更進化的智人，從而提升了人類（用恩基的話說）；然後透過基因工程的第二項功蹟，那條「蛇」（即恩基）將繁殖能力賦予給原本無法生育的混血人種。

Giants 巨人

許多民族的知識裡都包括了巨人的故事，尤其是在解釋誰能夠將巨大的石塊拖到黎巴嫩的巴勒貝克、祕魯的庫斯科上方的海角，或是玻利維亞的蒂亞瓦納科等地方，並且將它們堆置成建築物。

在墨西哥，阿茲特克人的石曆上描繪了四個時代，第一個時代是「白髮巨人」；在墨西哥城，人們發現了一個巨大的水之女神雕像；在圖拉（Tula）這個地方，則有巨大的男像柱（Atlantes）雕像佇立著。人們也在緊鄰墨西哥灣的墨西哥中部地區，奧爾梅克的遺址上，發現了看起來像是非洲人頭部的石像。

在南美洲，各種傳說講述了「巨人」是從海上抵達並定居在太平洋海岸。那裡的莫奇卡（Mochica）畫作上，描繪了有著黑臉或是臉部發黑的巨人，旁邊

有被奴役的、體型較小的當地人服侍著他們。利馬（Lima）南方的帕查卡馬克（Pachacamac）大神廟裡，也有一個金色的巨型雕像。

在古代的近東地區，西臺國王在描繪中被比國王大兩倍的神所擁抱。《聖經》中也提到了像巨人的巴珊（Bashan）王 —— 噩（Og），以及非利士人哥利亞的身高有「身高六肘零一虎口」（《撒母耳記上》17：4），超過九英尺。

西琴表示，當他還是學生時，對於《創世記》第六章的 Nefilim（納菲力姆）一詞被解讀為「巨人」，感到很疑惑。他們是 Anakim（亞衲族），通常被認為是「巨人」。後來，西琴指出，Anakim 是蘇美的 Anunnaki（阿努納奇）一詞的希伯來文翻譯。

阿努納奇「神」是不是又高又像巨人呢？圓筒印章上的描繪，呈現了一位國王正在接近一位偉大的神，那位神的體型確實比國王更大，而且高出國王三分之一以上。

參見 Gilgal Repha'im（基列利乏音）、Repha'im（利乏音）。

Gibil 吉比爾

（來自蘇美語的 Gish.bil，意思是「有／使用火的人」。）

恩基的兒子，其父親教他採礦和冶金學。希臘的火神和冶金神 —— 赫菲斯托斯（Hephaestus，即羅馬神話的伏爾甘〔Vulcan〕）的原型。

在有關導致使用核武器的衝突之文獻中，吉比爾被描述為在非洲領土上藏著七種「威力無窮的武器」的神。

參見 Nuclear Weapons（核武器）。

Gilgal 吉爾加

（希伯來文，意思是「圓圈之地」。編注：《和合本》中為「吉甲」。）

約書亞為「耶利哥以東」的地方所取的名字。他在那裡豎立起十二塊石頭，紀念以色列人神奇地穿越約旦河，在出埃及的最後進入應許之地。

數個世紀後，同樣在這個地方，先知以利亞被上帝告知要先穿過約旦河，然後他在火熱的旋風中（編注：《和合本》為「火車火馬」）升上天。

Gilgal Repha'im 基列利乏音

位在加利利海（Sea of Galilee，又稱基尼烈湖〔Lake Kinnereth〕）東邊的戈蘭高地上，一個類似巨石陣式的結構。它由四座呈同心圓排列的粗石牆所組成，高八英尺，有一個由大石塊建造而成的複雜入口，朝向冬至日出點，可由此推定它建於西元前三千年。

圓圈中心的人造土丘，包含一個十一英尺長的拱形房間，可能曾經被當成墓室。在那個墓室裡發現的一些物品，其歷史可以追溯到西元前兩千年中期。但是在《創世記》第三十一章中，關於雅各豎立圓形石碑的故事，可以證明它出現於更早的年代。

由於在《民數記》和《約書亞記》中都提到，一個名叫噩的巨人國王曾經統治該地區，而且他（像巨人一樣）是一個叫「利乏音」（Repha'im）的類神族的後裔，所以以色列考古學家為該遺址取了這個名字：Gilgal Repha'im（意思是「利乏音的石圈」）。

參見 Giants（巨人）、Gilgal（吉爾加）、Repha'im（利乏音）。

Gilgamesh 吉爾伽美什

（來自蘇美語的 Gish.bil.ga.mesh，意思是「挑動者的後代」。）

他是西元前2900年的蘇美烏魯克城（《聖經》中的以力）的國王。關於他的故事，主要是從《吉爾伽美什史詩》中得知的，他也被列入《蘇美國王列表》的編年史中，而且是其他文獻的主題。因此，他確實是一個歷史人物。

他是這座城市的大祭司和女神寧松的兒子，不僅是一位半神，而且是「三分之二神」。這使他認為自己有資格避免人類的死亡，而史詩內容也是關於他對永生的追求。吉爾伽美什的故事及其道德觀念（「人類被賦予了知識，但沒有被賦予神的生命」）在整個古代世界中廣為人知，這一點不僅可以從各種已發現的版本中得到證實，也能從廣泛可見的關於故事裡吉爾伽美什與兩隻獅子摔跤的描繪（包括南美！）明顯看出來。

西琴指出，吉爾伽美什前往的兩個目的地是，「雪松森林」裡的巴勒貝克之「登陸點」，以及西奈半島的太空站。

參見 Epic of Gilgamesh（吉爾伽美什史詩）及相關詞條。

Girsu 吉爾蘇

拉格什的神聖區域，古蒂亞在那裡建造了一座新神廟。因此，神尼努爾塔的另一個名字是「寧吉爾蘇」（Nin.girsu，意思是吉爾蘇之主）。在吉爾蘇裡，包括了專門為這位神的飛行器所建造的圍場。

參見 Eninnu（伊尼奴）、Lagash（拉格什）、Ninurta（尼努爾塔）。

Giza 吉薩

這個地點位於埃及的開羅附近，有三座主要的金字塔和獅身人面像。這三座金字塔除了具有獨特的特徵外，也是埃及唯一沒有常見的銘文和色彩鮮豔的描繪的金字塔。

參見 Great Pyramid（大金字塔）、Khufu（古夫）、Pyramids（金字塔）、Radedef（拉迪耶迪夫）。

God Lists 眾神列表

泥版文獻，上面按照家族列出眾神，提供了他們的家譜以及各種綽號和稱

號，這些名稱在蘇美語和阿卡德語中都有使用。

God, gods 上帝，眾神

所有古代民族的故事和紀錄中，都談到了擬人化的超人類，他們是人類崇敬和禮拜的對象。各種語言中用來稱呼他們的詞語，在現代語言中通常用「神」（gods，小寫的 g！）來表示。但是，這些古老的詞語實際上是描述性的稱呼：蘇美語的 Din.gir（中文音譯為丁基爾），意思是「火箭飛船的正義之人」；埃及文的 NETERU（中文音譯為尼特魯），意思是「守護者」；阿卡德語的 Ilu（中文音譯為伊陸，希伯來文中單數的神－El，和複數的神－Elohim，即源自此詞），意思是「崇高者」；希臘文的 Theos（羅馬文的 Deus 即源自此詞），意思是「神聖的」。

這些通常被學者視為神話的眾神故事，普遍將其起源歸因於天國，描述了幾代神在地球上出生，細數他們之間的競爭、對抗和戰爭，並且把人類的誕生歸因於這些神，而且主要是透過塑造第一對夫妻；《聖經》中亞當和夏娃的故事也不例外。

西琴將這類的「神話」視為對實際事件的記錄和回憶，並指出它們之間的相似處，是由於這些在全世界範圍的眾神，都是最初蘇美的阿努納奇（Anunnaki，意思是「那些從天國來到地球者」）群體。

西臺人的特舒蔔（Teshub），是阿卡德人的阿達德，（按照西琴的說法）是安地斯山的維拉科查。中美洲的魁札爾科亞特爾（按照西琴的說法）是埃及的圖特（和蘇美的寧吉什西達）；希臘的克洛諾斯相當於蘇美的阿努；奧林匹亞的宙斯和波塞頓（Poseidon），反映了美索不達米亞的艾和恩利爾，以及迦南的巴爾和亞姆，還有傳說中的印度教神毗濕奴、因陀羅和弗栗多（Vritra）。宙斯與泰風的空戰，或荷魯斯與塞特的空戰，相當於尼努爾塔與祖的空戰等。

這些神能夠漫遊天空並擁有非凡的武器，也非常人性化，除了一個與人類的關鍵區別：他們的永生。但事實上，所有的故事中，包括蘇美、阿卡德、迦南、埃及、阿茲特克等，都記載了眾神死亡的實例（例如蘇美傳說中的祖和杜姆茲，埃及的奧西里斯，迦南的巴爾，阿茲特克的女神科約爾沙赫基〔Coyolxauhqui〕）。所謂的「永生」（按照西琴的說法）只是極長的壽命，因為對於阿努納奇（及其生命週期）而言，尼比魯的一年（即繞行太陽一圈）等於 3600 個地球年。

這些以小寫 g 描述的眾神（gods）的存在，雖然與以大寫 G 描述的唯一宇宙神（God，上帝）的信仰相矛盾，卻證實了（阿努納奇所持有）的宇宙「萬物創造者」的觀點。「萬物創造者」即是《聖經》中的耶和華（Yahweh），他是「眾神之上帝」（God of the gods; El Elohim）。根據《詩篇》第八十二章，他對眾神說：「你們是神，都是至高者的兒子。然而你們要死，與世人一樣。」

參見 An (Anu)（安／阿努）、Anunnaki（阿努納奇）、Enki（恩基）、Enlil（恩利爾）、Marduk（馬杜克）、Yahweh（耶和華）。

Gog and Magog 哥革和瑪各

在《以西結書》第三十八章和第三十九章的預言中，世界大戰的一個主要戰士（與瑪各一起，或是來自瑪各這個地方）；這次大戰將在彌賽亞時間來臨之前，導致一段時期的苦難與磨難。列表中的國家將會參與這場最終的戰爭，而且按照西琴的說法，這場戰爭「令人恐懼地」將從「波斯」（現今的伊朗）展開。根據先知所說，那些啟示事件將會來到，並且代表了「日子的完結」。

參見 Armageddon（哈米吉多頓）、Apocalypse（啟示）、End of Days（完結日）、Ezekiel（以西結）、Revelation（啟示錄）。

Gold 黃金

（蘇美語為 Gush.kin，還有 Ku.gi，意思是「來自大地的光明」；也稱為 Zu.ab，意思是「來自原始深處的光明」，希伯來文的 Zahab〔意思是黃金〕可能源自此詞。）

一種珍貴的閃亮金屬，以自然形態存在於地球上，其自然形態包括了深層岩石的礦脈、河床上的純金塊，以及海水中的顆粒。黃金是所有已知金屬中延展性最佳的，可以被拉伸，製成最細的線、薄片、箔片、顆粒或粉末（如今甚至被分解到其原子形式）。黃金可以熔化、鑄造、成型、錘擊和合金化；它無腐蝕性，是理想的電導體。

黃金是人類最早認識的金屬，從最早的時期就被認為是眾神的財產。眾神使用黃金來與人類溝通交流（祕魯的維拉科查神曾經送給人類一根金棒，耶和華的聲音透過約櫃上的金色基路伯而讓人類聽到）。在舊大陸和新大陸的至聖所與神聖居所都被黃金覆蓋，形成了金色的圍場，並且配有黃金標誌、黃金儀式物品和黃金器皿。

根據蘇美文獻，阿努納奇在非洲東南部（阿拉利〔Arali，意思是閃閃發光的地方〕），從阿普蘇（Ab.zu，意思是「原始深處」）的礦脈中開採黃金。這些文獻將眾神決定塑造人類一事，歸因於對原始工人（Primitive Workers）的需求，因為在阿努納奇發生叛變之後，眾神需要原始工人來承擔阿努納奇在礦山的辛勞工作。

西琴利用現存的文獻，重建了一個有凝聚力的敘述。阿努納奇來到地球的原因，是需要黃金來保護尼比魯星日益減少的大氣。一開始，艾帶著五十名阿努納奇到來，希望從波斯灣的水域中獲取黃金。由於這個行動失敗了，在恩利爾指揮之下的完整「地球任務」投入運作，在非洲東南部開採黃金。當阿努納奇在這裡發生叛變後，人類就被塑造出來了。

當大洪水淹沒了所有東西之後，同時也使得南美洲暴露出隨時可以收集金塊的新來源，導致阿努納奇的定居點和運作集中在蒂亞瓦納科。這就解釋了為何西班牙征服者在南美洲的安地斯山區獲得大量的黃金和黃金工藝品，但是當地人卻完全不了解如何採礦。

參見 Ab.zu（阿普蘇）、Coricancha（科里坎查）、El Dorado（埃爾多拉多）、Golden Enclosure（黃金圍場）、Golden Wand（金棒）。

Golden Enclosure 黃金圍場

雖然這個詞語通常是被用來指稱「科里坎查」（Coricancha，在蓋丘亞族〔Quechua〕的語言中是指「黃金圍場」），但是在庫斯科的印加神廟，牆壁上都貼了黃金，也有其他眾所周知的古代黃金圍場。

在祕魯北部，奇穆人的主要神殿中有一個金色圍場。在玻利維亞的普瑪彭古，有四個房間分別由一塊巨大岩石切刻而成，牆面也完全被金板覆蓋。西琴認為，它是在阿努和安圖於西元前四千年左右訪問此地時完成的。因為美索不達米亞的文獻中描述了這一對神聖夫妻在烏魯克的住所，顯示他們住在一個牆壁、天花板和飛簷上都覆蓋了黃金的雄偉建築物裡 —— 是真正的黃金圍場。同樣的，在耶路撒冷的所羅門聖殿，裡面的至聖所也全部鍍上了黃金。

Golden Wand 金棒

在安地斯傳說中，認為人類的散布和定居，始於創造者神維拉科查將金棒送給選定的一個人或一對伴侶，以尋找定居的地方。在祕魯太平洋沿岸的「死者之城」中，曾經發現木乃伊，它們被裝飾性紡織品包裹著，上面描繪著神一隻手拿著閃電杖，另一隻手握著金棒。

參見 Ayar Brothers（艾亞兄弟）、Gold（黃金）。

Goliath ([H] *Golyat*) 歌利亞

他是可怕的、巨人般的非利士戰士，穿著令人畏懼的盔甲且全副武裝，但後來被年輕的猶大牧羊人大衛用機弦甩石殺死了。《撒母耳記上》第十七章中，將他的身高定為「身高六肘零一虎口」，相當於9.5英尺。《撒母耳記下》第二十一章中，描述了大衛等人與歌利亞的親戚戰鬥的事件，指出他們是半神利乏音人的後裔。

參見 Giants（巨人）、Rephaim（利乏音）。

Gomorrah ([H] *Amorrah*) 蛾摩拉

死海南方平原的五座城市之一，當地的國王組成聯盟，以抵抗由四個「東方國王」組成的同盟之進攻行動（《創世記》第14章）。在《創世記》第十九章的亞伯拉罕時代，蛾摩拉和所多瑪在神的命令下遭受了從天而降的劇變。西琴將《聖經》中的「諸王之戰」故事，與阿卡德語的紀錄《基大老瑪文獻》（*Khedorlaomer Texts*）連結起來，認為所多瑪和蛾摩拉的劇變，源自於西元前2024年使用核武器的事件，就如蘇美文獻《艾拉史詩》和《哀歌文獻》所描述的。

參見 Bela（比拉）、Dead Sea（死海）、Sodom（所多瑪）。

Great Flood 大洪水

參見 Deluge（大洪水）。

Great Pyramid of Giza 吉薩大金字塔

吉薩大金字塔是由它和旁邊兩座金字塔及大獅身人面像所組成一個獨特建築群，是有史以來全球最大的純石造建築。

它具有完美的外形，四個側面的底部各長756英尺，高度為480英尺；據估計，它是由兩百三十萬到兩百五十萬個平均2.5噸重的灰色石灰岩塊建造而成（另外，內部還使用了稀有的石灰岩或更大塊的花崗岩）。它的側面最初被每塊重約15噸的白色石灰岩塊覆蓋，並以陡峭的52度角傾斜上升。金字塔的總質量經計算為9300萬立方英尺，重約700萬噸。這座金字塔的內部包含令人驚歎的完美排列的房間、通道、井道、壁龕和大走廊，其目的或功能仍然充滿謎團。

這些建築都放置在定位於北緯30度線上的精確造形石頭平臺上。而所有巨大的建築和技術奇蹟，都被歸功於四千五百多年前統治埃及的法老基奧普斯／古夫（Cheops/KHUFU）。儘管當代的所有嘗試都顯示這些由基奧普斯建造的結構可能都以失敗告終，但埃及學者仍然繼續保持這種看法，唯一的證據則是這位法老的象形文字名稱被刻在金字塔的密室裡。

西琴認為，吉薩金字塔是由阿努納奇建造的，屬於登陸走廊的一部分，在大洪水之後為西奈半島的太空站（同樣位在北緯30度！）提供服務，同時他在著作中（主要是《通往天國的階梯》和《過往神話之旅》）提供了文字和圖像證據，指出吉薩金字塔和獅身人面像在基奧普斯時代的數千年前就已經存在，而且此證據連結到阿努納奇的金字塔戰爭和馬杜克被監禁其中的事件，並且解釋了各種內部特徵。

關於「古夫」名字的銘文，西琴分析了西元1837年的發現過程，並得出結論認為這是故意的考古偽造。除了Vyse標記之外，這座金字塔（與吉薩的其他兩座金字塔和獅身人面像一樣）完全沒有任何銘文或描繪，與其他埃及金字塔完全不同。

參見 Ascending Passage（上升通道）、Davison's Chamber（達文森房）、Giza（吉薩）、Inventory Stela（庫存石碑）、Landing Corridor（登陸走廊）、Marduk（馬杜克）、Ninurta（尼努爾塔）、Pyramids（金字塔）、

Pyramid Texts（金字塔經文）、Queen's Chamber（皇后房）。

Great Sea 大海

蘇美／阿卡德語中用來指稱地中海的詞語。參見 Upper Sea（上海域）。

Great Year 大年

天文術語，用來表示十二個黃道宮時代完成一個週期所需的年數。所謂的春分歲差，是指春分日出點所在的黃道帶位置會緩慢移動，每72年累積移動達到一度，移動360度（即黃道帶一圈）總共需要25,920年（72×360），等於一個「大年」。

Greece, Greek Civilization 希臘、希臘文明

希臘（希臘文為 Hellas）這個國家位在歐洲南部，延伸到地中海，包括克里特大島、著名的羅得島（Rhodes），以及地中海東部的其他島嶼。希臘人的定居點（包括著名的特洛伊）擴展到小亞細亞。因此，希臘帶著其科學知識、字母、宗教和神系，在歐洲與近東文明之間架起一座文化橋梁。

希臘人把他們的神擬人化，在身體和性格上類似於男人和女人，卻是不朽的。十二位奧林匹亞眾神以宙斯為首，他在歷經許多衝突和戰爭之後，達到了最高地位。根據希臘的傳說，宙斯經由克里特島到達希臘，他在綁架了腓尼基國王的女兒歐羅巴（Europa）之後，游泳到克里特島。這些故事被學者視為神話，卻與迦南的 Krt 故事相呼應，也和西臺的眾神故事雷同，而且（如西琴所指出）可以追溯到蘇美人關於阿努納奇的傳說及其十二位主神。

Gud.anna 古安納

參見 Bull of Heaven（天國公牛）、Taurus（金牛座）。

Gudea 古蒂亞

西元前 2200 年左右，蘇美的拉格什國王。他留下了自己的大量雕像（許多雕像現今陳列在巴黎的羅浮宮中），還有長長的銘文，詳細說明了類似美國影集《陰陽魔界》（*Twilight Zone*）劇情的夢境，有幾位神向他提供了詳細的指示（包括帶有建築藍圖的牌區）、天體朝向和實際的磚塊模型，以用來為尼努爾塔神建造一座新的神廟；以及他如何建造這座神廟；還有這位神及其配偶入住時的開幕儀式。

參見 Lagash（拉格什）、Ninurta（尼努爾塔）。

Gula 古拉

尼努爾塔的配偶。參見 Bau（巴烏）、Isin（伊辛）。

Gutium 庫提

在美索不達米亞東北部山區的古老王國。儘管他們是恩利爾的信徒，卻被當成卑鄙的掠奪者而讓人害怕。在《那拉姆－辛傳說》（*The Legend of Naram-Sin*）這份文獻中，他們被貶稱為「烏曼－曼達」（Umman-Manda，意思可能是「遠親／強壯兄弟的部落」），據記載，他們在西元前二十二世紀入侵了蘇美和阿卡德。蘇美在西元前 2024 年被核爆的邪惡之風摧毀後，庫提軍隊再次占領了蘇美的北部。

H

Haab 哈布曆

一種陽曆，是中美洲使用的三種曆法之一。它是由十八個二十天的「月份」所組成，另外再加上五個特殊天，總共 365 天。

參見 Calendars（曆法）。

Habakuk 哈巴谷

一位聖經先知（西元前 600 年左右），關於即將到來的「主之日」（耶和華的日子）的預言，與之前的先知有所區別，因為他宣布了「指定的時間」，而且詳細描述了天體神（主）的路徑（「南方的主將要來臨」）、光輝（「他的光芒向前照耀著⋯⋯他的輝煌遍布整個大地」），以及伴隨著主的出現而受到的天體干擾（「天上的星辰及其星座都不得發光，太陽在升起時將變暗，月亮將不會閃耀光芒」）。按照西琴的說法，這些都是在說預期中的尼比魯星回歸一事。（編注：此處內容與《和合本》不盡相同。）

參見 Day of the Lord（主之日）。

Habiru 哈比魯

在西元前十八至十七世紀，亞述和巴比倫的紀錄裡提到了一群掠奪者，稱其為哈比魯。在西元前十五世紀，一位在迦南的埃及指揮官，寫信給位在埃及的上級，抱怨了 APIRU 的襲擊。一些學者認為，這是在指稱進入埃及的希伯來（Hebrew）部落。但是，除了名稱的相似讀音之外，這些理論似乎沒有其他任何依據。

另請參見哈克思（Hyksos）。

Hades 黑帝斯

在古希臘傳說中，第三代神是由克洛諾斯和瑞亞所生，包括三個女兒，以及黑帝斯、波塞頓和宙斯這三個兒子。三人在擊敗泰坦巨人之後，進行抽籤；宙斯贏得了天堂和上層世界，波塞頓贏得了海洋，黑帝斯獲得了下層世界。隨著時間的流逝，黑帝斯的領地成為死者的「陰間」（Netherworld）領域的代名詞。西琴指出，在美索不達米亞的《阿特拉－哈西斯》史詩中，描述了由抽籤產生的類似劃分（在阿努、恩利爾和恩基之間）。

Hagar 夏甲

撒拉（撒萊）的女僕，生了亞伯拉罕的兒子以實瑪利。

參見 Ishmael（以實瑪利）。

Haggai 哈該

在波斯國王大流士統治期間的一位聖經先知，他力勸在「主之日」使得天上和地球發生動盪之前，在耶路撒冷重建聖殿。

Halley's Comet 哈雷彗星

每76/77年可從地球上看到一次，繞著太陽運行的短程彗星。它以英國天文學家愛德蒙・哈雷（Edmond Halley）的名字命名。愛德蒙・哈雷在西元十七世紀晚期，確定了這顆彗星的軌道週期，並且正確預測了它下一次可被看到的時間。之後，天文學家和歷史學家確定了彗星在古代是人們已經知道（且觀察到的），當時慧星被認為是天上和地球上的事件之預兆。西元1986年是哈雷彗星最近一次近地穿越的時間，在過程中，它得到了廣泛的研究。西琴將哈雷彗星及其傾斜軌道，比喻為「迷你版的尼比魯星」，並且高度重視其橢圓軌道在天王星附近與黃道相交的事實。

參見 Comets（彗星）、Hasmoneans（哈斯蒙尼）、Nibiru（尼比魯）、
Uranus（天王星）。

Ham 含

挪亞的三個兒子中的第二個。這個希伯來文名字的含義（「熱」，「褐色」），與《聖經》中指定為「含之地」的非洲埃及和努比亞，以及埃及的古代象形文字名稱HM-Ta，都是相符的。

參見（Egypt）埃及。

Hammered Bracelet 被錘打的手鐲

參見 Asteroid Belt（小行星帶）。

Hammurabi 漢摩拉比

一位巴比倫國王（西元前1792年至1750年在位），以刻在石柱上的《法典》（Code of Laws）著稱（現今可在巴黎羅浮宮博物館中看到）。漢摩拉比是馬杜

克神的虔誠追隨者，被認為是使巴比倫（城市）成為龐大首都的重要人物，他在大型神聖區域的中央為馬杜克建造了一座指向天空的廟塔神廟。

當時的考古學證據和著作顯示，在漢摩拉比使巴比倫成為偉大帝國的軍事行動中，最突出的是他對幼發拉底河畔重要的蘇美城邦馬里的雙重攻擊。

參見 Babylon（巴比倫）、Esagil（埃薩吉）、Marduk（馬杜克）、Mari（馬里）。

Harappa 哈拉帕

西元前兩千年時，印度河谷文明的主要中心。人們在那裡發現了磚砌的穀倉遺蹟和大量的珠寶女神圖像。西琴提出她可能是伊南娜（伊師塔），因為伊南娜被分配到遙遠且講不同語言的阿拉塔（Aratta）王國（考古學家尚未確認該王國在哪裡，但可能是哈拉帕）。

參見 Indus Valley Civilization（印度河谷文明）。

Harran 哈蘭

（意思是「商隊旅館」。）

位於幼發拉底河上游地區的古老城市，橫跨巴厘克河（位於現今土耳其東部），至今仍有人居住（儘管這是其昔日偉大面貌的殘餘部分）。哈蘭位於貿易路線的交會處，成為著名的「烏爾商人」的主要異鄉，他們在那裡購買羊皮和羊毛，同時出售梭織織物和服裝。隨著時間的流逝，娜娜（辛）神在哈蘭的神廟，重要性僅次於他在烏爾的神廟。

《聖經》中提到，亞伯拉罕的父親他拉與家人一起從烏爾搬到哈蘭；而在亞伯拉罕移居迦南之後，他的兒子以撒和孫子雅各的妻子，都是從留在哈蘭的他拉一族中挑選的。

哈蘭在眾神的事務以及巴比倫和亞述的歷史中，也扮演著重要的角色：馬杜克在爭取至高無上地位的關鍵時期，一直待在那裡。（有關這些交織事件的

重要性，以及關鍵的西元前 2048 年，請參閱西琴的《完結日》。）當事件臨近尾聲，亞述王朝滅亡之前，亞述皇家最後停留在哈蘭；巴比倫的最後一位國王，則是因為其母親是哈蘭的大祭司，而被授予王位。

在阿努納奇故事的最後一章，娜娜（辛）從哈蘭離開了地球（但後來屈服並返回）。因此，哈蘭是其四千年歷史的見證者和舞臺。（有關西琴訪問哈蘭的說明，請參閱《地球編年史探險》。）

Hasmoneans 哈斯蒙尼

（希伯來文為 Hashmona'yim, 也被稱為 Maccabees〔馬加比〕。）

在猶大的虔誠猶太人家族，他們在西元前二世紀引發了針對該國的塞琉古（希臘－敘利亞）統治者的起義，因為塞琉古企圖強行使猶太人希臘化，並在耶路撒冷聖殿內建立對宙斯的崇拜。

當地的小規模衝突演變成全國性的叛亂，在一連串激烈的戰役中，哈斯蒙尼家族成功地解放了當地，清理了偶像的聖殿，並在西元前 160 年重新啟動了聖火；由於這一點點聖火奇蹟地持續點燃了八天，從此之後，被猶太人設為光明節來慶祝。

哈斯蒙尼家族將猶太人重新建立為一個獨立的猶太國家，並成為統治它的國王，直到一個世紀後羅馬人占領了這片土地。西琴將哈斯蒙尼起義與西元前 160 年重新啟動聖殿聖火的必要性連結在一起，這與尼普爾曆和《但以理書》中的末日預言有關。

參見 Daniel（但以理）、Jerusalem Temple（耶路撒冷聖殿）、
Maccabees（馬加比）、Nippur Calendar（尼普爾曆）、
Seleucid Dynasty（塞琉古王朝）。

HATHOR（Hat-Hor）哈索爾

（意思是「荷魯斯（獵鷹）之屋」。）

一位偉大的早期埃及女神，其領土為西奈半島，尤其是其南部山區，綠松石礦山就位在此處（因此，她的綽號為「礦山之女士」）。

在埃及藝術中，她的頭飾是牛角，而且側面有一顆行星，隨著年齡的增長，她被暱稱為「母牛」。

西琴認為她是蘇美人稱為「寧瑪赫」（Ninmah）的女神，是交戰的阿努納奇家族之間的和平締造者，她被分配到中立的第四區：西奈半島。

她的兒子尼努爾塔在那裡為她建了一座高山居所，她也被授予「寧呼爾薩格」（Ninharsag，意思是「頂峰之女士」）的稱號。隨著她的年齡逐漸增長，蘇美人用類似母牛的頭像描繪她。

HATSHEPSUT 哈特謝普蘇特

（意思是「最高貴的女士」。）

她是第十八王朝的女法老，托米斯一世（Thothmose I）唯一的女兒和合法繼承人。她被迫與同父異母的弟弟托米斯二世結婚，但兩人沒有孩子，在托米斯二世去世後，她於西元前1479年至1458年統治埃及，一部分時間是埃及女王，另有一部分時間與她的對手 —— 一個後宮女孩所生的皇家兒子共同攝政，這個兒子後來成為托米斯三世。她的陵廟位在尼羅河西側、盧克索（Luxor）的對面，是古埃及最令人印象深刻的寺廟之一。

西琴認為，她正是《聖經》中提到的「法老的女兒」，她沒有自己的孩子，領養了一個被遺棄的希伯來嬰兒 —— 摩西（Moses，希伯來語為 Moshe）。第十八個王朝所採用的含神名的名稱中，包括了後綴「MOSE」（象形文字的MSS），這暗示著神的血統，例如 AhMOSE 和 ThothMOSE。因此，給予收養

的孩子一個包括MOSE的名字，符合那個朝代的習俗。

出埃及事件的標準年代，可以追溯到西元前十三世紀，而將摩西的故事置於第十九王朝和拉美西斯二世的時代背景下；但是，西琴指出，《聖經》中提到的所羅門王建造聖殿與出埃及事件之間的時間關聯（《列王記上》6：1和《歷代志上》17:5），將摩西所在的年代置於西元前十五世紀，正是哈特謝普蘇特的時代。

Hatti 哈提

西臺王國的阿卡德語名稱。參見Hittites（西臺人）。

Hattushas 哈圖沙斯

古代西臺王國的首都。該地點位於現今土耳其中部的玻哈茲邱（Boghazkoy）附近，已被廣泛挖掘。

參見Hittites（西臺人）。

Hebat 赫巴特

胡里－西臺人的女神，是特舒蔔神的妻子。

Hebrew 希伯來

在《聖經》中，伊比利（Ibri，意思是「希伯來人」）這個詞語，首次被亞伯拉罕使用在埃及法老面前介紹自己。它源自意思是「穿越」（To Cross）的動詞詞根，通常被解釋為這表示亞伯拉罕說他來自「跨越河流」（幼發拉底河）的地方，也就是他來自美索不達米亞。

西琴進一步將這個詞語與尼普爾（蘇美的宗教中心）連結起來，尼普爾在蘇美語中被稱為Ni.Ibru，因此這暗示亞伯拉罕將自己標識為Nippurite，也就是

「來自尼普爾的人」。

參見 Abram/Abraham（亞伯蘭／亞伯拉罕）。

Hebrew Language 希伯來語

源自阿卡德語的一種閃族語，由《聖經》中「以色列的子民」（即猶太人）所使用，《希伯來聖經》（舊約）也是用希伯來文書寫的。它使用了出埃及期間起源於西奈半島的二十二個字母。

參見 Alphabet（字母表）、DNA（去脫氧核糖核酸）、Hebrew（希伯來）。

Hebron（[H] *Hevron*）希伯崙

位於耶路撒冷南方的猶大地區，是亞伯拉罕時代（西元前三千年晚期）的重要城市，當時它被稱為「基列亞巴」（Kiryat Arba，意思是「四之堡壘」）。亞伯拉罕購買了希伯崙的麥比拉洞（Cave of Machpelah），做為妻子撒拉的墳地，後來他自己，以及之後的族長以撒和雅各，還有他們的妻子，也都被埋葬在那裡。

大衛成為國王之後，希伯崙成為他的首都，直到他在西元前1000年左右於耶路撒冷建立王位為止。

Heel Stone 席爾石

石柱的名稱，矗立在巨石陣的石圈之外；它使巨石陣遺蹟的視線對準了夏至日的日出。

Heliopolis 赫利奧波利斯

（意思是「赫利俄斯〔Helios，太陽神〕的城市」。）

(a)一座埃及古城的希臘文名稱，其原始古名是AN（在《聖經》中為On，編

注：《和合本》為「安城」），參見 AN, Annu（安，阿努城）。

(b) 黎巴嫩的巴勒貝克的希臘文名稱。

Hephaestus 赫菲斯托斯

希臘的神聖工匠和冶金之神的名字（羅馬人稱其為「伏爾甘」）。他建造了宙斯和赫拉（Hera，據推測是他的母親）的住所，並為眾神和英雄製作了許多神奇物品。學者發現，希臘傳說中有關他的故事，與迦南人傳說中的神聖工匠庫塔爾—哈西斯（Kothar-Hasis）有相似之處；而兩者都與克里特島有關。

Hera 赫拉（又譯西拉）

根據古典希臘傳說，她是宙斯的姊妹兼妻子，阿瑞斯神的母親。

Herakles (Hercules) 海格力士

宙斯的兒子，由凡間女子所生。他是一個半神英雄，有許多關於他的故事，其中最著名的就是「十二項偉業」。他在死後受邀成為奧林帕斯（Olympus）山上的「神」（Immortals）。

Hermes 赫耳墨斯

在希臘神話中，赫耳墨斯是眾神的信使（羅馬人稱為墨丘利〔Mercury〕），是宙斯與女神邁亞（Maia）所生的兒子。他被認為是牧羊人、運動員和商人的守護神，他的屬性範圍包括遠距離旅行、舉重和度量、演講、文學、精巧和機靈。他將夢想帶給凡人，並引導死者的靈魂。

赫耳墨斯被描繪成戴著有翼的帽子、有翼的涼鞋和有翼的權杖，上面裝飾著交纏的蛇，而西琴指出，交纏的蛇是寧吉什西達神（即埃及神圖特）的象徵。確實，隨著時間的流逝，希臘人將「赫爾姆斯・崔斯莫吉斯堤斯」

（Hermes Trismegistus，意思是「三倍大」）認為是知識和科學之神圖特。

Herod 希律

處於無情的羅馬統治下的猶太人國王（也被稱為希律一世或希律大帝），西元前36年，由於羅馬帝國的陰謀，他在耶路撒冷獲得王位。在當時的一個世紀之前，猶太人在哈斯蒙尼的統治下而獨立時，以東人（Edomites）皈依了猶太教，而希律正是以東人的後裔。他試圖透過與哈斯蒙尼公主結婚，以及進行廣泛的建築工程，包括在耶路撒冷聖殿山的重大工程、馬薩達堡壘（Massadah Fortress）的建設，來平衡自己可疑的宗教資格和民族認同。在《新約·馬太福音》中所描述的大屠殺故事中，提到了希律。他在位直到西元前4年過世為止。

參見 Hasmoneans（哈斯蒙尼）。

Herodotus 希羅多德

西元前五世紀的希臘歷史學家，其著作提供了有關希臘－波斯戰爭的寶貴資訊。他的「歷史紀錄」包括了親自前往埃及、小亞細亞，以及其他地中海和黑海地區旅行的第一手報導。

他的講故事風格，提供了關於當時的埃及和巴比倫的獨特目擊者資訊，但其中包括了許多未經驗證的傳聞，正確性受到質疑。

Hesiod (Hesiodos) 赫西奧德

西元前八世紀的希臘詩人，他的作品《神譜》（*Theogony*）一直是希臘神話知識的主要來源。

Hezekiah 希西家

（希伯來文為 Hizki-Yahu，意思是「耶和華是我的力量」。）

一位猶太國王（西元前715年至687年在位），根據《聖經》（《列王記下》第20章，《歷代志下》第32章），希西家預料到亞述人會攻擊耶路撒冷，因此他從城外的基訓泉（Gihon Spring）挖了一條地下水道，通往城牆內的水庫。隨後的圍困事件，在《聖經》和亞述國王西拿基立的年鑑裡中都有描述。這條隧道在西元1880年被發現，內部留有挖掘者的銘文，西琴在《地球編年史探險》中曾有描述。

參見 Tunnel of Hezekiah（希西家隧道）。

Hieroglyphs, Hieroglyphic Writing 象形符號，象形文字

古埃及的書寫系統，與有祭司職務的神廟（字首hiero，意思是「表示神聖的」）相關聯。這是使用象形符號（圖片符號）來表示繪製的對象、概念或口頭聲音。

Hindu Traditions 印度傳統

對於印度次大陸古代民族的歷史、史前和宗教傳統的了解，來自梵語文獻（例如吠陀經〔Vedas〕、往世書〔Puranas〕，以及其他「古代著作」），還有一些史詩般的故事（例如《摩訶婆羅多》〔Mahabharata〕、《羅摩衍那》〔Ramayana〕）；儘管它們是在西元前200年左右被寫成的，但被認為是「非源自人類」，最初是由諸神自己創作的；但是，學者認為，這是由來自高加索地區的移民在西元前兩千年時，將它們帶到印度次大陸。

印度神和半神的複雜故事在許多方面都與希臘相似，在眾神衝突中的三位主要主要勝利者是因陀羅、阿耆尼和蘇利耶（Surya），相當於希臘的宙斯、波

塞頓和黑帝斯。這些故事也與西臺人和胡里人的故事有很多相似之處（學者都將它們稱為「神話」），這自然暗示了有一個共同的來源，例如蘇美的三位主神：阿努、恩基和恩利爾。

參見 Indo-European（印歐語系）、Indra（因陀羅）。

Hipparchus 喜帕恰斯

一位來自小亞細亞的希臘天文學家，在西元前二世紀討論了「至日點與平分日點記號的位移」，這種延遲導致了黃道帶時代的轉變。這使得學者認為是喜帕恰斯發現了現在被稱為「歲差」的現象，以及由此產生的黃道星宮。

然而，西琴指出，這種知識是由早於喜帕恰斯數千年的蘇美人所掌握的。儘管喜帕恰斯本人承認他是利用早期「以力、博爾西帕和巴比倫的巴比倫天文學家」的知識，但當前的教科書仍將喜帕恰斯認定是「歲差」的發現者。

Hispaniola 伊斯帕尼奧拉

哥倫布在西元1492年發現並由他命名的島嶼，現在屬於海地和多明米尼加共和國。

History, cyclical 歷史，週期性

由一連串時代構成的歷史概念，在所有古代文明中都存在，也可以在貝羅蘇斯的著作中發現，而這是「歷史重演」概念的一個面向。兩者都與《聖經》的歷史觀相吻合，認為歷史有開始和結束，其中一個通往另一個。

上帝對先知以賽亞說：「我是耶和華，我是首先的，也是末後的。」（《以賽亞書》48：12）《啟示錄》說：「主神說，我是阿拉法，我是俄梅戛（阿拉法、俄梅戛乃希臘字母首末二字），是昔在今在以後永在的全能者。」（1：8）由於神是永恆的，所以結束不僅是一個新的開始，而且還是預先計畫好

的，上帝告訴以賽亞：「我從起初指明末後的事，從古時言明未成的事。」
（《以賽亞書》46：10）

西琴認為，這樣的歷史週期觀排除了以線性曆法（例如西元曆或馬雅曆）來
思考「時間的完結」（End of Time），他也猜測「完結日」（End of Days）的時間
只會與週期性日曆有關，例如黃道宮時代。

參見 Ages（時代）、Apocalypse（啟示）、Berossus（貝羅蘇斯）、
End of Days（完結日）、Zodiacal Ages（黃道宮時代）。

Hittites 西臺人

居住在小亞細亞，使用印歐語系語言的民族，在《聖經》中被稱為 Hittim
（編注：《和合本》譯為「赫人」）：亞伯拉罕向「赫人以弗崙（Ephron）」購
買了希伯崙的麥比拉洞當作墓穴，而「赫人烏利亞（Uriah）」是大衛王軍隊
裡的統帥。

在土耳其中部（西臺人的首都哈圖沙斯的所在地）的考古發現，以及埃及、
亞述和巴比倫的皇家紀錄，都證實了強大的西臺王國曾經存在，在西元前兩
千年晚期，西臺王國與其他帝國控制著古代近東地區。

儘管西臺人關於神與半神的戰爭故事，類似於《吠陀經》中的印度－雅利
安人的故事，但可以肯定的是，他們採用了蘇美的神系，尊崇恩利爾的兒
子伊希庫爾（阿達德）做為他們的國神 —— 特舒蔔（Teshub，意思是「鼓風
者」，最新的翻譯為「風暴神」）。

西臺人可能是第一個將馬戰車引入戰鬥的民族，時間大約是西元前 1595
年。他們成功入侵巴比倫，並且俘虜了馬杜克。兩個世紀後，他們在卡疊
石之戰中阻止了埃及的擴張，在這兩個王國的首都都發現了有關和平條約
的文獻。

西琴認為，特舒蔔（阿達德）被派去監督安地斯山脈的黃金和錫的冶金中

心，並且把受過訓練的西臺礦工和冶金學家帶在身邊。

參見 Anatolia（安納托利亞）、Asia Minor（小亞細亞）、Hebat（赫巴特）、Indo-European（印歐語系）、Tiahuanacu（蒂亞瓦納科）、Yazilikaya（雅茲勒卡亞）。

Holy of Holies 至聖所

《聖經》中，詳細描述了所羅門在耶路撒冷建造的聖殿建築，提到它分為前廳（Ulam）、主要的大禮堂（Hekhal），以及最裡面也最神聖的至聖所，其中放置了約櫃與施恩座（Dvir，意思是「發聲者」），這與出埃及期間便於攜帶的、劃分成三部分的會幕相似。考古學家在其他近東神廟中，也發現了這種三分式格局，其建築結構的名稱可以追溯到阿卡德（稱為 Ulammu）和蘇美（稱為 E.gal）。

值得注意的是，南美洲的印加及印加之前的神廟裡，也包括了神聖的至聖所，而且就像所羅門建造的一樣，都用黃金包覆著。但是，那裡的神廟跟埃及的一樣，至聖所被建造成在至日點那一天，陽光會照射進來並照亮神的肖像；耶路撒冷的聖殿則是建在東西軸線上，對準平分日點。

耶路撒冷聖殿的至聖所完全是用黃金鑲嵌而成，在這方面，它與阿努訪問地球時曾經待過的黃金圍牆很相似。

參見 Coricancha（科里坎查）、Dvir（施恩座）、Golden Enclosure（黃金圍場）、Temples（神廟）。

Homer 荷馬

西元前八世紀的希臘歷史故事作家，他的史詩作品《伊利亞德》（*Iliad*）和《奧德賽》（*Odyssey*），一直是特洛伊戰爭，以及伊薩卡（Ithaca）國王奧德修斯（Odysseus）故事的主要來源。關於「荷馬」這個人是否存在（儘管希羅

多德曾經寫過他）、他是否為這些史詩作品的唯一作者，以及最重要的名叫特洛伊的城市是否存在，始終被現代學者質疑，直到海因里西・謝里曼（Heinrich Schliemann）在十九世紀時於土耳其西部發現了特洛伊，那裡也正是荷馬認為的它所在的位置。

Homo erectus 直立人

（拉丁語，意思是「挺直的人」。）

在人類發展過程中的過渡物種，大約在兩百萬年前就開始直立行走。

Homo sapiens 智人

（拉丁語，意思是：「有智慧的人」、「有知識的人」。）

現代人大約在二十五萬年前出現在非洲東南部，沒有人類學證據可以解釋為何智人幾乎是一夜之間就突然出現，因為先前的原始人類進化的進展已經歷了數百萬年。這個謎題被稱為「失落的環節」（Missing Link）。

《聖經》的信徒將創造人類的行為歸因於上帝，來解釋這失落的環節，而西琴已經將聖經中的神（伊羅興／Elohim）辨認為蘇美人所說的阿努納奇，並且集結了相關的蘇美文獻，裡面提到為什麼阿努納奇在二十五萬年前左右要透過基因工程將直立人升級為智人。

參見 Adam（亞當）、Anunnaki（阿努納奇）、Enki（恩基）、
纏繞的蛇（Entwined Serpents）、Genetic Engineering（基因工程）、
寧呼爾薩格（Ninharsag）。

Horeb 何烈

西奈山在《聖經》中的另一個名稱，意思是「乾旱之山」。

Horned Headdress 角形頭飾

在蘇美人及之後其他人對眾神的描繪中，都將眾神呈現為戴著有角的頭盔樣式的頭飾。

Horus (HOR) 荷魯斯

（在《聖經》中為 Horon〔中文音譯為「和崙」〕。）

偉大的埃及神，奧西里斯和愛西絲的兒子。當時，奧西里斯已經身亡而且被肢解，愛西絲使用奧西里斯的精液而讓自己懷孕，生下了荷魯斯（編注：本系列前作中，作者曾說明是提取基因「精髓」而非「陰莖的精液」，此處遵照作者的原文呈現。）。

荷魯斯長大後，為了埃及的控制權而挑戰殺父仇人塞特神，並在西奈半島的空中與塞特進行戰鬥，最後擊敗了他。荷魯斯通常被描繪為擁有獵鷹的頭，通常被稱為「獵鷹之神」。

HUI (or HUY) 胡伊

一位埃及的高級官員，在法老圖坦卡門的時代曾擔任努比亞和西奈的總督（大約在西元前1350年）。他的墳墓位在底比斯，裡面裝飾了他所統治地區的繽紛景象。

西琴在他的書中重製了關於西奈半島的一個場景，其中展示了地下發射井裡的大型多層火箭飛船，其圓錐形指揮艙位在地面上方（周圍描繪了棕櫚樹和長頸鹿）。西琴還指出，帶有指揮艙的火箭飛船形狀，與蘇美詞語 Din.Gir（中文音譯為「丁基爾」）的象形文字相吻合，Din.Gir 的意思是「火箭中的正直／公正者」。

Hurrians 胡里人

在《聖經》中被稱為 Horim（意思是「自由人」），胡里人有可能是印歐人，在西元前三千年定居於幼發拉底河上游地區，並從迦巴魯河（Khebar，今日稱哈布爾河）的心臟地帶，擴大其影響力。迦巴魯河是古代文獻中的納哈林（Naharin），在《聖經》中是「納哈林－納哈拉伊姆」（Aram-Naharayim，意思是兩河流域的西方之地）。

在古代遺址努濟（Nuzi）、迦基米施（Carchemish）和亞拉拉克（Alalakh）的重要考古發現顯示，胡里人是南部的蘇美和阿卡德，與北部的西臺人之間的文化和宗教橋梁，保留了類似梵語的名稱和詞語。

胡里人在西元前兩千年中期向南蔓延，建立了一個叫做米坦尼的王國；儘管他們在文化和經濟上十分強大，但無法長期承受軍事強大的鄰居的襲擊。

參見 Exodus（出埃及）、Mitanni（米坦尼）、Naharin（納哈林）、New Kingdom (Egypt)（新王國〔埃及〕）。

Huwawa 胡哇哇

根據《吉爾伽美什史詩》，胡哇哇是雪松森林裡眾神住所入口處的人造機器守衛：「火焰戰士……他的咆哮如洪水，嘴巴噴著火，他的呼吸是死亡。」這種描述，以及機器人胡哇哇揮舞著劍的圓筒印章圖畫，使西琴想到了《聖經》中對伊甸園入口處的守衛的描述，即基路伯「和四面轉動發火焰的劍」（《創世記》3:24）。吉爾伽美什和夥伴恩奇都設法用灰塵遮蔽它的視線以戰勝它。

參見 Cedar Forest（雪松森林）、Gilgamesh（吉爾伽美什）、Landing Place（登陸點）。

Hyksos 哈克思（又譯西克索）

一群亞洲移民的埃及名字的希臘文譯名，他們在西元前十七世紀中葉控制了埃及。他們被稱為「牧人之王」，成立統治埃及的第十五和十六王朝，並以阿瓦里斯（Avaris）為首都。最後，他們在西元前1560年左右被強行驅逐出境。一些學者在埃及紀錄中尋找在埃及和出埃及的以色列人定居在此的證據，提出了那些「亞洲牧人之王」是以色列人的可能性。但是在年代上並不一致。

Ibbi-Sin 伊比－辛

　　蘇美最後的首都烏爾的最後一任國王，他統治了六年，直到毀滅之年（Year of Doom，西元前 2024 年），偉大的蘇美文明在那一年悲慘地終結了。

　　參見 Nuclear Weapons（核武器）、Sumer（蘇美）、Ur（烏爾）。

Ibri 伊比利

　　希伯來人，按照西琴的說法，是尼普爾（蘇美語的 Ni.Ibru）本地人。

　　參見 Abraham（亞伯拉罕）。

Ica 伊卡

　　位在祕魯南部的城鎮，距離納斯卡線（Nazca Lines）不遠。當地一個私人博物館裡陳列的陶器上，據稱描繪了史前的場景和動物。

Ice Ages 冰河時期

地質學和其他證據顯示,地球經歷了週期性的冰河時期,以及兩者之間的溫暖時期。最近一次的冰河時期突然在一萬三千年前左右結束,按照西琴的說法,當時南極冰蓋滑入周圍的海洋,導致了大洪水(或挪亞的洪水)。

Igi.gi 伊吉吉

(意思是「那些觀察和觀看者」。)

尼比魯人的其中一個族群,共有三百名,他們的職責不同於地球上的六百名阿努納奇。古代文獻中,記錄了伊吉吉對於駐留在缺乏女性陪伴的「天堂」感到不滿,因此導致他們強行奪取女性地球人當作妻子。

按照西琴的說法,伊吉吉在地球和火星上的太空基地之間操控登陸飛船,而火星是他們駐留的地方;這個故事應該是《創世記》第六章中關於納菲力姆(Nefilim,意思是那些從天而降者,編注:《和合本》中為「神的兒子們」)「看見人的女子美貌就隨意挑選,娶來為妻」這段令人費解的神秘經文的起源。

參見 Nefilim(納菲力姆)。

Im.du.gud 伊姆杜吉德

(意思是「就像風暴運行那樣」。)

尼努爾塔神的「神聖黑鳥」(飛行器)。

Immortality, Immortals 永生不朽,神仙

古希臘人將眾神(gods)稱為「神仙」(The Immortals),進而將他們與凡人區別開來。這種區分,以及人類對於永生不朽的持續追求,可以追溯到蘇美

時代，當時的《吉爾伽美什史詩》之類的文獻，談到了吉爾伽美什對於永生不朽的追求，並聲稱他遇到了大洪水時代的英雄，這位英雄因為恩利爾的恩典，數千年來得以避免衰老和死亡。

《聖經》中記載到，以諾因為被帶去與神同在，並沒有死在地球上，還有先知以利亞也同樣被帶走了。

西琴引用了有關神的衰老甚至死亡的古代傳說為例子，解釋了人們所珍視的「永生不朽」，其實是在地球上極端長壽，因為這些神的生命週期是以母星尼比魯為基準，那裡的「一年」（繞太陽公轉一圈）大約等於3600個地球年。模擬埃及法老透過來世之旅，在「百萬年之星」加入眾神的行列，其基礎觀念是：被運送到眾神的星球，將能延長生命。

參見 Afterlife（來世）、Eternal life（永生）、Nibiru（尼比魯）、Sar（撒爾）。

In.anna 伊南娜

（意思是「安的小姐」〔 An's Lady 〕。）

她以阿卡德的名字「伊師塔」（Ishtar）為人所熟知，她與雙胞胎兄弟烏圖（沙馬氏）一起在地球上出生。他們的父母是娜娜（辛，為恩利爾的排名中間的兒子）及其配偶寧加爾（Ningal）。

當她的曾祖父母 —— 阿努（尼比魯的統治者）和安圖，完成了對地球的國事訪問後，阿努將那座專為他們的停留而建造的住所，當作禮物送給這位曾孫女，並為她取了綽號：阿努寧圖（Anunitum，意思是「阿努的寵兒」）。美麗且充滿野心的伊南娜，設法讓這個地方成為名叫「烏魯克」（《聖經》中的以力）的大城市。

她與恩基的小兒子杜姆茲的戀情和婚約，因為杜姆茲突然身亡而告終。杜姆茲死亡的悲劇，可歸咎於他的哥哥馬杜克，並因此在地球上引發了漫長而血腥的阿努納奇戰爭，最後導致伊南娜（伊師塔）這位從未婚嫁的女神被譽為

愛與戰爭之神。她是羅馬的維納斯女神的原型，也與擁有同樣名字的星球
「金星」（Venus），以及處女座，有所關聯。

儘管她的領地在遙遠的阿拉塔，但她還是偏愛烏魯克，並經常乘坐「天船」
在地球的天空漫遊，吸引了包括著名的吉爾伽美什、薩貢（Sargon）在內的
眾神、國王和英雄。在十二位主神中，她的原始階級為「5」，但隨著時間
的推移，她取代了年老的寧瑪赫，擁有「15」這個階級。

參見 Aratta（阿拉塔）、Gilgamesh（吉爾伽美什）、Lower World（下層世界）、
馬里（Mari）、Sargon（薩貢）、Uruk（烏魯克）。

Inca, Incas 印加，印加人

在西班牙人於西元 1532 年到達南美洲時，印加人是現今祕魯地區的主要居
民。

Inca（印加）這個詞在他們的蓋丘亞語（不同於安地斯山中南部的「艾馬拉
語」）中是「領主／主權」的意思，後來成為這個民族的名字。

他們大約在西元 1020 年開始統治印加，並從山區的首都庫斯科，將控制範圍
擴張到沿海地區。在西班牙征服者出現時，第十二任印加國王所統治的帝國
由一條公路連接起來，這條路從北部的現今厄瓜多所在地，一直延伸至南部
的智利。

最近的考古和文化研究結果，已經確定了在這片被征服的土地上，早於印加
人之前的其他安地斯民族的獨特身分和文化。不過，對於祕魯當地許多以
令人震驚的石頭結構為特徵的古代高地遺址和「失落的城市」（例如馬丘比
丘），學者仍認定是由印加人所建。

西琴在《失落的國度》中，對於早期西班牙編年史學家的著作給予肯定，
他們敘述了印加之前的「古代帝國」的存在，其歷史可以追溯到西元前 2400
年，而且在物質和文化上與舊大陸的文化具有相似性。

Inca Rocca 印加・羅卡

從西元 1021 年至 1532 年，十二位在庫斯科統治的印加國王中的第一位。據稱，在王權因為眾神之怒而長期中斷之後，「印加・羅卡」是被太陽神帶走的年輕人，後來他身穿金衣返回，並宣布一旦他恢復了娶同父異母姊妹的風俗，就會在庫斯科恢復王權。這個故事的其他版本，將這位王權的修復者稱為「曼科・卡帕克」（Manco Capac）。

Indo-European 印歐語系

由於印度神聖著作的語言 —— 梵文，以及許多歐洲語言（包括斯拉夫語、日耳曼語、義大利語、希臘語、亞美尼亞語等）之間的語言相似性，而形成的語言分類。

據信，這是人們從高加索的核心地區往南北遷移，而後大部分往東西方遷移的結果。古代的胡里和西臺是印歐語系的前身，也是中東和美索不達米亞之間的文化橋梁。

值得注意的是，按國家的共同語言來源對國家進行的分類，符合《聖經》中的國家列表（《創世記》第 10 章），以及挪亞之子雅弗（Japhet）的後代清單。

Indra 因陀羅

印度神系的主要成員。他殺死了自己的父親，並為了眾神的領導權而與兄弟戰鬥（在空戰中使用飛彈）。儘管最終他是至高無上的，卻必須與兄弟阿耆尼和蘇利耶共享控制權。這些故事與希臘眾神的故事相似。

參見 Hindu Traditions（印度傳統）、Jupiter（朱比特）、Zeus（宙斯）。

Indus Valley Civilization 印度河谷文明

在印度次大陸上，於西元前三千年沿著印度河沿岸發展的主要文明，一直持續到西元前兩千年中期。哈拉帕和摩亨佐－達羅（Mohenjo-Daru）這兩個主要城市中心的考古遺蹟，顯示這是以農業為基礎的等級制社會，它們突然開始，也突然結束。

西琴認為，這是阿努納奇在西元前2800年左右授予人類的第三文明區域，並由伊南娜庇護。在此處發現了少數的工藝品，上面描繪了帶有角形頭飾的神，以及對於裝飾珠寶的裸露女神的崇拜。但沒有書面文獻被發現，只能從蘇美文獻中推測出它們與蘇美的親緣關係。

參見 Aratta（阿拉塔）、Harappa（哈拉帕）、Inanna（伊南娜）。

Inventory Stela 庫存石碑（又譯庫存表石碑、清單石碑）

著名的埃及學家奧古斯特・馬里特（Auguste Mariette）在西元1850年代發現了一塊大型石灰岩石碑，並捐贈給他在開羅開設的埃及博物館。在清晰的象形文字銘文中，法老古夫（基奧普斯）提到了他「在獅身人面像之屋子旁」，為「金字塔的女主人」愛西絲女神建造了一座神廟。

西琴提供了一張罕見的石碑照片，並在《眾神與人類的戰爭》（1980）中列出這段銘文，認為這是大金字塔（通常歸於古夫所建）和獅身人面像（通常歸於其繼承人卡夫拉〔Khefra〕所建）在古夫的時代就已經存在的證明。西琴在《過往神話之旅》（2007）中提到，這座石碑已經沒有在博物館中展出。

Iran 伊朗

參見 Persia（波斯）。

Iron (**An.ta**), Iron Age 鐵，鐵器時代：

若要將製造工具和武器的最強金屬從青銅轉為鐵，需要採礦、冶煉、精煉、熔化到鑄造的重大技術進步。考古證據顯示，這種變化發生在西元前1200年左右的古代近東地區。但是，文獻證據指出人們在更早期時就熟悉鐵：關於荷魯斯和塞特（早於法老時代的很久之前）的埃及故事，描述了荷魯斯傳授人類追隨者如何「鍛造武器」（即製鐵）的故事。

《創世記》第四章提到，該隱的後代土八該隱（Tobal-Kain，英文版為 Tubalcain）是「打造各樣銅鐵利器的」，大概是在大洪水之前。在《申命記》中，應許之地在西元前十五世紀的出埃及時期被描述為「那地的石頭是鐵，山內可以挖銅」（8：9）。

Isaac ([H] *Itzhak*) 以撒

希伯來人的第二位族長，是由亞伯拉罕的妻子撒拉（撒萊）所生的兒子，就如同拜訪這對夫妻的三位神之一的預測，兩人是在高齡之時才生下以撒。儘管亞伯拉罕已經有一個由撒拉的女僕夏甲所生的兒子，但以撒才是他的合法繼承人和族長繼承者。

西琴認為，這與阿努納奇的繼承規則相吻合，根據該規則，由姊妹兼妻子所生的兒子是合法繼承人，即使他不是長子。《聖經》中已經將撒拉確定為亞伯拉罕的同父異母姊妹（「況且他也實在是我的妹子，他與我是同父異母。」《創世記》20：12）。希伯來的族長傳承後來延續到以撒的兒子雅各。

Isaiah 以賽亞

（希伯來文為 Yesha-yahu，意思是「耶和華是救世」。）

一位主要的聖經先知，他在西元前八世紀末，於耶路撒冷宣講並傳達上帝的

聖言。以賽亞充分了解歷史和時事，了解國家事務（例如以色列與姊妹王國的關係）和國際事件（例如亞述和巴比倫的崛起，以及它們與埃及之間的對抗）。他的訓誡與地緣政治預言一樣，具有道德和宗教意義，其預言的高峰是，耶和華將會摧毀那圍困了耶路撒冷的亞述國王西拿基立的軍隊（西元前702年）。

以賽亞從過去談到現在，再到未來，也提到了「主之日」的來臨：「天上的眾星群宿，都不發光。日頭一出，就變黑暗，月亮也不放光。」（《以賽亞書》13：10），是動盪及審判各國的一天；然後他預見到「末後的日子」（End of Days）的和平與正義時代，那時耶路撒冷將是「諸國之上的光」，來自世界各地的人群將湧向「登耶和華的山，奔雅各神的殿」（《以賽亞書》2：3）。

參見 Day of the Lord（主之日）、End of Days（完結日）、Hezekiah（希西家）、Jerusalem（耶路撒冷）。

Ish.kur 伊希庫爾

（意思是「山脈的他」。）

參見 Adad（阿達德）。

Ishmael 以實瑪利

（意思是「神聽見」。）

亞伯拉罕的兒子，由夏甲所生。夏甲是其妻子撒拉（撒萊）的女僕，由撒拉建議亞伯拉罕這麼做，因為亞伯拉罕已經快九十歲，可能沒有男性繼承人就過世了。後來，當撒拉在神的介入下生了一個兒子（以撒）時，年長的以實瑪利嘲笑以撒，而撒拉則堅持要求夏甲和以實瑪利離開亞伯拉罕的家。

根據族長繼承規則，以撒是由亞伯拉罕的同父異母姊妹兼妻子所生的，即使

不是長子，仍然是合法繼承人。但是，以實瑪利也得到上帝的祝福，有了很多後代，包括了「十二族的族長」（《創世記》25：16）。

Ishtar 伊師塔

參見 Inanna（伊南娜）。

Ishum 以舜

（意思是「極熱者」。）

在有關西元前2024年使用核武器的史詩文獻之巴比倫版本中，尼努爾塔被稱為「以舜」。

Isin 伊辛

蘇美南部的一個早期城市，其主神是古拉（尼努爾塔的配偶，也稱為「巴烏」）。在核爆的「邪惡之風」摧毀了美索不達米亞所有生命的七年後，伊辛成為蘇美和阿卡德的首都，在當地歷史上扮演了重要的角色。「伊辛王朝」始於西元前2017年，並且持續了兩個世紀。

Isis 愛西絲（又譯艾希絲）

（埃及文為 AST〔阿斯特〕，意思是「王座的她」。）

埃及的主要女神，頭上常被描繪著「王座」的象形文字。愛西絲是奧西里斯神的姊妹兼妻子。在奧西里斯被哥哥塞特謀殺後，愛西絲找回了丈夫已被肢解的屍體，並設法生下了荷魯斯（他長大後，成為父親的復仇者）。

Israel 以色列

（希伯來文，意思是「他與神〔El〕搏鬥」。）

亞伯拉罕的孫子雅各在面對面與El搏鬥後，被授予了這個新名字（《創世記》第32章）。El通常被翻譯為「天使、神的使者」，但字面意思是Elohim（伊羅興）的單數形式，按照西琴的說法，是阿努納奇的其中一位。《聖經》中的「以色列人、以色列民、以色列的子孫」（Children of Israel），是指出埃及的以色列人。

參見Jacob（雅各）。

Israel (Kingdom) 以色列（王國）

在所羅門國王（西元前928年）去世後，繼承人之間的衝突導致北部的支派脫離了猶大王國，並建立了單獨的王權「以色列」。以色列王國被亞述國王提格拉特－帕拉沙爾三世（Tiglat-Pileser III，西元前744年至727年在位）征服，其繼承人撒縵以色五世於西元前722年將該國定為亞述省，並將以色列的人民流放到亞述帝國的其他地區（因此引起了以色列「十個失落支派」的謎團和傳說）。

見猶大（Judea）。

Itza 伊察

中美洲部落的名字，他們在馬雅遺址附近建造自己的祭儀中心，這個遺址後來被稱為「奇琴伊察」（Chichen Itza，意思是「伊察的井口」）。

J

Jacob 雅各

（希伯來文為 Ya'akov，意思是「跟隨腳跟之人」。）

希伯來的第三位族長，以撒的兒子。雅各會被如此命名，是因為他出生時緊緊抱著雙胞胎兄弟以掃的腳跟。雅各在選擇妻子時，從迦南前往祖父母（亞伯拉罕和撒拉）及母親（利百加）的祖居 —— 哈蘭，並在那裡與表親利亞（Leah）和拉結結婚。他有十二個兒子，是以色列十二個支派的祖先。

他在一次神聖相遇中，與一位天使般的人搏鬥，那個人把雅各的名字改為「以色列」（Isra-El），「因為你曾與神較力」。關於其他神聖相遇，請參見 Jacob's Dream（雅各的夢）。

雅各在過世之前，提到了關於完結日的預言，並祝福他的十二個兒子，學者在其中找到了關於十二星宮的暗示。西琴指出，在雅各的第十二個兒子（便雅憫）於迦南出生之前，《聖經》將雅各的哈蘭後代列為十一個兒子和一個女兒，相當於蘇美人的太陽系成員數量：十一個「男」和一個「女」（伊師

塔＝金星）。

參見 Harran（哈蘭）、Israel（以色列）。

Jacob's Dream 雅各的夢

根據《創世記》第二十八章的記載，雅各（從迦南的別是巴〔Beer-Sheba〕到哈蘭的路上）在田野裡睡了一晚，他被一個夢境喚醒，「夢見一個梯子立在地上，梯子的頭頂著天，有神的使者在梯子上上去下來。」（28:12）然後神就出現並對他說話。雅各意識到自己所見的一切，便說：「這地方何等可畏，這不是別的，乃是神的殿，也是天的門。」（28:17）他把這個地方命名為「伯特利」（Beth-El），意思是神殿。西琴認為，雅各目睹了如今所謂的不明飛行物體。

Jade 玉

鮮綠色半寶石，與中美洲和遠東眾神相關。儘管在中美洲只有瓜地馬拉的礦山才出產玉石，但在奧爾梅克、阿茲特克和馬雅遺址都發現了數百個玉器。

參見 Turquoise（綠松石）。

Jaguar 美洲虎（又稱美洲豹）

新大陸的一種大型貓科動物，在中美洲和南美洲都備受尊敬，是力量的象徵。中美洲的大神魁札爾科亞特爾（羽蛇神），有時會被描繪成戴著美洲虎的面具；在奇琴伊察的主金字塔內部，則有一座隱藏的階梯通往美洲虎的雕像。馬雅神聖的《巴拉姆之書》（*Book of Balam*）的作者是神諭祭司巴拉姆（Balam），其名字的意思就是「美洲虎」。馬雅祭司會穿著美洲虎皮；而西琴提到，值得注意的事實是，古埃及的祭司會穿著豹皮。

Japheth 雅弗

（希伯來文是 Yefet，意思是「好看」。）

挪亞的第三兒子，根據聖經，他相當於印歐人。

Jehu 耶戶

古代以色列的一位國王，在後來的紀念石柱（現今在大英博物館展出）上，他被描繪為正在向亞述國王撒縵以色三世（Shalmaneser III，西元前858年至824年在位）鞠躬。

Jeremiah 耶利米

（希伯來文為 Yirme-Yahu，意思是「耶和華會扶持我」。）

在政治和軍事的動盪時期（西元前626年至586年），生活在耶路撒冷的一位主要聖經先知，當時亞述、巴比倫和埃及正在爭奪近東的統治權。

耶利米在他的信仰、崇高的道德原則和對國際事務精通的引導下，呼籲人們要信仰耶和華。他預見了即將到來的事件，包括巴比倫人對於耶路撒冷聖殿的毀壞（以及巴比倫隨後被攻陷！），這是神聖計畫的一部分，以給予應有的懲罰，並在「完結日」（末後的日子）時獲得拯救。

Jericho 耶利哥

（希伯來文為 Yeriho，意思是「月神之城」。）

位於死海北邊的城市，在從耶路撒冷到約旦河東側的途中，自古以來就持續有人在此定居下來。考古證據顯示，定居史可以追溯到西元前7500年。《吉爾伽美什史詩》中，描述了他到達「低窪海域」（死海位於地球上的最低點）附近的城市，那裡的神廟是獻給月神辛的，按照西琴的說法，那座城市正是

耶利哥。

《聖經》中，詳細描述了以色列人越過約旦河後圍住耶利哥城，並運用吹角和其他方法使該城的城牆倒塌（《約書亞記》第6章）。耶利哥還在先知以利亞的旅程中扮演重要的角色；以利亞在穿越約旦河後，被火熱的旋風帶到空中。

參見 Elijah（以利亞）、Joshua（約書亞）、Siduri（西杜莉）、
Tell Ghassul（特爾佳蘇爾）。

Jerusalem 耶路撒冷

（希伯來文為 Yeru-shala'yim，可能來自 Ur-Shalem，其意思是「完整之城」。）

在亞伯拉罕的時代，這裡已經是一座神聖的城市（在諸王之戰期間，「至高神」的祭司在這裡向亞伯拉罕致意），位置大概是在摩利亞山，那裡的巨大人工平臺也是亞伯拉罕準備奉上帝的命令而犧牲以撒的地方。

儘管耶路撒冷不在貿易或軍事的交叉路口，也不在河岸旁，總是缺水，沒有農田或牧場，也沒有任何自然資源，但是在整個千年中，耶路撒冷一直被征服者垂涎及移居到此。大衛把耶路撒冷設為首都，所羅門在平臺上建造了獻給耶和華的聖殿。耶穌來到那裡發展基督教，而穆斯林則相信穆罕默德是為了升上天堂而來到這裡。

為什麼是耶路撒冷，為什麼在這個地方？西琴在著作中指出，在大洪水摧毀了阿努納奇設於美索不達米亞的任務指揮中心（位在尼普爾）之後，他們將太空站搬到西奈半島，並因耶路撒冷的地理位置在新登陸走廊的等距點，而選擇它做為大洪水之後的任務指揮中心。西琴在《完結日》中提到，《聖經》裡記載的過往埃及人、亞述人和巴比倫人對耶路撒冷的攻擊，都是為了控制這個「天地紐帶」而進行的對抗。此處是彌賽亞預言的中心角色，該預言提到，未來的「新耶路撒冷」將緊隨在「哈米吉多頓」大戰之後，因此也

成為現今時事的中心。

參見 David（大衛）、Judea（猶大）、Shalem（撒冷）、Solomon（所羅門）、Temple（神廟）。

Jerusalem Temples 耶路撒冷聖殿

「第一聖殿」是由所羅門王在耶路撒冷建造的，地點是摩利亞山上的古老石頭平臺。所羅門是根據耶和華向大衛王展示的塔夫尼特（Tavnit，比例模型、樣式）來建造的，在《列王記上》第五至七章有詳細的建築說明。其結構分成三個部分，最裡面的部分是至聖所，那裡有約櫃放在聖石上，（根據傳統說法）亞伯拉罕準備在那裡犧牲以撒來獻祭。

這座聖殿是東西朝向，為永恆的平分日點神廟。在希伯來文中，它被稱為Beth Ha-Mikdash（意思是「奉獻的／神聖的屋子」），根據《聖經》，它具有雙重目的：做為耶和華在地球上的 Shem（譯為 Presence ／存在、在場），以及當大祭司進入至聖所，接近約櫃時，耶和華能聽到人們的祈禱。

耶路撒冷聖殿與其他神廟有很多相似之處，但獨特之處在於它絕對不包含雕像或肖像。裡面唯一的物體是約櫃。聖殿在歷時七年的工程後，於西元前953年完工，在西元前587/586年被巴比倫國王尼布甲尼撒二世摧毀。

之後，阿契美尼／波斯國王居魯士在西元前539年攻占巴比倫後，讓猶太流放者返回耶路撒冷並重建聖殿。這座被稱為「第二聖殿」的建築，正如先知耶利米所預言的，正好在前聖殿遭毀壞的七十週年之際完成。

在西元前二世紀，亞歷山大帝國亞洲部分的希臘塞琉古統治者，企圖使猶太人希臘化，並將聖殿轉變為對宙斯的崇拜，這一舉動引發了西元前164年猶太人的起義，以及西元前160年聖殿的重新奉獻。

後來，第二座聖殿由希律王（西元前一世紀）所強化及美化，卻在西元70年時被羅馬人摧毀。在羅馬的提圖斯（Titus）拱門上，描繪了羅馬士兵在勝利

後帶走了聖殿的一些神聖物品。

這兩個聖殿所坐落的「聖殿山」，是聖經先知的彌賽亞宣言，以及西元前160年之後的彌賽亞盼望的焦點。

參見 Ark of the Covenant（約櫃）、Cyrus（居魯士）、David（大衛）、Dome of the Rock（岩石圓頂）、Dvir（施恩座）、End of Days（完結日）、Hasmoneans（哈斯蒙尼）、Herod（希律王）、Holy of Holies（至聖所）、Jerusalem（耶路撒冷）、Seleucids（塞琉古）、Solomon（所羅門）、Temple Mount（聖殿山）。

Jesus 耶穌

（希伯來文為 Yehu-shu'ah，意思是「耶和華拯救」。）

他是約瑟（Joseph）和馬利亞（Mary）的兒子，出生於伯利恆，根據基督教信仰，他毫無瑕疵地被認為是神子（Son of God）。他在加利利（Galilee）長大，但是遵循家庭傳統，在耶路撒冷度過逾越節假期。他在西元30年（或33年），與十二位門徒來到耶路撒冷，向他的猶太同道宣講，並挑戰該城市的羅馬主人（龐提烏斯・彼拉多〔Pontius Pilate，又譯本丟・彼拉多〕為執政的總督）。

福音書中描述的事件，在「最後的晚餐」達到高潮。實際上，這是猶太人的逾越節晚餐（希伯來語為 Seder，中文音譯為「塞德」），是迎接逾越節假期的象徵性儀式晚餐。當時耶穌被捕，然後被羅馬人審判並在十字架上處決。他的屍體從臨時墓穴中神秘地失蹤，引起了人們對他的復活和神性的信仰，且最終相信了基督教。

西琴在《完結日》中，將這些事件置於當時彌賽亞的盼望之背景下，此盼望是「一個受膏者」（希伯來文為 Mashi'ah；希臘文的 Chrystos，以及英文的 Messiah/Christ，皆源自此詞）恢復了大衛王朝的王位，而這是天國的王權之

回歸的前奏，並暗示了《新約》中提到的傳統逾越節晚餐的酒杯，是理解這些事件的預言背景之重要線索。

Jews 猶太人

在出埃及後，曾居住迦南的以色列人的後裔，主要是以耶路撒冷為首都的猶大王國（kingdom of Judea）。他們遵守聖經《摩西五書》中的宗教誡命和社會法規。在羅馬人於西元70年摧毀第二座聖殿後，他們被流放並驅逐。

參見 Hebrews（希伯來人）、Israel（以色列）、Jerusalem（耶路撒冷）、Judah（猶大）、Judea（猶太）。

Job ([H] *I'yov*) 約伯

《約伯記》中的主要人物，儘管他充滿善意、正直、虔誠，卻面對了義人為何遭受苦難的問題。儘管這本書中充滿了智慧、驚人的科學知識，並熟悉蘇美文獻（按照西琴的說法，包括了關於天幕之戰〔天體碰撞〕和尼比魯的軌道），但本書的作者和年代，以及是否有「約伯」這個人，如果有又是在哪裡等等，仍然未知。

Joel 約珥

（希伯來文為 Yo-el，意思是「耶和華是神」。）

一位聖經先知，他在西元前六世紀初宣布「主之日即將到來」，並將其描述為「日月昏暗、星宿無光」（《約珥書》2：10）。按照西琴的說法，這是在說尼比魯的回歸。

參見 Day of the Lord（主之日）。

Jordan 約旦

（希伯來文是 Yarden，意思是「往下流的」。）

這條河從以色列北部的黑門山（Mount Hermon），海拔約2000英尺處蜿蜒而下，一直到南部的死海，海平面以下1000英尺處為止。儘管它不是一條大河，也不是真正的深淵，但從遠古時代開始，它一直是東部沙漠般的土地，與西部肥沃土地之間的自然分隔。

穿越約旦河是《聖經》和其他傳說中記錄的重要一步。出埃及的最後，就在這裡發生了令人難忘的穿越。如《新約》所描述的洗禮，這條河的水域也具有宗教作用。

Joseph 約瑟

（希伯來文是 Yosef，意思是「上帝增加的」。）

雅各的十二個兒子中的第十一個，是雅各最愛的妻子拉結在經過很長的時間之後才懷孕生下的。（拉結在生產雅各的第十二個兒子便雅憫時，因難產而過世了）。約瑟深受父親的寵愛，引起了哥哥們的嫉妒。他將自己所做的夢境故事告訴哥哥們，由於這些夢是以約瑟的優越為主題，因此激怒了他們。根據《創世記》的記載，這些哥哥透過將約瑟賣到埃及當奴隸而擺脫了他。然而，約瑟的解夢能力使法老將他任命為總督，並給予他無限的權力，以幫助埃及度過即將到來的七年飢荒。最終，他的父親和兄弟們在飢荒期間來到埃及旅居，最後留了下來。他們的後代在出埃及時期離開了。《聖經》中記載，摩西將木乃伊化的約瑟之棺材，埋葬在以色列的土地上。

Joshua 約書亞

（希伯來文是 Yehu-shu'ah，意思是「耶和華拯救」。）

在摩西死後的以色列人首領，他領導了占領及移居應許之地的行動。《約書亞記》中，特別記錄了奇蹟般地穿越約旦河、耶利哥城牆的倒塌，以及「地球靜止日」等事件。

Journey to the Afterlife 來世之旅

根據埃及的《亡靈書》和《金字塔經文》，屍體經過防腐處理及木乃伊化的法老，在其心臟被秤量並被發現有價值後，他的KA（意思是「雙重」、「精神」或「另一個自我」）會出發前往來世之旅，以便與眾神在他們的星球上永恆生存。

法老會模擬重生的奧西里斯神前往天國的旅程，將經由假門離開墳墓（被認為只是臨時的住所），然後通過地下通道前往發射場，法老的另一個自我就坐在火箭飛船裡的太空神之間，升上天空到眾神的星球。

西琴在《通往天國的階梯》和《宇宙密碼》中指出，這些文獻描述了從埃及前往西奈半島的地標，而西奈半島是阿努納奇在大洪水之後的太空站所在地。證據包括了關於地下發射井中的多層火箭飛船的描繪。

參見 Afterlife（來世）。

Jubilee 禧年

聖經誡命中要求的「自由之年」的名稱，指的是七乘七年之後，即第五十年。參見 Book of Jubilees（禧年書）。

Judah 猶大

（希伯來文是 Yehudah，意思是「認識耶和華之人」。）

雅各的第四個兒子，由他的妻子利亞所生。猶大在兄弟中脫穎而出，擔任發言人和領導人。在雅各去世前的祝福聖言中，將猶大比喻為一頭無所畏懼的

獅子，一些學者認為這具有黃道帶的含義。

猶大支派繼承了應許之地的南部，後來的領土包括了便雅憫的領土（包括
耶路撒冷），並命名為猶大王國。Jew（猶太人，希伯來語為 Yehudi）這個詞
語，源自於猶大的名字。

Judea（Judaea）猶大（猶地亞）

在所羅門逝世後，南部王國的名字，是猶大和便雅憫支派的居住地，在第一
聖殿時期與北部的以色列國分裂。隨後，希臘和羅馬時代的第二聖殿時期，
猶太人的獨立國家也叫「猶大」。從此之後，聖地中這個部分的地理名稱，
就被稱為「猶大」。

參見 Israel（以色列）、Jerusalem（耶路撒冷）、Judah（猶大）。

Jupiter 朱比特

宙斯的羅馬名稱，源於梵文 Deus Pitar，意思是「眾神之父」。羅馬帝國最大
的朱比特神廟遺址在黎巴嫩的巴勒貝克。蘇美人將名為 Jupiter（木星）的行
星，稱為 Ki.shar（奇沙戈）。

KA 卡

埃及象形文字的詞彙，使用在法王的來世旅程中，它通常被翻譯為「另一個自我」、「雙重」、「人格」或「一個神的凡人化身」。

參見 Journey to the Afterlife（來世之旅）。

Kabbalah 卡巴拉

（意思是「接收到的」。）

猶太神秘主義的一種形式，透過了解祕密的聖經密碼，來尋求神聖的指導。它發展於中世紀，是基於《約伯記》中關於科學知識的神聖啟示的兩個支柱，即霍赫瑪（Hokhmah，智慧）和比那（Binah，理解）。

Kadesh 卡疊石

參見 Battle of Kadesh（卡疊石之戰）。

Kadesh-Barne'a 加低斯－巴尼亞

古老的棲息地，標誌著迦南南部和西奈半島之間的邊界。在迦南文獻中，被簡稱為「加低斯」（Kadesh，意思是「神聖化之地」），在《聖經》中被稱「加低斯－巴尼亞」，以便與北部的加低斯（又譯卡疊石）區別。以色列人在出埃及的四十年間，在那裡度過了大部分的時光。

Kakkabu 卡卡布

（意思是「天體」。）

指稱一個恆星或行星（但最初也指星座）的阿卡德限定性詞語。《聖經》中也使用 Kochav 這個詞語，但現代希伯來文中使用不同的詞語，Kokhav 指稱「恆星」，Khokhav Lekhet（移動之星）指稱「行星」。

參見 Astronomy（天文學）、Planets（行星）。

Kalasasaya 卡拉薩薩亞

玻利維亞的的喀喀湖附近的蒂亞瓦納科古代遺址的三個突出特徵之一。它以一系列直立的石柱（其名稱的意思就是「立柱」），排列成大約 400×450 英尺的矩形圍牆，包括一個下凹的廣場。

它的東西朝向、柱子的數量及其位置，暗示著與平分日點和至日點有關的天文功能。針對至日點的角度（或傾角）符合西元前一萬年或西元前四千年左右的建造年代。按照西琴的說法，後者的年代符合阿努對地球進行國事訪問的時間。

參見 Tiahuanacu（蒂亞瓦納科）、Solstices（至日）。

Karnak 卡納克（又譯卡奈克）

底比斯地區主要神廟的所在地；底比斯是埃及新王國時期的首都。

Kassites 加喜特人

來自巴比倫東北部或西北部的部落。漢摩拉比王朝因為軍事失敗，以及西臺人將馬杜克劫為人質而喪失政權後，加喜特人在不明的情況下上臺。加喜特國王講一種不常見的語言，擁有「卡拉因達什」（Karaindash）和「卡戴斯曼」（Kadashman）之類的名字，至少從西元前1560年開始統治巴比倫（他們稱其為「卡杜尼什」〔Karduniash〕），一直到西元前1160年。他們稀少的書面記錄，證明了他們讓被囚禁的馬杜克返回巴比倫。但是，這是否為他們奪取政權的方式，以及他們是誰，仍然是歷史上的謎團。

參見Cassites（卡西人）。

Kavod 卡沃多

《聖經》在描述耶和華出現的情景時所使用的希伯來文詞語，通常譯為Kabod（卡博多），例如當以色列人看到上帝的卡博多在「吞噬的火雲」中降落在西奈山上時（《出埃及記》第10、19、24章），或先知以西結在描述由基路伯操縱的神聖戰車時。這個詞語可能表示「榮譽」或「宏偉」，在《聖經》英文版本通常被翻譯為「榮耀」、「耶和華的榮耀」。它源自意思是「沉重，大而重」的希伯來文動詞，西琴表示，在《出埃及記》和《以西結書》的脈絡中，可以知道它指的是重物，例如太空船。

參見Aerial Chariots（空中戰車）、Spacecraft（太空船）。

Keret 克雷特

在敘利亞的拉斯沙姆拉（迦南城市烏加里特的所在地）遺址所發現的泥版銘文中，有一個是克雷特的傳說，這個名字可能是指有圍牆的首都，或是它的國王。該故事是關於人為了追求永生而奮鬥的過程，與《聖經》中亞伯拉罕的故事（他需要神的幫助，才能由妻子生下繼承人），以及約伯的故事（一個富有的男人，儘管是義人，卻失去了一切）相似。據推測，這個故事的 KRT 是指克里特島。

Khabur River 哈布爾河（又譯哈布林河）

幼發拉底河的主要支流，位在美索不達米亞和安納托利亞的交會處。《聖經》中稱它為迦巴魯河，先知以西結（被巴比倫人流放到該地區的猶太貴族之一）在這裡看見了神聖戰車。

Khedorla'omer, Khedorla'omer Texts 基大老瑪，基大老瑪文獻

《創世記》第十四章描述了亞伯拉罕時代的國際「諸王之戰」，其中列出了入侵迦南的「東方之王」裡有「基大老瑪作以攔王」。

聖經故事的真實性，取決於學術上對國王和王國的認同。這種情況在 1897 年發生了變化，當時亞述學家西奧菲勒斯‧平切斯（Theophilus Pinches）在倫敦的維多利亞學院報告說，大英博物館中，一組後來被稱為「基大老瑪文獻」的泥版，描述了這樣的戰爭，並提到埃蘭（即以攔）國王庫多爾—拉哈瑪（Kudur-Lagamar）是參與者。平切斯將因為埃蘭和蘇美的泥版而聞名的庫多爾—拉哈瑪，辨認為《希伯來聖經》的「基大老瑪」。

（西琴還指出，在基大老瑪文獻的段落中，可能將亞伯拉罕稱為「祭司的兒子，眾神用他們最真誠的忠告對他施以油膏」）。

參見 Abraham（亞伯拉罕）、Gomorrah（蛾摩拉）、Sodom（所多瑪）、
War of the Kings（諸王之戰）。

KHNUM 庫努牡

（也拼寫為 KHNEMU。）

塑造人類的神「神聖工匠」的埃及名字，也是普塔（按照西琴的說法，即是
恩基）的另一個名字。

Khorsabad 豪爾薩巴德

亞述國王薩貢二世（西元前721年至705年在位）的首都城市之遺址的現代名
稱。當時，這座城市採用薩貢的名字而被命名為「杜爾舍魯金」（Dur Sharru-
kin，意思是「公正國王的要塞」）。人們在此發現了宏偉的宮殿、牆面浮雕、
偉大的雕塑和一堆碑刻銘文。

KHUFU 古夫

我們稱為「基奧普斯」（Cheops）的這位法老的埃及象形文字名稱。
參見 Giza（吉薩）、Pyramids（金字塔）。

Ki 基

蘇美人用來稱呼「地球」（是「堅硬的土地」，而不是氣態的行星）的詞
語，阿卡德語的 Gi、希臘文的 Gaea（蓋亞）和 Geo（字首，表示地球、土
地），都是從這個詞語衍生而來。

King, Kingship 國王，王權

國王和王權制度始於蘇美。名為《蘇美國王列表》的文獻聲稱，「王權是從

天國帶下來的」，不僅表明王權是眾神賜予人類的禮物，也表明阿努納奇在地球上建立的政府形式，正是他們在母星上實行的。文獻中也提到，王權的象徵，如頭飾或王冠、權杖和牧羊杖，是由阿努帶到地球的。

用來指稱「國王」的蘇美詞語是Lu.gal（意思是「偉大的人」，中文音譯為「努戈」），最初由半神擔任，後來是由眾神選擇的「受膏者」，他是眾神與人類之間的中間人，其角色是成為人們的牧者。蘇美國王努力透過公正和仁慈的統治，以獲得En.si（意思是「正直的牧者」，中文音譯為「恩西」）的頭銜。

在《聖經》中，先知撒母耳對大衛施了膏（用油），做為王權的選擇和任命。

參見亞巴（Arba）。

King Lists 國王列表

最為人熟知的國王繼承紀錄（在本例中是猶大和以色列），是《列王記上》和《列王記下》，但是早在蘇美時期就有按照時間順序列出國王，並掌握其統治資訊的習慣。實際上，名為《蘇美國王列表》的文獻，始於十位在大洪水之前的統治者（其中八位為神，兩位為半神），並在大洪水之後恢復了王權。巴比倫人和亞述人等，也延續了國王列表的傳統。

在埃及，祭司曼涅托（西元前三世紀）按照朝代列出了統治者，也是以神為開始，然後是半神，接著是法老。考古學家發現的各種紀錄，證實了曼涅托列出的法老王朝。

參見 Anunnaki（阿努納奇）、Civilizations（文明）、Deluge（大洪水）、E.din（伊丁）。

King's Chamber 國王房

吉薩大金字塔內部的一個牆面裸露的房間，位於大走廊的頂部，精心打造的前廳後方。國王房裡的無蓋石製箱櫃，讓人們聯想到它是法老的棺材，因此獲得了這個名稱。但目前沒有任何證據支持這個關於國王房（和棺材）之用途的假設。

西琴在《眾神與人類的戰爭》中，引用了蘇美文獻，暗示這個空間在他所謂的「金字塔戰爭」期間，曾經囚禁了馬杜克神。

King's Highway 國王公路

近東一條重要的古代南北路徑，沿著約旦河東側的中部山脈延伸，由幾個東西向河流的交會點連接，是位在約旦河西側、地中海沿岸的「海洋之路」的對應路徑。

Kin.gu 金古

（意思是「大使者」。）

在《創世史詩》中，馬杜克與提亞瑪特之間的天幕之戰故事裡，金古是提亞瑪特的「衛星」的「主人」中最老、最大的。提亞瑪特被征服後，一部分被粉碎成碎片，另一部分則被推向另一個軌道，按照西琴的說法，它成為地球（蘇美語中的Ki〔基〕）。根據文獻，金古成為Shesh.Ki（意思是「地球的兄弟／同伴」），按照西琴的說法，它是地球旁的月球。

Kish 基什

第一個用來做為王權所在地的蘇美城市，處於尼努爾塔的庇護下。因此，它是在大洪水之後的第一個人類的皇家城市。

Ki.shar 奇沙戈

（意思是「最重要的堅實土地」。）

按照西琴的說法，它是我們稱為「土星」的星球，在《創世史詩》中描述的天體事件中扮演了重要的角色。

Knossos 克諾索斯

克里特島上古老的邁諾安（Minoan）王國的首都，傳說中的彌諾陶洛斯（牛頭人身怪物）被藏在此處的迷宮中。

Koran 古蘭經

（意思是「已讀／引用的內容」。）

穆斯林的聖書，他們相信這本書是天使加百列向先知穆罕默德啟示的。

Kothar-Hasis 庫塔爾—哈西斯

參見 Craftsman of the gods（眾神的工匠）。

Ku.babbar 庫巴巴

銀。參見 Silver（銀）。

Kukulkan 庫庫爾坎

（也拼寫為 Kukulcan。）

「羽神蛇」魁札爾科亞特爾的馬雅名字。

Ku.mal 庫瑪（又譯庫瑪爾）

（意思是「牧場居民」。）

白羊宮的蘇美名字。

Kumarbi 庫瑪爾比（又譯庫瑪而比）

（也拼寫為 Kumarbis。）

在西臺的眾神傳說中，他是特舒蔔神的對手。

Laban 拉班

雅各的母親利百加的兄弟，住在哈蘭。他是利亞和拉結的狡猾父親；雅各從
迦南前往哈蘭，在母親的親戚中尋找妻子，最後與利亞和拉結結了婚。
參見 Harran（哈蘭）、Matriarchs（女族長）、Naharin（納哈林）、
Patriarchs（族長）。

Labyrinth 拉比林特斯

建造在克里特島的迷宮，用於留下彌諾陶洛斯這個牛頭人身的生物。
參見 Keret（克雷特）。

Lachish 拉吉

位在猶大的堅固防禦城市，曾被亞述國王西拿基立（西元前701年）占領。
此過程被記錄在《列王記下》和《以賽亞書》中，同時也被這位亞述國王的

遺蹟證實，他在紀念建築上描繪了這個過程。

Lagash 拉格什

蘇美的城市，曾經是尼努爾塔神的「崇拜中心」。早在西元前二十四世紀，那裡的國王烏魯卡基納（Urukagina）就頒布了基於社會正義的法典（Code of Laws）。

著名的國王之一古蒂亞（西元前二十二世紀），在兩根大泥土圓柱（現今可在巴黎的羅浮宮中看到）上，詳細描述了他如何在吉爾蘇（這座城市的神聖區域）為尼努爾塔神及其配偶包烏，建造一座新神廟。這座神廟的建築說明，是在類似美國影集《陰陽魔界》劇情的夢境中提供給國王的，而夢的一部分是真實的。

參見 E.Ninnu（伊尼奴）、Girsu（吉爾蘇）、Gudea（古蒂亞）、
Ninurta（尼努爾塔）。

Lamech 拉麥

兩位早期的聖經族長的名字：一個屬於該隱一族，生於神祕而遙遠的「挪得（Nod）之地」，那是該隱在殺死亞伯而被流放的地方。另一個屬於塞特（Seth，亞當和夏娃的第三個兒子）一族，他是瑪土撒拉（Metushelah）的兒子，更重要的是，他是挪亞（大洪水故事中的英雄）的父親。根據《聖經》，拉麥活了七百七十七年。

Lamentation Texts 哀歌文獻

在蘇美文明滅亡後寫成的一系列文獻，哀嘆著「邪惡之風」席捲了蘇美的城市、神廟和鄉村之後，使得人類、動物和植物的生命消亡了。按照西琴的說法，這是西元前2024年使用核武器的結果。

參見 Evil Wind（邪惡之風）、Nuclear Weapons（核武器）、Sumer（蘇美）。

Landing Corridor 登陸走廊

按照西琴的說法，阿努納奇將他們的太空站（大洪水之前和之後）設為自然和人工地標的一部分，形成三角形的登陸走廊，並錨定亞拉拉特山的兩個峰頂為頂點。任務指揮中心位在中心點，與其他地標的距離皆相等，第一個是尼普爾，在大洪水之後則設在耶路撒冷。西琴在圖中顯示了吉薩的兩個大金字塔，它們是大洪水之後的地標和登陸系統的一部分。

參見 Jerusalem（耶路撒冷）、Nippur（尼普爾）、Spacepor（太空站）。

Landing Place 登陸點

《吉爾伽美什史詩》中所使用的詞語，描述了他在尋求永生過程中的第一個目的地：雪松森林裡的「阿努納奇的祕密地方」，由兇猛的手造或機器人生物守衛著；按照西琴的說法，那裡就是黎巴嫩的巴勒貝克。吉爾伽美什也描述了他在那裡看到一枚火熱的火箭朝向天空發射。

參見 Baalbek（巴勒貝克）、Cedar Forest（雪松森林）、
Gilgamesh（吉爾伽美什）、Huwawa（胡哇哇）。

Larak 拉勒克

（蘇美語為 La.ra.ak，意思是「看見明亮的光環」。）

阿努納奇在伊丁建立的第三個「眾神之城」。西琴已經指出，它的位置使其成為大洪水之前登陸走廊的組成部分。

Larsa 拉爾薩

（蘇美語為 La.ar.sa，意思是「看見紅燈」。）

在伊丁的第七個「眾神之城」，按照西琴的說法，它是大洪水之前登陸走廊的組成部分。

Last Supper 最後的晚餐

這個詞語是用來指耶穌與十二個門徒的最後一頓晚餐，當時耶穌來到耶路撒冷慶祝逾越節假期。毫無疑問，這是傳統的猶太逾越節晚餐（Seder），是迎接一週假期的晚餐，在其無酵餅和酒的儀式中，包括了為先知以利亞準備的禮儀酒杯。

西琴在《完結日》中，指出了福音書的敘述以及達文西（Leonardo da Vinci）的著名畫作中，有關彌賽亞的線索，並暗示基督教傳統的「聖杯」（Holy Chalice，後來演變成傳說中的聖杯〔Holy Grail〕）是放在旁邊給以利亞的葡萄酒杯。

參見 Elijah（以利亞）、Jerusalem（耶路撒冷）、Jesus（耶穌）、Passover（逾越節）。

La Venta 拉文塔

墨西哥灣沿岸主要的奧爾梅克遺址，在那裡發現了一些最早的奧爾梅克巨大石雕頭像。

Law Codes 法典

雖然大部分人都會想到西元前十八世紀由巴比倫國王漢摩拉比頒布的法典，但事實上制定一系列法律以形成「法典」的做法，可以追溯到古代蘇美人，（迄今已發現的）最古老的法典，是由早於漢摩拉比六個世紀的烏魯卡基納國王頒布的。

然而，漢摩拉比法典和其他的巴比倫法令，主要是犯罪及其刑罰的清單，而

蘇美的則是關於社會正義，以及保護窮人、日間勞工和寡婦的法令。摩西在西奈山（西元前十五世紀）上收到的十誡，是獨特的法典，簡潔地列出了基本的宗教、社會和道德上可以做和不能做的行為。

Lebanon 黎巴嫩

以黎巴嫩（Lebanon，意思是「潔白之地」）山脈來命名。黎巴嫩山脈位在半熱帶的近東地區，冬天會積雪。從遠古時代起，它就因為獨特的雪松森林而聞名。根據《吉爾伽美什史詩》的記載，這裡是眾神的登陸點及其可怕守衛的所在地。現今的黎巴嫩是在第一次世界大戰後成立的政治實體，在古代是腓尼基人的故鄉。

參見 Baalbek（巴勒貝克）。

Levi 利未

雅各的十二個兒子之一。亞倫和摩西屬於利未支派。由利未人擔任祭司和聖殿侍從的猶太傳統，始於出埃及時期的亞倫。

Libra 天秤宮

（意思是「天平」；在希伯來文中是 Mozna'yim。）

蘇美人將這個黃道星宮稱為 Ziba.anna（意思是「天命／決定」，中文音譯為「茲巴安納」）；某些觀點認為，它與晝夜等長的秋分有關。在古埃及，人們相信，唯有圖特神在平衡秤上秤量法老的心臟，確定「沒有不夠格」，法老才能前往來世。

Lion 獅子

蘇美人將這個黃道星宮稱為 Ur.gal（意思是「獅子」，中文音譯為「烏爾古

拉」），而且以此圖案來描繪它。

獅子被認為是伊南娜（伊師塔）的「崇拜動物」，她經常被描繪成站在獅子上的模樣。

《吉爾伽美什史詩》中講述到，當他在沙漠中迷路時，遇到兩隻獅子，並徒手殺死了牠們。在整個古代世界，此事蹟享有傳奇般的地位，而且到處都有關於吉爾伽美什與獅子搏鬥的描繪；西琴指出，就連在哥倫布時期之前的南美洲也是如此。

Long Count Calendar 長紀曆

中美洲的一種曆法，由奧爾梅克人引進，並由馬雅人使用。這個曆法透過計算從西元前3113年的「第一天」之後經過的天數來記錄日期。（按照西琴的說法，這是圖特神與非洲追隨者一起抵達中美洲的那一天）。各種數量的天數被分組並由象形文字表示；其中一個被稱為「伯克盾」（Baktun，等於十四萬四千天）的特徵，出現在關於西元2012年的「馬雅預言」中。

參見 Calendars（曆法）、Mayas（馬雅人）、Olmecs（奧爾梅克人）、
Quetzalcoatl（魁札爾科亞特爾）。

Lost Tribes of Israel 以色列的失落支派

在所羅門王過世後，從猶大分離出來並組成以色列王國的十個支派，但後來消失的後裔。以色列人在西元前724/720年被亞述人大規模流放，並在歷史迷霧中消失了。由於美洲原住民的傳說故事和習俗，與這些支派有許多相似之處，因此，新大陸的第一批歐洲探險家認為他們找到了「十大失落支派」。

參見 Israel (Kingdom)（以色列〔王國〕）。

Lot 羅得

亞伯拉罕的侄子。亞伯拉罕在離開哈蘭前往迦南時，帶著羅得一起同行。在諸王之戰期間，東方入侵者占領所多瑪時，擄走了羅得，而亞伯拉罕一路追趕他們到大馬色（大馬士革），羅得才被釋放。

《聖經》提到，羅得和他的家人受到兩位「馬拉基姆」（Malachim，字面上的意思是「使者」，但通常翻譯成「天使」。編注：即後文的詞條 Mal'akhim）的警告，他要在所多瑪發生劇變之前離開，但羅得的妻子停下腳步並往後看，變成了「鹽柱」（pillar of salt）。

西琴認為，這個「劇變」是阿努納奇對附近的太空站和「五個罪惡之城」的核襲擊的一部分。蘇美文獻是這個聖經故事的來源，而它所使用的詞語，最好翻譯為「蒸發的」，來描述羅得妻子的命運。

參見 Erra（艾拉）、War of the Kings（諸王之戰）。

Lower Sea 下海域

現今波斯灣（Persian Gulf）的蘇美／阿卡德名字。

Lower World 下層世界

在美索不達米亞文獻中，非洲南端的名稱。這裡是厄里斯奇格（Ereshkigal，伊南娜的姊妹）及其配偶奈格爾（恩基的兒子）的領土。那裡有一系列的科學儀器，並預測了大洪水事件。在名為《伊南娜下降到下層世界》的文獻中，描述了這個地方，並敘述主動前往那裡的伊南娜如何被殺害的（以及如何復活）。

參見 Dumuzi（杜姆茲）、Ereshkigal（厄里斯奇格）、Inanna（伊南娜）、Nergal（奈格爾）。

Lu.gal 努戈（又譯盧伽爾）

（意思是「大人物」。）

蘇美的詞語，被譯為「國王」。

Lugal.banda 盧加班達

烏魯克（伊南娜在蘇美的中心）的國王。根據《蘇美國王列表》和其他文獻，盧加班達是半神，是烏魯克的前任國王恩麥卡爾（Enmerkar）與伊南娜的兒子。一些史詩般的文獻描述了盧加班達在遙遠土地上的冒險經歷，包括他企圖像神那樣高飛。

Lu.lu 路路

（意思是「被混合者」。）

在創世文獻中發現的一個阿卡德詞語，指稱由恩基和寧蒂（寧呼爾薩格）塑造的聰明生物，是由阿努納奇的基因與直立人的基因混合在一起，所創造的混血人種。

M

Maccabees 馬加比

猶太狂熱者，也被稱為「哈斯蒙尼」（Hashmoneans），他們領導了成功的起義，以反對希臘統治者塞琉古（他在亞歷山大死後統治了猶大），並重新建立了猶太的獨立性。西元前 160 年，耶路撒冷聖殿裡的異教徒神像被清除，並重新奉獻給耶和華，從此之後，每年的這段期間成為猶太人的光明節慶祝活動。

導致起義和馬加比事蹟的情況，在《馬加比一書》和《馬加比二書》中有詳細的說明，這兩本書包含在希伯來聖經的拉丁文翻譯版本中，以及某些基督教聖經中，但未包含在希伯來聖經（或基督新教版本）中。哈斯蒙尼在猶大的統治，一直持續到西元前一世紀被羅馬占領為止。

參見 Hasmoneans（哈斯蒙尼）、Herod（希律王）、Jerusalem（耶路撒冷）、Jerusalem Temple（耶路撒冷聖殿）、Nippur Calendar（尼普爾曆）。

Machu Picchu 馬丘比丘

西元1911年，美國考古學家希蘭姆‧賓漢（Hiram Bingham）在祕魯的印加領土上發現了一座廢棄的城市，並在他的著作《馬丘比丘，印加的城堡》（ *Machu Picchu, a Citadel of the Incas* ）和《印加的失落城市》（ *The Lost City of the Incas* ）描述了這座城市，「馬丘比丘」這個稱號便與該地密不可分。

馬丘比丘坐落在高聳入雲的安地斯山脈之間的山峰上，是一個迷人的神祕之地，它的牆壁由互鎖的大石塊砌成，有一排三扇窗口、一個石製太陽日晷儀、一個由完美方石建造而成的半圓形窗口結構，還有一塊在山洞裡的聖石。

西琴在《失落的國度》裡提到，這個地方應該就是當地傳說所講述的地方：印加人之前的「舊帝國」的首都和天文觀測臺。

Magan 馬根

埃及的蘇美名字。

Magog 瑪各

參見 Gog and Magog（哥革和瑪各）。

Mahabharata 摩訶婆羅多

神聖的長篇印度史詩文獻，以梵語寫成，講述了天堂和地球、古代印度眾神和英雄的故事。據信它是在西元前五世紀至西元四世紀之間寫成的，這些故事經常涉及眾神如何「乘坐由雲運載的戰車」旅行，以及「如何在天空中打造金屬堡壘」。

Maidum 美杜姆

位在埃及的吉薩南邊,「坍塌的金字塔」的所在地。該金字塔嘗試以陡峭的52度建造表面光滑的金字塔。它的建造者是否早於52度角的吉薩金字塔的假定建造者,並開創了這種金字塔的想法(就像大多數埃及學家所認為的那樣),還是試圖模仿已經存在的吉薩金字塔(包括西琴在內的一些人所相信的)?因此,這座金字塔的謎題,與「是誰在何時建造了吉薩金字塔」的議題有關。

Mal akhim 馬爾阿基姆

希伯來文《聖經》中的詞語,字面意思是「使者」,但通常被翻譯為「天使」。

參見 Angels(天使)。

Man, Mankind 人,人類

在東非發現的原始骨骸遺骸,證明了人類祖先 —— 類猿靈長類動物在數百萬年中的發展非常緩慢。但是,這種進化證據未能解釋突然發生的變化:從兩足動物的「直立人」變成「智人」(「思考的人」)。這種變化是在大約三十萬年前莫名其妙發生的,以時間表來看幾乎像是在一夕之間。

西琴提出,「失落的環節」的問題已經由蘇美文獻回答了。該文獻描述了阿努納奇(特別是恩基和寧呼爾薩格)刻意進行基因工程的事蹟,也就是將阿努納奇的某些基因添加到直立人的基因中。他聲稱,這是一項壯舉,也解釋了《創世記》中的描述,亦即亞當是由眾神「照著他們的形像和樣式」故意塑造的。

西琴寫道,帶有「蛇」的伊甸園情節,涉及了恩基的第二項遺傳工程壯舉,

也就是將繁殖能力賦予混血人種。蘇美和阿卡德的文獻揭露了恩利爾對這一切的不滿，以及一些阿努納奇人開始與女性地球人結合時的憤怒。這導致恩利爾希望看到人類在大洪水中滅亡。

參見 Adam（亞當）、Buzur（布祖爾）、Creation Tales（創世故事）、Deluge（大洪水）、Eden（伊甸）、Enki（恩基）、Eve（夏娃）、Nefilim（納菲力姆）、Ningishzidda（寧吉什西達）、Ninharsag（寧呼爾薩格）。

Manco Capac 曼科‧卡帕克

印加人給予庫斯科的傳奇創始人，以及實際上的第一個 Capac（即國王）的名字。這位國王也被稱為印加‧羅卡，於西元 1021 年開始統治印加。

參見 Cuzco（庫斯科）、Incas（印加）。

Manetho 曼涅托

（希臘文名字，來自 MEN-THOTH，意思是「圖特的禮物」。）

西元前三世紀，埃及祭司曼涅托被希臘統治者托勒密（Ptolemaic，在亞歷山大逝世後開始統治）留下來，為他們撰寫埃及和其國王的歷史。他在著作中按照朝代排列統治者，一開始是神統治的時代，然後是半神，接著是法老。第一個神聖王朝中有七位神，由普塔（按照西琴的說法，他即是恩基）開始，他的兒子拉（按照西琴的說法，他即是馬杜克）繼任。

在法老之前的統治時期長達 17,870 年，也就是在大洪水之前一萬年左右開始。曼涅托還提供了估計的「世界持續時間」為 2,160,000 年（西琴指出，這個數字代表一千個黃道宮時代，每個時代為 2160 年）。

參見 Ages（時代）、Demigods（半神）、History/Cyclical（歷史／週期性）、Zodiac（黃道帶）。

Mar.duk 馬杜克

（意思是「純淨山丘之子」。）

他是最廣為人知的巴比倫民族神。巴比倫早期的經典著作，例如《創世史詩》，已經經過修改，使得馬杜克同時擁有天國的至高無上地位，成為造物主行星（Creator Planet），也將這顆行星的名字從「尼比魯」改為「馬杜克」。他是艾（恩基）的長子，生於尼比魯，由他的母親唐克娜帶到地球。馬杜克因其弟弟杜姆茲的死亡事件而被判有罪，並被活埋在大金字塔內，但後來獲得赦免並被放逐了。隨後他又被阿努納奇的其他領導人，尤其是恩利爾疏遠了，因為他打破禁忌，娶了一名女性地球人為妻子（她為他生了一個兒子：那布）。

馬杜克親眼目睹父親與恩利爾之間進行著持續不斷而徒勞的爭奪，認為父親的權利被無理地剝奪了，因而他始終為了爭奪至高無上的地位而奮鬥。起初，馬杜克待在埃及的恩基一族領地（按照西琴的說法，他曾被當作「拉神」來敬拜），但他不斷試圖在恩利爾一族的領地建立自己的地位，導致了類似「巴別塔」的事件、殘酷的戰爭，以及在地球上使用核武器。

馬杜克與恩利爾的兒子尼努爾塔爭奪繼承權，最終確實獲得了「50階級」，不過那是在蘇美偉大的文明屈服於核爆之風以後。當時，巴比倫成為一座帝國城市，其氣勢恢宏的神聖區域以七層廟塔「埃薩吉」為主體。埃薩吉曾經是馬杜克的住所、總部，最後是他的墳墓。（根據當時的希臘和羅馬歷史學家的說法，馬杜克的墳墓是在埃薩吉爾廟塔裡，此廟塔在西元前482年曾被波斯國王薛西斯〔Xerxes〕襲擊；因此，西琴的結論是，馬杜克死於西元前484年。）

馬杜克在尋求至高無上的過程中，沒有引入一神教，他在贏得50階級之後，便邀請其他眾神（包括恩利爾一族）居住在巴比倫的神聖區域內，並

為他們建造居住的神殿。的確，要成為至尊神，就需要其他眾神的存在和認可。

參見 Akkadian Prophecies（阿卡德預言）、Alexander（亞歷山大）、Amon（阿蒙）、Aries（白羊宮）、Babylon（巴比倫）、Enki（恩基）、Fifty（五十）、Great Pyramid of Giza（吉薩大金字塔）、Nabu（那布）、Nibiru（尼比魯）、Ptah（普塔）、Pyramid Wars（金字塔戰爭）、Ra（拉）、Tower of Babel（巴別塔）、Yahweh（耶和華）。

Marduk 馬杜克

在巴比倫天文學中，阿努納奇的母星「尼比魯」，被巴比倫人更名為「馬杜克」。西琴在《完結日》中，列出並引用了西元前一千年的天文學碑刻，上面記錄了行星「馬杜克」在白羊宮時代再度出現。

Mari 馬里

位在幼發拉底河中游的亞摩利／蘇美的首都，它在西元前三千年及兩千年早期蓬勃發展。它的遺址（在西元1930年代發掘）包括了一座巨大的宮殿，裡面有數百個房間，其中許多房間裝飾著五顏六色的壁畫，描繪了女神伊南娜（伊師塔）。

宮殿圖書館藏有兩萬多塊刻字泥版，其題材從經濟、貿易、軍事到宗教事務皆有。有許多雕像，其中不少是以玄武岩石雕刻而成，描繪了男性和女性的馬里貴族，通常以美麗的蘇美楔形文字的名字或標題來辨識。雕像中有一個真人尺寸的伊南娜雕像，她的裝備像是太空人。

馬里在西元前1760年一再遭到巴比倫國王漢摩拉比的攻擊和破壞。西琴在《地球編年史探險》中描述了對該遺址的探訪。

Mars 火星

一顆行星的名稱（以羅馬的戰爭神為名），在《創世史詩》中名為「拉赫姆」（Lahmu），在蘇美天文學中稱為「阿平」（Apin）。在圓筒印章上，它被描繪為有六條射線的行星，（按照西琴的說法），阿努納奇將它視為從外面進入太陽系時看到的第六顆行星。

西琴已經指出，它是阿努納奇在尼比魯和地球之間的太空旅行的「轉運站」（Way Station），並認為它是伊吉吉太空人的主要基地。在《第12個天體》（1976年）出版時，由於火星被認為是無法居住的行星，西琴提出的看法被認為是不可能的，但隨後美國國家航空暨太空總署（NASA）和歐洲國家對火星進行的多項研究顯示，它實際上曾經有大氣、湖泊、河流和流動水域，是可以居住的。

美國國家航空暨太空總署從火星拍攝的照片，也顯示出看起來似乎是人造結構的遺蹟；但後來該總署的軌道飛行器和漫遊車並未追蹤它們。（該總署的鳳凰號飛船於2008年中期降落在該行星的北部，進行的測試發現，土壤中含有冰水和適合種植蔬菜的養分。）

參見 Phobos Incident（火衛一事件）。

Matriarchs 女族長

《聖經》中提到了希伯來人的四位女族長：亞伯拉罕的妻子撒拉；以撒的妻子利百加；雅各的妻子利亞和拉結這對姊妹。

撒拉是亞伯拉罕的同父異母姊妹，跟他一樣來自美索不達米亞。利百加、利亞和拉結，都是其丈夫的堂姊妹，屬於亞伯拉罕的親戚，在亞伯拉罕前往迦南時，這些親戚一直留在哈蘭。

參見 Benjamin（便雅憫）、Harran（哈蘭）、Laban（拉班）、Naharin（納哈林）。

Maya, Maya Civilization 馬雅，馬雅文化

在語言、文化和宗教上都與眾不同的民族的名字。他們大約在西元前一千年定居於中美洲南部，並從太平洋海岸向北和向東擴散，從現今的瓜地馬拉到墨西哥的猶加敦半島、洪都拉斯、薩爾瓦多和貝里斯。

馬雅著名的城市，例如奇琴伊察、烏斯馬爾（Uxmal）、帕倫克（Palenque）、科潘、提卡爾（Tikal）等，是在所謂的古典時期（大約西元前 300 年至西元 900 年）建造的，實際上是廣闊的神聖儀式區域，設有階梯式金字塔，只有皇室和祭司生活在其中；人們居住在周圍鄉村的村莊裡。

西班牙人在十六世紀到達中美洲時，發現了馬雅書籍（書寫在用樹皮製成的紙上），其中馬雅人以圖畫象形文字描繪了他們的眾神，並寫下其歷史、傳說和科學知識。除了少數這樣的「手抄本」以外，其他全都被西班牙神父視為異教異端而摧毀了。

參見 Chichen Itza（奇琴伊察）、Balam（巴拉姆）、Mesoamerica（中美洲）。

Mayan Calendar 馬雅曆

馬雅人的歷史遺物，他們以象形文字描述了現實事件，經常以來自奧爾梅克人的「長紀曆」符號來表示日期。這些符號有：金（Kin，等於一天）、烏納（Uinal，等於 20 天）、盾（Tun，等於 360 天）、卡盾（Ka-tun，等於 20×360 = 7200 天）、伯克盾（Bak-tun，等於 20×20×360 = 144,000 天），依此類推。

每個類別均乘以一個數字（以點和條表示）。所有這些加起來，就等於從第一天起（學者們確定是西元前 3113 年 8 月 13 日）所經過的天數。因此，我們現在在第十三個伯克盾。有些人認為它會在 144,000 天後完成計數，這就是所謂的「馬雅預言」。

參見 Calendars（曆法）。

Medes 米底人

在西元前一千年控制了伊朗北部的民族，他們的王國在《聖經》中被稱為「瑪代」（Maiai），被希臘人稱為「美地亞」（Media）。他們與阿契美尼德人結合，一起南下，形成了波斯帝國。

Medinet Habu 梅迪涅特哈布

在尼羅河西側的上埃及地區，那裡有一座大神廟，牆壁上描繪了拉美西斯三世與被稱為「海洋人」的侵略者的戰鬥。

Megalithic Structures 巨石結構

由巨大石頭製成的結構，包括像是在自然界發現的豎立的粗糙巨石，還有經過造形及裝飾的巨大石塊（或是這些石塊的組合），每一塊石頭都重達數百噸，歷史可以追溯到數千年前，而且在舊大陸和新大陸的許多地方都能夠看到。

有些由圍成一圈的石頭組成（例如英國巨石陣），有些是排成同心圓的巨石（例如戈蘭〔Golan〕高地的吉爾加利乏音〔Gilgal Repha'im〕），有些包含在保護牆中（例如馬爾他〔Malta〕的古代神廟），有些連接排成多角度的牆面（例如在祕魯庫斯科上方的沙克沙華孟〔Sacsahuaman〕海角上），或是做為基石（例如耶路撒冷聖殿山的西牆）。

在安地斯山脈的的喀喀湖附近的蒂亞瓦納科和普瑪彭古，有巨石組成巨大的房間或通道，它們都是由單獨一塊巨石切刻而成的；黎巴嫩的巴勒貝克擁有獨特的石製平臺和高聳的結構，每塊經切刻造形的巨石都重達一千噸。

在這些情況下，儘管石頭都非常重，還是從其他遙遠的產地被帶到現場，顯然是出於某種特殊品質而選擇的。

「原始人」如何做到運輸、舉起和豎立（有時是將它們切割造形）如此巨大的重量，仍然是一個謎，除非有傳說中的「巨人」或眾神參與其中。（此處未列出獨特的吉薩金字塔，因為那裡石塊雖然平均重達幾噸，但不是龐大的巨石。）

Megiddo 米吉多

位於以色列迦密山（Carmel）山脈東端海角的山上堡壘，位在古代東西通道的重要交會處，主掌地中海沿岸的古老南北向「海洋之路」。它是迦南人的要塞，但由約書亞所帶領的以色列人無法占領此處，直到後來才被所羅門王占領並強化防禦。

這裡是古代發生決定性戰鬥的地點（例如埃及的「拿破崙」托米斯三世所記錄的）；而根據新約《啟示錄》（16:16），它也是最後的世界大戰 —— 哈米吉多頓（Armageddon，希伯來文為 Har Megiddo，意思是「米吉多山」）大戰 —— 發生的地方。（在舊約《撒加利亞書》12：11 中也有類似的預言）。西琴在《完結日》中討論了米吉多考古發現的重要性，那裡描繪了魚（雙魚座）的符號。

參見 Armageddon（哈米吉多頓）、End of Days（完結日）。

Meluhha 美路哈

在非洲的努比亞王國的蘇美名字。

Memphis 孟斐斯

（希臘文名稱，源自 MEN-NEFER，意思是「男人的好地方」。）

孟斐斯位於上埃及和下埃及的交會處，是古埃及於古王國時期的首都。它被聖經先知稱為「摩弗」（Moph）或「挪弗」（Noph）。

MEN 門（編注：此為音譯）

（希臘文中的Menes〔中文音譯為美尼斯〕，也稱為NAR-MER〔中文音譯為那爾邁〕。）

當眾神在西元前3100年授予埃及文明和王權時，進行統治的第一位法老的名字。他建立門奈菲（Men-Nefer，即孟斐斯）做為埃及的第一個首都。

MENKARA 孟考拉

（也拼寫為MENKAURA；在希臘文中是Mycerinus〔中文音譯為邁瑟林諾斯〕。）

孟考拉是第四王朝的法老，根據埃及學家的說法，他建造了第三座也是最小的吉薩金字塔。西琴在《通往天國的階梯》中闡述了原因，認為它實際上是阿努納奇建造的第一個金字塔，以當作隨後更大的兩座金字塔的模型。

Mercury 水星

這顆行星在《創造史詩》中被稱為「穆牧」（Mummu），被蘇美人稱為Gu.utu（意思是「太陽的羔羊」。）

Meroe 美羅埃

在努比亞的古代王國的名稱，以陡峭的窄金字塔而聞名。亞歷山大大帝曾經到阿蒙神的美羅埃神廟，去諮詢神諭石（Oracle Stone）。

參見Nubia（努比亞）、Ombalos（翁巴拉斯）。

Mesoamerica 中美洲

這個地理文化區，包括從現今的墨西哥中南部和猶加敦半島，到瓜地馬拉和

貝里斯，再到哥斯大黎加、薩爾瓦多、尼加拉瓜和洪都拉斯的部分地區。在哥倫布時期之前，奧爾梅克人、托爾特克人、阿茲特克人和馬雅人（該地區的主要文化群體名稱）在此蓬勃發展。

Mesopotamia 美索不達米亞

這個詞語在希臘文中的意思是「在兩條河流之間」，但所指的不僅涵蓋底格里斯河和幼發拉底河之間的地理區域，在文化和歷史上還包括了古代在南邊的蘇美和阿卡德、東邊的埃蘭、北邊的巴比倫和亞述、西邊的馬里和米坦尼。美索不達米亞南部（已挖掘出西元前八千年的社會定居點）被認為是「文明的搖籃」，因為大約在西元前四千年，蘇美偉大城市文明在那裡爆發，並出現在人類的視野中。

西琴引用了蘇美文獻，認為該地區在大洪水之前是阿努納奇的「眾神之城」所在的伊丁（E.din），而在大洪水之後，土地乾燥到能夠重新定居時，阿努納奇決定將文明授予人類，並將人類城市的位置精確地定位在大洪水之前的城市所在地。

參見 Anunnaki（阿努納奇）、Cities of the gods（眾神之城）、Eden（伊甸）、Sumer（蘇美）。

Messiah 彌賽亞

翻譯自《聖經》中的希伯來文單字 Mashi'ah，字面意思是「受膏者」，也就是透過將油倒在某人頭上而使其就任聖職，代表他被選為祭司（《出埃及記》第 28、29 章）或國王（《撒母耳記上、下》中的掃羅和大衛）。

在美索不達米亞文獻中，阿卡德的薩貢也聲稱自己是「阿努的受膏祭司」。

在《聖經》中，這個儀式（最初也用於物體，例如雅各曾施油膏在伯特利〔意思是「通往天堂的入口」〕的石碑）演變為表示國王或國王祭司就任聖

職，被上帝選為執行其計畫的人（例如耶和華稱波斯的古列〔居魯士〕為「我受膏的人」）。

正如聖經先知所使用的，這個詞語假定了未來救世主的涵義：上帝揀選的救世主，他將迎接耶和華榮耀歸來，以及大衛的王位在耶路撒冷恢復的彌賽亞時間。

參見 Apocalypse（啟示）、David（大衛）、Prophets（先知）、
Revelation（啟示錄）。

Messianic Clock 彌賽亞時鐘

西琴在《完結日》中使用的詞語，用於追溯和預測整個人類歷史上對彌賽亞的盼望的週期性上升。他證明了對彌賽亞的盼望與尼比魯的軌道、尼普爾曆和黃道宮時代有關。

Metals, Metallurgy 金屬，冶金

人類對金屬的使用始於黃金，接下來是銀和銅，這些是能夠自然界中發現的金屬。考古證據顯示，在西元前六千年的近東地區，已經開始將「軟石」（即金屬）錘打成有用的形狀並拿來使用。在西元前四千年，隨著採用被稱為「青銅」的銅錫合金，從使用天然金屬轉變為冶金學；然後，礦石加工技術的進步，引領了西元前兩千年的鐵器時代。

與考古學不同，古代世界相信一系列金屬時代（始於黃金時代）源自更久遠的古代。關於阿努納奇的蘇美故事中，描述阿努納奇為了黃金而來到地球，在伊丁建立巴地比拉做為冶金中心，並提到這些事件發生在大洪水之前。

在《聖經》中，同樣提到了在大洪水之前對金屬的使用。透過觀察伊甸河流的其中一條的流向，得知「那地的金子是好的」（《創世記》2：12），並提到土八該隱（被流放的該隱之後代）是「打造各樣銅鐵利器的」（《創世記》

4：22）。根據埃及的艾德芙神廟牆壁上的銘文，荷魯斯神以「神鐵」的武器來武裝人類支持者，這些武器是在他於當地建立的鑄造廠中鍛造的。

參見 Anunnaki（阿努納奇）、Bronze（青銅）、Copper（銅）、Gold（黃金）、Golden Enclosure（黃金圍城）、Iron/Iron-Age（鐵／鐵器時代）、Silver（銀）。

Metuselah（[H] *Metushelah*）密圖希拉（瑪土撒拉）

根據《聖經》，他是以諾的兒子，挪亞的祖父。密圖希拉（瑪土撒拉）是所有大洪水之前的族長中最長壽的，總共活了九百六十九年。

Mines, Mining 礦山，採礦

採礦通常被視為金屬和冶金學的一部分，但是它在阿努納奇的事務中扮演著舉足輕重的角色，正如西琴引用的《阿特拉－哈西斯》史詩和其他文獻中所明確描述的那樣。阿努納奇被迫以採礦來獲取所需的黃金，並被指派在多處礦山中工作，他們的叛變導致了對「原始工人」（智人）的塑造，以用來承擔這份苦工。

參見 Adam（亞當）、Anunnaki（阿努納奇），Metals/Metallurgy（金屬／冶金）。

Minoan Civilization 邁諾安文明

在地中海的克里特島繁榮發展的文明，大約從西元前2700年持續到西元前1500年。它的名稱是以傳說中的國王米諾斯（Minos，他將牛頭人身怪物彌諾陶洛斯囚禁在迷宮中）命名。邁諾安文明是早期的近東文明和後來的古典希臘文明之間的橋梁。

參見 Crete（克里特）、Mycenaean Civilization（邁錫尼文明）。

Mission Control Center 任務指揮中心

在大洪水之前的時代，恩利爾的指揮所「在整個地球上撒了網」，掃描著天空，並追蹤阿努納奇太空船的來往。蘇美語中用來稱呼它的詞語是 Dur.an.ki（意思是「天地連接、天地紐帶」，中文音譯為「杜爾安基」）。它的核心是一個禁止進入的房間，即 Dir.ga（冠冕形狀的黑暗房間，中文音譯為「迪爾加」），裡面裝有嗡嗡作響的發光設備。這個房間裡包括了至關重要的門伊（Me）和軌道的「命運碑刻」。按照西琴的說法，在大洪水之後的時代，任務指揮中心設在耶路撒冷，後來那裡建造了聖殿。

參見 Dur.an.ki（杜爾安基）、耶路撒冷（Jerusalem）、
耶路撒冷聖殿（Jerusalem Temple）、摩利亞山（Mount Moriah）、
尼普爾（Nippur）、祖（Zu）。

Mitanni 米坦尼

（意思是「阿努的武器」。）

一個在西元前十五／十四世紀占領了幼發拉底河／底格里斯河上游地區的王國，該地區大致是在現今由庫德人（Kurdish）定居的土耳其、敘利亞和伊拉克的部分地區。從上個千年開始，它是胡里人（聖經中的何利人〔Horites〕）的土地。胡里人屬於印歐人，採用了蘇美－阿卡德的文化和宗教，但保留了類似梵語的神和王室名稱。

當時的書面紀錄中，包括了米坦尼國王與埃及法老之間來往的信件，詳細說明埃及人如何為了占領幼發拉底河上游地區而一再發動突擊，其中包括埃及的「拿破崙」托米斯三世的襲擊，但這些行動遭到了米坦尼在軍事和外交上的封鎖。

西琴認為，《聖經》中記載的出埃及相關事件，其實是埃及人擔心以色列人

會在埃及與北部敵人的戰爭中成為對方的幫手，這實際上反映了埃及與米坦尼的衝突，因為雙方爭奪的幼發拉底河上游地區，正是希伯來族長的親戚定居地。

參見 Harran（哈蘭）、Hurrians（胡里人）、Naharin（納哈林）、
Nahor（拿鶴）、Thothmes（托米斯）。

Moab 摩押

位在死海東側的一個小王國，它與希伯來人的猶大王國和以色列王國之間，有著不同程度的交戰和友好關係。有一根石柱（現今在羅浮宮博物館中）上，使用類似於猶大的語言和文字題寫，講述了西元前九世紀的事件。那是關於米沙（Mesha，摩押王）和暗利（Omri，以色列王）的情況，與《列王記下》第三章中的描述很相似。

根據《聖經》，摩押人的祖先是亞伯拉罕的侄子羅得的兒子；摩押人路得（Ruth）是大衛王的祖先。摩西過世的地方——尼波山（Mount Nebo），就在摩押。由摩押國王米沙題寫的銘碑（石柱），是除了《聖經》之外，唯一被發現其中拼寫了神聖的名字「YHWH」的古老文獻。

Moon 月球

從遠古時代開始，月球就使人類著迷。自從天文學開始發展以來，就對它進行觀察，它對許多曆法而言都是必不可少的，並且在古代與神蘇恩（Su.en，即阿卡德的辛神）息息相關。

然而，這顆地球唯一的衛星的起源，仍然令科學家感到困惑。主流理論認為它是地球的一部分，是由於地球與某個天體的巨大碰撞而被推開的。但這個理論無法解釋它相對於地球的大尺寸（編注：月球是太陽系所有石質行星擁有的衛星中最大的）、為什麼月球的礦物組成與地球不同，以及撞擊時發生

了什麼事。

西琴將美索不達米亞的《創世史詩》視為複雜的宇宙論，並解決了這個謎團。他寫道，月球是提亞瑪特的主要衛星金古；在提亞瑪特與尼比魯（馬杜克）星進行「天幕之戰」時，月球（金古）被提亞瑪特的一半（後來成為地球）帶到一個新的天體位置。

參見 Astronomy（天文學）、Celestial Battle（天體碰撞／天幕之戰）、Earth（地球）、Epic of Creation（創世史詩）。

Moses ([H] *Moshe*) 摩西

根據《聖經》，在法老下令殺死所有新生的以色列男孩時，摩西是在埃及的利未部落的父母所生下的男嬰，他最後成為法老女兒的養子（她將他取名為「摩西」）。他在發現自己的真實出身後，殺死了一個壓迫同族的埃及人，並逃到西奈的曠野。在那裡，上帝將任務分派給他，要他帶領以色列人脫離埃及的束縛，回到祖先的土地。

在四十年的流浪經歷中，摩西在西奈山上接受了十誡，並建造了會幕。在會幕裡，耶和華會從約櫃的頂端對他說話。但最後，他被拒絕進入應許之地，死在約旦河東側的尼波山。

西琴指出，如果出埃及事件的時間嚴格遵循《聖經》的年代，那麼它發生在西元前1433年，而領養摩西的「法老的女兒」是沒有孩子的哈特謝普蘇特公主，她屬於皇家名稱中包含了後綴「MSS」（例如 RA-MSES）的王朝。

參見 Ark of the Covenant（約櫃）、Exodus（出埃及）。

Mount *Moriah* 摩利亞山

（意思是「指示／指路之山」。）

耶路撒冷三座山的中央之山，是聖殿的建造地；按照西琴的說法，這裡是阿

努納奇在大洪水之後的任務指揮中心所在地。

Mount Olympus 奧林帕斯山

根據希臘傳說，以宙斯為首的十二位奧林匹亞主神的住所。

Mount Sinai 西奈山（又譯西乃山）

根據《出埃及記》的記載，耶和華在以色列人的完整視野下，從他的卡沃多（Kavod）中降落於西奈山上，摩西也在這座山上收到了十誡。

西奈山區南部的聖凱薩琳（St. Katherine）修道院的僧侶，稱其附近的山峰為「摩西山」，並稱它是《聖經》中的西奈山。但這樣的認定需要學者所稱的出埃及「南方路線」確實存在。

西琴在《通往天國的階梯》中，提供了支持「中央路線」路徑的原因。根據這條路徑，真正的西奈山位於半島較平坦部分的北方。西琴還認為，這座山與阿努納奇在大洪水之後的太空站設施有關，並且是吉爾伽美什被帶到高空的「馬舒山」（Mount Mashu）。

參見 Exodus（出埃及）、Kavod（卡沃多）、
St. Katherine Monastery（聖凱薩琳修道院）。

Mount Zaphon 扎豐山

希伯來文，意思是「北方之山」，是《聖經》中在迦南北部的山峰之名字；這個名字在希伯來文中也代表「隱藏祕密之山」。由於在迦南史詩般的克雷特傳說中，將這座山描述為「巴爾（Ba'al）之山」，以及他的「神聖的圈……寬距之圈」。西琴認為它是位在黎巴嫩的巴勒貝克的「登陸點」。

參見 Crest of Zaphon（扎豐之峰）。

Mu 姆

一個蘇美詞語，通常被翻譯為某物的「名字」，而被忽略了它的含義。它在文獻中通常是在描述阿努納奇的飛行器（例如，尼努爾塔「神聖黑鳥」，伊南娜的「天空船」〔Heavenly Boat〕，或馬杜克的「至尊旅行者」〔Supreme Traveler〕）。西琴將其解釋為「天空飛行室」（Sky Chamber）本身的技術詞語，並透過後來演變成楔形文字 Mu 的源起象形文字，來加強這種理解。

參見 Aerial Chariots（空中戰車）、Shem（閃）。

Music, Musical Instruments 音樂，樂器

長期以來，人們一直認為西方音樂起源於希臘，然而，後來發現了蘇美的樂器（例如精心設計的豎琴）、有關帶著樂器的音樂家之描繪、讚美詩、搖籃曲的歌詞，甚至楔形的音符，因此，音樂無疑是蘇美眾多首創的其中之一，而且也與現代音樂相呼應。

Mycenaean Civilization 邁錫尼文明

西元前 1500 年後出現在希臘大陸的文明，與早期的邁諾安文明一起構成了古典希臘文明的基礎。

N

Nabu 那布

（意思是「〔為某人〕說話者」。）

馬杜克的兒子，是由女性地球人妻子莎佩妮特（Sarpanit）所生。他的名字是恩薩格（En.sag，意思是「崇高的主」），後來改為稱號名「那布」，指出他為了替父親馬杜克努力爭取人類信徒而擔任「發言人」的角色。他的稱號名和角色很可能是聖經詞語Nabih的起源，這個詞通常被翻譯為「先知」，但字面意思是「代言人」（對上帝而言）。

那布在父親被流放的期間，為他宣教，並讓死海地區的城市人們轉移到馬杜克這一邊。尼波山（Mount Nebo）位在約旦東岸，摩西在死前從那裡看到了應許之地，而這座山是以那布的名字來命名的地標之一。

在馬杜克獲勝之後，那布每年都會從他的「崇拜中心」博爾西帕，來到巴比倫參加新年儀式。在該儀式的「受難復活劇」中，重演了馬杜克被活埋在大金字塔內，然後勝利出現的過程。

由於那布是由神的地球人妻子莎佩妮特所生的神子，這些發生在西元前二十一世紀的事件，後來進化為具有三位一體元素的彌賽亞盼望（尤其是在埃及）。

參見 A.ki.ti（阿奇提）、En.sag（恩薩格）、Messianic Clock（彌賽亞時鐘）、Marduk（馬杜克）、Prophets（先知）、Sarpanit（莎佩妮特）、War of the Kings（諸王之戰）。

Nabuna'id 那布納德（又譯拿波尼度）

（意思是「那布是崇高的」。）

辛神在哈蘭的女高級祭司的兒子。那布納德在西元前555年成為巴比倫的最後一位國王。考古學家在哈蘭發現的四塊石碑上，描述了他登基的不尋常情況，這與歷史性的動盪，以及辛神和其他阿努納奇神從地球離開有關。

當那布納德自我流放到阿拉伯，而他的兒子伯沙撒在巴比倫擔任攝政王時，《但以理書》所描述的不祥事件就發生了。

參見 Adda-Guppi（阿達－古皮）、Babylon（巴比倫）、Ehulhul（伊胡胡）、Harran（哈蘭）、Sin（辛）。

Nabupolassar 那布坡拿沙

（希伯來文為 Nabu-aplu-usur，意思是「由那布的兒子所保護」。）

巴比倫的國王（西元前625年至606年在位），他曾結合米底人一起攻占亞述，然後在迦基米施擊敗埃及軍隊，從而重新確立了巴比倫的至高無上地位。他是著名的尼布甲尼撒二世的父親。

NAHARIN 納哈林

（意思是「兩條河」。）

幼發拉底河上游地區的埃及名字，在《聖經》裡被稱為「納哈林－納哈拉伊姆」（Aram-Naharayim，意思是兩河流域的西方之地），該地區的心臟地帶是以哈蘭所在的哈布爾河為中心。在亞伯拉罕離開哈蘭前往迦南之後，以色列人的親戚仍繼續居住在納哈林。

埃及的新王國時期開始於西元前1560年左右，而納哈林地區是米坦尼人的胡里王國的一部分，著名的第十八王朝法老一直企圖占領這裡。

西琴在《完結日》中，將《聖經》的出埃及故事，與埃及和米坦尼之間的戰爭連結起來，並認為埃及壓迫以色列人（「擔心他們加入我們的敵人」）的理由，是害怕以色列人與在哈蘭的米坦尼後援結盟。

參見 Exodus（出埃及）、Harran（哈蘭）、Hurrians（胡里人）、New Kingdom（新王國）、Patriarchs（族長）、Thothmes（托米斯）。

Nahash 拿轄

希伯來文，代表「大蛇」，如同在《聖經》的亞當和夏娃的伊甸園故事裡的那條蛇。西琴認為，這個故事記錄了恩基和寧吉什西達進行的第二次基因工程，以將繁殖的能力賦予混血人種，並指出 Nahash 這個詞語就像蘇美人給恩基的稱號 Buzur 一樣，意思是「大蛇」和「知道／解決奧祕者」。

Nahor 拿鶴

《聖經》中，亞伯拉罕的兩個兄弟之一的名字。當他們的父親他拉與亞伯拉罕，從烏爾搬到哈蘭時，拿鶴留在蘇美。

Nahuatl 納瓦特

墨西哥中部的阿茲特克人和其他部落的語言。

Nahum 那鴻

一位聖經先知，他的預言是關於亞述的首都尼尼微，它會在防護水壩將要倒塌時垮臺，而這件事在西元前612年完全成真。

Nakhl 奈赫勒

西奈中部的綠洲小鎮，位於伊爾—阿里什乾河床附近的古老「道路」的交叉路口。西琴表示，這是以色列人在出埃及期間的主要停留地點，並將該鎮的名稱與辛神（西奈半島的名字可能是以他來命名）的配偶妮卡爾（Nikhal，蘇美語是 Nin.gal〔中文音譯為寧加爾〕）連結起來。
參見 Abraham（亞伯拉罕）、Brook of Egypt（埃及小河）、Exodus（出埃及）。

Nam 蘭姆

一個蘇美的詞語，意思是不可避免的「天命」，例如人類的天命是無論如何都會死亡。它與 Nam.tar（應該被正確地翻譯為「Fate」〔命運〕，中文音譯為「蘭姆塔」）區分開來，Nam.tar 是一種可能「轉彎」的命運（例如當一個男人自由地選擇當義人時，他可能會獲得更好或更長的壽命，儘管他無法逃脫最後的死亡）。

Nam.tar 蘭姆塔

在蘇美文獻中，這個詞語（其含義是「可以轉彎的命運」）是下層世界之女士厄里斯奇格的首席參事的個人名字。

Nannar 娜娜（又譯蘭納）

（意思是「明亮者」，有時會簡稱為 Nanna。）

蘇美人的「月神」，是恩利爾和寧利爾在地球上出生的兒子。他更為人所知的是阿卡德語名字：Sin（辛），源自他的暱稱 Su.en（意思是「多重的主」，中文音譯為「蘇恩」），因為他是雙胞胎烏圖（沙馬氏）和伊南娜（伊師塔）的父親。

他的「崇拜中心」是蘇美的烏爾和美索不達米亞的哈蘭，數字階級是 30。

有關毀滅了蘇美的核爆之風的哀歌文獻中，提到娜娜和他的配偶延遲了從心愛的烏爾逃離的時間，並暗示娜娜在某種程度上受到了邪惡之風的困擾。

後來有關主之日和阿努納奇離開地球的文獻中，描述了在哈蘭發生的事件，包括娜娜（辛）的離開和返回，以及他任命巴比倫的最後一位國王。

見 Adda-Guppi（阿達－古皮）、Harran（哈蘭）、Nabuna'id（那布納德）、Sin（辛）

Nanshe 娜社

蘇美的天文神諭的女神。

Napoleon Bonaparte 拿破崙・波拿巴

法國皇帝，他將一次軍事遠征軍行動（1798 年）與廣泛的科學研究相結合，奠定了現代埃及學的基礎。

Naram-Sin 那拉姆－辛

（意思是「受辛神喜愛的」。）

阿卡德王朝的創始人薩貢一世的孫子，在其統治時期（西元前 2260 年至 2223 年），阿卡德達到了頂峰。在史詩故事和眾多銘文（現在是羅浮宮中的知名紀念碑）的主題中，他擊敗了其他城市國家，並獲得了雪松山登陸點做為終極獎賞。他宣稱要「按照我的眾神的命令」（主要是女神伊師塔）而發動戰

爭，他的去世同樣被認為是由於未獲得眾神授權的戰役所致。當他去世時，阿卡德首都亞甲被從地球表面抹去，再也找不到。

參見 Akkad, Akkadians（阿卡德，阿卡德語）、Sargon（薩貢）。

Narmer 那爾邁（又譯納爾邁）

第一位法老。參見 Men（門）。

Navel of the Earth 地球之臍

用來指稱阿努納奇的任務指揮中心，在大洪水之前是尼普爾，之後則是耶路撒冷。請參閱相關詞條。

Naymlap 納姆拉普（又譯納蘭普）

南美洲當地有關早期定居者乘船到達太平洋海岸的傳說，包括了「納姆拉普傳說」，納姆拉普是一艘輕木蘆葦船的領導者，他透過一塊綠色石頭聽到神的指示，被引導到厄瓜多的登陸點。傳說聲稱，他沒有死，因為他在完成任務後，就被那位透過石頭說話的神賦予了翅膀，然後飛走了。

參見 Santa Elena（聖埃倫娜）。

Nazca, Nazca Lines 納斯卡，納斯卡線

納斯卡位在祕魯南部，那裡的沙漠土地上刻有真實和傳說動物的圖像，這些圖像非常大，只能從空中才能看到真實的形狀，同時又有數英里長的、像是跑道或是梯形的線條切入土壤中。人們試圖以天文朝向來解釋納斯卡線，也有當地人試圖透過對土壤進行刮擦來模擬線條或圖像，但都失敗了。西琴認為，納斯卡是阿努納奇離開地球的地方。

參見 Adad（阿達德）、End of Days（完結日）、Tiahuanacu（蒂亞瓦納科）、

Viracocha（維拉科查）。

Near East 近東

這個學術詞語籠統地涵蓋了西亞（包括小亞細亞），文化上的美索不達米亞古代文明的土地，以及歷史上的「聖經之地」，有時包括伊朗以東的地區，有時包含了（儘管不完全正確）非洲的埃及。

Nebuchadnezzar II 尼布甲尼撒二世

巴比倫帝國的主要國王（西元前605年至562年在位），代表他的神馬杜克和那布（以他的名字命名），強化了巴比倫及其帝國的地位。他在父親那布坡拿沙國王的領導下，以將軍的身分擊敗了亞述和埃及軍隊。他成為國王之後，將巴比倫人（以及馬杜克和那布的）的統治權，擴大到前蘇美和阿卡德，昔日的迦南和腓尼基，再到西奈，一直到埃及的邊界。西琴認為，尼布甲尼撒二世的動力，是預期尼比魯星即將回歸，盼望阿努再度來訪的情況下，企圖控制舊太空站相關地點。

尼布甲尼撒的大量題詞，證實了《聖經》中記載的，他圍攻並占領耶路撒冷（西元前598/597年），當時他放逐了猶大的領導者和祭司（包括先知以西結）。他在西元前587年返回耶路撒冷並摧毀了聖殿（西元前586年）。

參見 Baalbek（巴勒貝克）、Carchemish（迦基米施）、Jerusalem（耶路撒冷）。

Nefilim [H] 納菲力姆

這個詞語出現在《聖經》對大洪水之前的地球情況的描述中（《創世記》第6章）：「納菲力姆在那段時期（大洪水之前）及之後都在地球上，當時伊羅興（Elohim）的兒子與亞當的女兒同居，並且生了孩子。」（編注：《和合本》為：「那時候有偉人在地上，後來神的兒子們，和人的女子們交合生子。」

〔6：4〕）這節經文的開頭通常被翻譯為「地球上有巨人」。

這是西琴當年向老師提出的疑問，為什麼 Nefilim（字面意思是「那些從天而降者」）被錯誤地翻譯為「巨人」，從而引起了他對該主題的興趣。誤譯的原因是《聖經》的解釋，在《民數記》中提到，納菲力姆是 Anakim，而這個詞的意思是「巨人」。（編注：《和合本》為：「我們在那裡看見亞衲族人〔Anakim〕，就是偉人。」〔13：33〕）

但是，西琴在他的書中提到，「納菲力姆」是阿努納奇的希伯來文名稱。實際上，這是引用了蘇美文獻中阿努納奇（特別是三百名伊吉吉）與「人類的女兒」通婚的事件。

參見 Anunnaki（阿努納奇）、Igigi（伊吉吉）、Marduk（馬杜克）。

Negev 南地

（希伯來文，意思是「乾旱區」。）

在以色列的南部，大部分為乾旱地區。南地毗鄰西奈半島，曾經出現在一些聖經事件中。

Nelson's Chamber 尼爾森房

在吉薩大金字塔中「國王房」的上方，隔間的第三層，有時稱為「減壓室」（Relieving Chambers）。西元 1837 年 4 月 25 日，霍華德・維斯用火藥炸毀它，並以英國海軍英雄的名字將其命名為「尼爾森房」。西琴在《通往天國的階梯》和《過往神話之旅》中，對維斯的一些主張提出了質疑。

參見 Great Pyramid of Giza（吉薩大金字塔）。

Nephtys 奈芙蒂斯

（NEBT-HAT 的希臘文，意思是「房屋之女士」。）

古埃及的主要女神，是愛西絲的姊妹和塞特的妻子。

Neptune 涅普頓

羅馬的海洋神（也是希臘的波塞頓），類似蘇美的艾（E.a，意思是「他的家是水」）。現在被稱為「海王星」（Neptune）的行星，在美索不達米亞的《創世史詩》中，也與艾（恩基）有關。

Ner.gal 奈格爾

（意思是「偉大的看守者」。）

恩基的兒子，與厄里斯奇格（伊南娜／伊師塔的姊妹）結婚，並與她一起統治下層世界（非洲南部）。起初，他試圖在雄心勃勃的同父異母兄弟馬杜克和恩利爾一族之間擔任調解人。但最後他轉而反對馬杜克，並在「鹽海」平原上對「罪惡之城」（所多瑪、蛾摩拉和其他三個城市）進行了核攻擊，因此，他被賦予了綽號「艾拉」（Erra，意思是「殲滅者」）。

參見 Erra（艾拉）、Lower World（下層世界）。

New Kingdom 新王國

一個學術詞語，用於區分古埃及的一個好戰而充滿變故的新時代，與「古王國」和「中王國」時期不同。它始於第二中間期之後，大約在西元前1560年，包含著名的第十八王朝。

參見 Exodus（出埃及）、Hatshepsut（哈特謝普蘇特）、Moses（摩西）、Ramses（拉美西斯）、Thothmes（托米斯）。

New Year Festival 新年節慶

美索不達米亞的主要宗教活動是新年節慶，該節日在春季的第一天（通常是

在尼沙奴月〔Nissanu，編注：尼散月〕的第一天）慶祝。這個節慶在蘇美被稱為「阿基提」（A.ki.ti，意思是「建立地球上的生命」，在巴比倫被稱為阿基圖〔Akitu〕），其中充滿了象徵性的儀式，包括太陽系的組成、尼比魯星及其軌道，以及阿努納奇從尼比魯星來到地球的旅程。

這個節慶被當成確認信仰的機會，相關儀式包括在長達十二天的節慶第四天晚上公開朗讀《伊奴瑪‧伊立什》（創世史詩）。巴比倫主張馬杜克至高無上的部分步驟，是對創世史詩進行修訂，稱尼比魯為「行星馬杜克」，並宣稱馬杜克具有其他神的創造性功績。

參見Calendars（曆法）、Marduk（馬杜克）、Nabu（那布）、Nibiru（尼比魯）。

Nibiru 尼比魯

在《創世史詩》中，這個名稱是入侵太陽系的行星，它的七顆衛星與名為「提亞瑪特」的行星進行了「天幕之戰」。這個入侵者在擊敗並分裂了提亞瑪特之後，進入太陽系，而它的軌道比其他所有行星的更大。

雖然這個史詩一般被視為神話或寓言故事，但西琴卻把它視為關於太陽系和地球生命的組成的複雜宇宙論。尼比魯（被巴比倫人更名為「馬杜克」）在美索不達米亞的天文學文獻和天空圖中被列為行星，而學者一直在爭論它是否為木星或火星的另一個名字。西琴透過將《創世史詩》視為真實的天文學，得出的結論是，這是蘇美人給太陽系中另一個行星的名字，當它接近太陽時，會在木星和火星之間通過。

這個星球的名字「尼比魯」（Nibiru），意思是「穿越的行星、十字星」（Planet of Crossing），它穿越並重返了天幕之戰的發生地；在蘇美的描繪中，以十字符號來表示尼比魯。

在西元前七世紀和西元前六世紀的描繪中，重新出現了這個符號，而這成為西琴的書《完結日》中的線索之一，用於破解有關「主之日」的聖經預言。

那時的許多亞述和巴比倫的天文學文獻，實際上都被當成觀察尼比魯行星返回地球附近時的指南。

參見 Ashurbanipal（亞述巴尼帕）、Astronomy（天文學）、
Celestial Battle（天體碰撞／天幕之戰）、Cross（十字）、
Day of the Lord（主之日）、Epic of Creation（創世史詩）、Sar（撒爾）、
Tiamat（提亞瑪特）。

Nibiru's Orbit 尼比魯的軌道

在《蘇美國王列表》中，以 Sar（撒爾）為單位來度量大洪水之前的阿努納奇統治者的統治時間。Sar 這個蘇美詞語，代表數字 3600。西琴透過將這個事實與各種關鍵事件（例如大洪水）的黃道宮時代相結合，為尼比魯返回近日點（最靠近太陽，也接近地球）的週期創建了時間表。

從數學上來說，尼比魯的橢圓軌道平均有 3600 個地球年（但對於阿努納奇人來說，僅是神聖時間的一年）。尼比魯實際的軌道時間，尤其是在大洪水之後（如《完結日》中所解釋），偏離數學上理想的 Sar。

參見 Ages（時代）、Astronomy（天文學）、Day of the Lord（主之日）、
Deluge（大洪水）、Halley's Comet（哈雷彗星）、King Lists（國王列表）、
Uranus（天王星）。

Nidaba 尼達巴

（也讀為 Nisaba〔尼撒巴〕。）
蘇美的書寫女神。

Nile Civilization 尼羅河文明

包含古埃及和努比亞，與其他兩個以河流命名的文明相比擬：近東的底格里

斯－幼發拉底河（美索不達米亞，是蘇美文獻中的第一區域）和印度河（蘇
美的第三區域）。

Nile River 尼羅河

非洲最長的河流，發源於烏干達山區和衣索比亞山區，並到達埃及的地中海
（在北部超過四千英里）。它在南部流域穿過數個峽谷和瀑布（有六個主要
的「大瀑布」），但是從亞斯文（古代的色耶尼）往北後，變得更寬敞且可
以通航。

由於埃及幾乎沒有降雨，其農業和文明都依賴尼羅河及其賦予生命的水域。
古代文獻將普塔（按照西琴的說法，即是恩基），是透過在上埃及的埃利潘
蒂尼島（Elephantine）附近安裝水閘，以調節河水的起落，而現代的亞斯文大
壩具有類似的作用。

參見 Aswan（亞斯文）。

Nimrod 寧錄

《創世記》將「寧錄」稱為「靠耶和華的恩典成為強大的獵人」（編注：《和
合本》為「他在耶和華面前是個英勇的獵戶」〔10：9〕）。在大洪水之
後，耶和華展開了王權：「他國的起頭是巴別、以力、亞甲、甲尼，都在示
拿地。他從那地出來往亞述去，建造尼尼微。」（10：10－11）因此，《聖經》
稱寧錄讓人類的王權在美索不達米亞（蘇美、阿卡德〔亞甲〕、巴比倫和亞
述的土地）展開。美索不達米亞文獻中，將尼努爾塔歸於王權的「第一個」
（在蘇美城市基什）。Nimrod（寧錄）會是 Nini-urta（尼努爾塔）的聖經譯名
嗎？這是很好的猜測。

參見 Nineveh（尼尼微）、Ninurta（尼努爾塔）。

Nimrud尼姆魯德

一個遺址的名稱，位於現今的伊拉克北部，是亞述軍事中心的所在地，也是一個皇家首都，名為「卡拉赫」（Khalhu）。西元 1988 年，考古學家在三個亞述王后的墳墓中，發掘了珠寶和其他黃金工藝品寶物，被稱為「尼姆魯德寶藏」。（在薩達姆・海珊〔Saddam Hussein〕垮臺後，伊拉克國家博物館遺失了尼姆魯德文物，並推測其被搶劫了；但後來在伊拉克國家銀行的金庫中被發現它們仍完好無損。）

Nin.a.gal尼那格爾

（意思是「偉大的水之王子」。）

恩基的六個兒子之一，他的領地在非洲。

Nineveh尼尼微

底格里斯河東岸的一個古代定居點（現今與伊拉克北部庫德區的摩蘇爾〔Mosul〕隔河相望）。直到十九世紀的考古發掘行動開始讓亞述及其主要城市重見光明之前，尼尼微只在《聖經》中被提及，例如亞述國王西拿基立圍困耶路撒冷失敗，以及約拿（Jonah）和鯨魚的故事。

後人挖掘這座城市，並在其神廟和宮殿中發現大量書面紀錄之後，才知道它曾經是三位最厲害的亞述國王：西拿基立、以撒哈頓和亞述巴尼帕的皇家首都（見相關詞條）。

這座城市的亞述名字叫 Nin-uah，表示它是以神尼努爾塔（Ninurta）的名字命名的。《聖經》中，可能將「尼努爾塔」稱為「寧錄」（Nimrod），因為寧錄是為亞述主要城市（包括尼尼微）奠基的「神聖獵人」（英勇的獵戶）。

參見 Nimrod（寧錄）、Ninurta（尼努爾塔）。

Nin.gal 寧加爾

（意思是「偉大的女士」；阿卡德語中的 Nikhal〔妮卡爾〕或 Nikkal〔尼卡爾〕。）

娜娜（辛）的配偶，烏圖（沙馬氏）和伊南娜（伊師塔）這對雙胞胎，以及厄里斯奇格的母親。

參見 Nakhl（奈赫勒）。

Nin.girsu 寧吉爾蘇

在古蒂亞於吉爾蘇（拉格什的神聖區域）建造一座新神廟的相關紀錄中，他以「寧吉爾蘇」來稱呼尼努爾塔。

參見 Bau（巴烏）、Girsu（吉爾蘇）、Gudea（古蒂亞）、Lagash（拉格什）、Ninurta（尼努爾塔）。

Nin.gish.zi.da 寧吉什西達

（意思是「生命之樹的王子」，也拼寫為 Nin.gish.zidda，意思是「生命工藝之主」。）

科學之神恩基的兒子，他協助父親完成了第二個基因工程壯舉，這也是《聖經》中伊甸園故事的主題。寧吉什西達為古蒂亞在拉格什建造的伊尼奴神廟，提供了建築說明，而在拉格什也發現了一個華麗的花瓶，上面刻有寧吉什西達的徽記：有纏繞的蛇在其上的權杖。西琴已經辨認出他就是埃及的科學之神圖特，以及中美洲的魁札爾科亞特爾神。

參見 Eden（伊甸）、Gudea（古蒂亞）、Ninurta（尼努爾塔）、Resurrection（復活）、Quetzalcoatl（魁札爾科亞特爾）、Thoth（圖特）。

Nin.har.sag 寧呼爾薩格

（意思是「山峰之小姐／女士」。）

她是阿努的女兒，以首席醫藥官的身分來到地球，並幫助恩基進行了「原始工人」的基因工程，獲得了稱號「寧蒂」（Nin.ti，意思是「賦予生命之小姐」）和瑪米（Mammi，意思是「母親女神」）。她是恩基和恩利爾的同父異母姊妹，他們兩人都渴望得到她，但最終都沒有結婚，不過她和恩利爾生了一個愛子：尼努爾塔。

西琴透過揭露阿努納奇的複雜繼承規則，指出寧呼爾薩格如何在導致金字塔戰爭的對抗之中心，找到自己的位置，並努力締造和平以結束這些戰爭。她受到兩個家族的尊重，被授予西奈半島第四區域的統治權。

她的數字階級是15，但她的星座（我們稱為處女座）和星球（金星），被野心勃勃的伊南娜（伊師塔）取代。

埃及人也認為寧呼爾薩格是「西奈之女士」，並稱她為「哈索爾」（HAT.HOR，意思是「提供住所給荷魯斯的那位」），但在她年老時，則暱稱她為「母牛」。

Nin.kashi 寧卡西

（意思是「麥稈之女士」。）

負責啤酒的女神，這是一種蘇美人的酒精飲料（如許多描繪所示），是從裝有長麥稈的器皿中飲用的。

Nin.ki 寧基

（意思是「大地之女士／女主人」。）

恩基的配偶，與他們的兒子馬杜克一起從尼比魯星來到地球。她也被稱為

「唐克娜」（Dam.ki.na，意思是「來到地球的女士」）。

Nin.lil 寧利爾

（意思是「指揮之女士」。）

授予蘇德（Sud，意思是「護士」）的頭銜名。她是一位年輕的阿努納奇女性，恩利爾在與她約會後強暴了她。她與恩利爾生下了兒子娜娜（辛）和伊希庫爾（阿達德）。

Nin.mah 寧瑪赫

（意思是「偉大的女士」。）

寧呼爾薩格原本的稱號名。

Nin.sun 寧松（又譯寧桑）

（意思是「灌溉之女士」。）

一位女神，她是吉爾伽美什（其父親是烏魯克的大祭司）和其他蘇美半神的母親。

Nin.ti 寧蒂

（意思是「生命之女士」。）

寧呼爾薩格在關於創造人類的文獻中的稱呼。參見 Ninhursag（寧呼爾薩格）。

Ninurta 尼努爾塔

（源自 Nini.urta，意思是「獵人和犁田者」。）

他是恩利爾與同父異母姊妹寧呼爾薩格所生的長子，因此可以接替恩利爾的地位及其50階級，這個階級僅次於阿努。

尼努爾塔的象徵圖案是雙頭鷹。他的功績為他贏得了各式各樣的稱號，這些都被記錄在讚美詩和史詩中，並成為圓筒印章所描繪的主題，其中包括了在大洪水之後蓋起水壩，使得美索不達米亞再次適合居住，並將犁傳授給人類；他打敗了從恩利爾那裡偷走命運碑刻的邪惡祖（Zu）；在針對馬杜克的金字塔戰爭中領導恩利爾一族；與奈格爾神一起發射核武器；根據《艾拉史詩》（他被稱為「以舜」〔Ishum〕，意思是「極熱者」）的說法，正是他用核武器攻擊了在西奈半島的太空站。

西琴在《眾神與人類的戰爭》中，引用泥版文獻，解釋了吉薩大金字塔內部特徵的各種謎團，這是馬杜克躲在裡面避難時，尼努爾塔的攻擊和入侵所造成的結果。

拉格什國王古蒂亞在長篇銘文中，描述了他如何為尼努爾塔及其配偶建造了神廟伊尼奴（意思是「五十之屋／神廟」），其中包括了為這位神的有翼飛行器而打造的特殊圍場。

參見 Aerial Battles（空中戰鬥）、Aerial Chariots（空中戰車）、Bau/Gula（巴烏／古拉）、E.Ninnu（伊尼奴）、Erra Epic（艾拉史詩）、吉薩大金字塔（Great Pyramid of Giza）、Gudea（古蒂亞）、Kingship（王權）、拉格什（Lagash）、寧錄（Nimrod）。

Nippur 尼普爾

阿努納奇在大洪水之前的任務指揮中心的阿卡德語名稱，來自 Ne.ibru（意思是「輝煌的交叉之地」）。尼普爾是恩利爾的杜爾安基（Dur.an.ki，意思是「天地紐帶」），負責與母星尼比魯保持聯繫。尼普爾也稱為「尼布魯基」（Nibru.ki），通常被翻譯為「地球之臍」，因為在大洪水之前，它的位置就在組成登陸走廊各地標的中心點，並且被認為與「地球的四個角」等距。

在大洪水之後，尼普爾被精確地在原址重建，成為蘇美的宗教中心，是恩利

爾的神聖區域和廟塔／神廟所在地（根據《獻給恩利爾的讚美詩》記載，「這座神廟的眼睛可以掃視地球」，它「舉起的光束可以穿透所有物體」）。按照西琴的說法，尼普爾是亞伯蘭／亞伯拉罕的出生地，因為他自稱是「伊比利」（Ibri，意思是尼普爾人）。

參見 Abraham（亞伯拉罕）、Enlil（恩利爾）、Landing Corridor（登陸走廊）、Mission Control Center（任務指揮中心）。

Nippur Calendar 尼普爾曆

包含十二個月份的蘇美陰陽合曆，透過在閏年增加第十三個月，定期調整陰曆月份以配合陽曆年。它被巴比倫人採用，然後被古代近東地區的其他人採用，至今仍被當成猶太曆（希伯來曆），保留了阿卡德／巴比倫的月份名稱和順序。

由於猶太曆將西元 2009 年定為該曆的 5769 年，因此西琴得出結論，認為尼普爾曆必定是在蘇美文明開始後不久，於西元前 3760 年開始採用的。

在美索不達米亞，新年是在春分日展開，這天是第一個月的第一天。在阿卡德語中，稱這個月份為「尼沙奴」（Nissanu，希伯來文為 Nisan〔尼散〕），它在蘇美被指定為是榮耀阿努的 Ezen（意思是「節日」）。

在出埃及期間，以色列人被命令在秋分日開始新的一年，但是《聖經》中清楚地將提斯利月（Tishrei，阿卡德語為 Teshritu）定為「第七個月」。

Nissanu 尼沙奴

（意思是「發送信號」。）

尼普爾曆的第一個月的阿卡德語名稱（希伯來文為 Nissan，中文音譯為「尼散」），這個月是從春天的第一天展開的。

參見 Nippur Calendar（尼普爾曆）。

Noah 挪亞

（希伯來文，意思是「喘息、緩解」。）

《聖經》中的大洪水英雄。在《聖經》裡，決定讓人類滅亡，以及透過挪亞來拯救人類的，是同一位上帝。但在美索不達米亞版本中，是恩利爾厭倦了人類，而恩基透過他所選擇的追隨者（在蘇美文化中是吉烏蘇他拉，在阿卡德文化中是烏特納比西丁）拯救了人類。

參見 Ararat（亞拉拉特）、Deluge（大洪水）、Shuruppak（舒魯派克）、Yahweh（耶和華）。

Noah's Ark 挪亞方舟

它是根據神的指示建造而成，以求在大洪水中倖存。它在《聖經》中被稱為 Tebah（字面上的意思是「盒子」，但被翻譯為「方舟」）；在阿卡德語中，它被稱為 Tebitu，意思是可以下沉的船；而在蘇美語中，它被稱為 Ma.gur.gur，意思是「可以轉彎和翻滾的船」。按照西琴的說法，這是一種可以承受雪崩的潛水船。

NTR 尼特

用來指稱「神」的埃及詞語，類似於閃族語的 NTR，意思是「守護神、守望者」。它的象形文字符號是長柄斧頭。

Nubia 努比亞

一個古代的非洲王國，位於埃及南部，現今是蘇丹（和衣索比亞？），被視為更大範圍的尼羅河文明的一部分。埃及人認為它是黃金和象牙的來源。

參見 Meluhha（美路哈）、Meroe（美羅埃）、Omphalos（圓石）。

Nuclear Weapons 核武器

在一系列的蘇美哀歌文獻中，將蘇美文明的消亡歸因於西元前三千年末的「邪惡之風」，它使得人類、動物和植物全都死亡，卻沒有破壞任何建築物。城市、房屋、小攤和羊圈全都被荒廢及清空；它們的居住者遭受了可怕的死亡，那是「看不見的死亡」，難以從中逃脫。邪惡之風從西方吹過來，使得所有植物枯萎並讓水變得「苦澀」。文獻中反覆指出，這是「人類所未知的災難，這是前所未有的」。

儘管學術界普遍猜測這些文獻描述的是氣候變化，但西琴卻將發生的事件（和年代），置於阿努納奇家族之間日益加劇的衝突之背景下，並將此獨特的災難與《艾拉史詩》中的詳細描述連結起來。該文獻提到了要使用七個隱藏的「威力無窮的武器」，來挫敗馬杜克之野心的決定。

西琴的結論是，在西元前2024年，核武器被用於消滅西奈的太空站，還有死海南部附近的五個「罪惡之城」，這就是《聖經》中描述的所多瑪和蛾摩拉的「劇變」。其意外的結果是，往東吹的核爆雲使得蘇美人因此死亡。

參見 Erra Epic（艾拉史詩）、Nabu（那布）、Nergal（奈格爾）、Ninurta（尼努爾塔）。

Nudimmud 努迪穆德

（意思是「塑造神器的人」或「技藝高超的創造者」。）

恩基的稱號，相當於他的埃及名字普塔（意思是「塑造／發展者」）。

參見 Ea/Enki（艾／恩基）。

Nusku 努斯庫

　　神聖的使者，曾經是恩利爾的「侍從」或「幕僚長」，後來又在哈蘭擔任娜娜（辛）的助手。

NUT 努特

　　（意思是「天空」。）

　　埃及的原初女神，象徵著天堂。

O

Oannes 奧安尼斯

西元前三世紀的巴比倫歷史學家貝羅蘇斯，將人類被授予文明一事，歸因於一位傳奇的神，他是一個「具有理性的生物」，從與巴比倫接壤的海裡出來，教導人類，並將「王權」賦予人類。

這位神的名字被後來的希臘專家稱為 Oannes（奧安尼斯）。他看起來像是一條魚，但在魚頭下面有一個人頭，在魚尾巴的下面有像人類的腳，「他的聲音和語言很清晰，也像是人類。」

從美索不達米亞對艾（恩基）之祭司的描繪中，可以知道漁夫神的形象，並且人們普遍同意，貝羅蘇斯所指的是艾，根據艾的自傳，他落入了波斯灣的水域並涉水上岸，後來文明在那裡被授予人類。

參見 Ea/Enki（艾／恩基）、Eridu（埃利都）。

Oaxaca 瓦哈卡

墨西哥的考古遺址，以其西南部的州及其首都的名字來命名。人們在這裡發現了一個早於阿茲特克人時代的紀念碑，並在上面發現了最古老的碑文，指的是五十二年的神聖循環。

參見 Quetzalcoatl（魁札爾科亞特爾）。

Obadiah 俄巴底亞

（希伯來文，意思是「敬拜耶和華者」。）

一位聖經先知，大約在西元前570年宣布「主之日臨近了」。

參見 Day of the Lord（主之日）。

Obelisks 方尖碑

一種巨大的石柱，其頂部逐漸變細，像是金字塔形狀。第十二王朝的法老開始在神廟的入口，豎立一對對的這類石柱。古埃及人將其稱為「眾神之梁」（Beams of the gods），希羅多德則描述它們為「石針」（obliscus）。倖存下來的大多數方尖碑，都被運到羅馬和梵蒂岡，以及倫敦、巴黎、伊斯坦堡和紐約等世界各地的首都。西琴視它們為眾神的火箭飛船之石頭複製品。

Observatories 天文臺

在舊大陸和新大陸，都發現了古代用來當作天文臺的建築結構。從蘇美時代開始（早在西元前四千年左右，阿努和安圖造訪地球時），美索不達米亞的廟塔（通常是分為七層臺階上升的階梯形金字塔）就用於觀測夜空，以了解行星現象或是當下日出時的黃道宮背景。

具有圓形觀察室的建築結構（例如古蒂亞在拉格什建造的神廟、奇琴伊察

的卡拉科爾），可用於觀察黃道星宮。其他的結構，包括豎立成圓圈的石頭（戈蘭的基列利乏音、英國的巨石陣），其朝向是用來觀測至日點。附有天文臺的雙塔神廟（例如在阿茲特克人的首都），是建來觀測平分日點的；石牆上的窗口（在馬丘比丘有兩次）是用來觀測平分日點和至日點。另外，從卡奈克、耶路撒冷到庫斯科的神廟，都是朝向至日點或平分日點，雖然它們不是正規的天文臺。

Old Testament 舊約

神學家用來指稱《希伯來聖經》的詞語，將它們與後來有關耶穌、被稱為新約的著作集區分開來。

參見 TaNaKH（塔納赫）。

Ollantaytambu 奧蘭太坦波

位在祕魯，庫斯科西北方約六十英里處的山區，具有巨大的巨石結構。

那些經過複雜切刻和造形的石塊，其石材是開採自數英里之外、河谷另一邊的山脈。

Olmecs 奧爾梅克人

神祕的民族，被視為中美洲最早的或「母親」文明。根據其臉部和種族特徵判斷，他們是非洲黑人。十九世紀末，在墨西哥灣附近的地區發現了巨大的雕刻頭像（每個頭像重達二十頓以上），全都是戴著頭盔的造型。隨後，人們發現了主要的奧爾梅克城市中心，分別在現今的特雷斯薩波特斯（Tres Zapotes）、拉文塔、伊薩帕（Izapa）、聖洛倫佐（San Lorenzo）和其他遺址，一直向南延伸至太平洋海岸。在這些地方的儀式廣場裡，發現了內部襯有半貴重玉石的墳墓、由結晶鐵礦石製成的凹面鏡，以及數百個各種形狀和尺寸

的藝術雕塑，其造型全都是帶著類似工程的工具。

按照西琴在《地球編年史探險》中的介紹，這些雕刻工藝品還包括了輪式玩具和玩具大象！最重要的是，在奧爾梅克的古蹟上面，有著關於長紀曆的字形書寫和日期，無疑證明了正是奧爾梅克人將此曆法引進中美洲。

多數學者認為西元前1400/1500年是奧爾梅克人開始記日的時間，但這個觀點並未回答他們為何及如何在哥倫布之前的數千年前來到此處。

西琴認為，奧爾梅克人開始記日的第一天，與西元前3113年相吻合。因為在西元前3100年左右，拉神將圖特（別名為魁札爾科亞特爾，意思是「有翅膀的蛇」）趕出埃及，非洲奧爾梅克人就跟隨圖特一同前來。大約在西元前500年，隨著馬雅人的崛起，奧爾梅克人逐漸退出中美洲區域。

參見Calendars（曆法）、Mesoamerica（中美洲）、Quetzalcoatl（魁札爾科亞特爾）、Thoth（圖特）。

Olympian gods 奧林匹亞眾神

由宙斯領導的十二位主神，根據希臘傳說，這些神住在奧林帕斯山。

Omphalos 圓石

一種短圓錐形、頂部是圓形的石柱。在一些神聖的地方（例如希臘的德爾斐），它被當成神諭石。Omphalos（圓石）這個名稱源自拉丁文的umbilicus（意思是「肚臍」），被視為與天神交流的一種方式。按照西琴的說法，這種傳統起源於尼普爾，當地是蘇美的「地球之臍」，而設在那裡的杜爾安基（Dur.an.ki）則是一條「紐帶」（即虛擬的臍帶），連結了地球與天國。

迦南文獻中描述了一塊「竊竊低語」著神語的「石頭」，是巴爾神在巴勒貝克中用來交流的。亞歷山大大帝為了尋求確認自己的半神身分，不僅在德爾斐，還在埃及的西瓦（Siwa）綠洲和努比亞，諮詢了這種神諭石。

Osiris 奧西里斯

（ASAR〔阿薩爾〕的希臘文名字。）

古埃及的死亡與復活之神。他和兄弟塞特是神聖夫妻蓋布和努特的兒子；蓋布和努特則是普塔與拉神的後代。

埃及文獻記載，這兩個兄弟分別與同父異母的姊妹愛西絲和奈芙蒂斯結婚，同時爭奪著對尼羅河谷的控制權。塞特透過欺騙手段殺死了奧西里斯，並且切開他的身體，將之散布到遙遠的各個地方。但是愛西絲設法取回這些部位，重新組合並將奧西里斯木乃伊化。愛西絲在圖特神的幫助下，被奧西里斯的精液浸透，並生了一個兒子 —— 復仇之神荷魯斯。（編注：本系列前作中，作者曾說明是提取基因「精髓」而非「陰莖的精液」，此處遵照作者的原文呈現。）

埃及法老希望透過木乃伊化，能夠展開來世之旅，像奧西里斯一樣復活。

參見 Afterlife（來世）。

P

Pa.bil 帕比爾

（意思是「衛士」。）

射手宮的蘇美名字。

Pachacamac 帕查卡馬克

（意思是「世界的創造者」。）

安地斯山區中部的神系之主神。在印加時代之前，人們就為帕查卡馬克建造了朝聖的「梵蒂岡城」，距離現今祕魯的利馬不遠。這位神也被稱為「里馬克」（Rimac），意思是「雷神」。西琴猜想這可能是對 Raman（意思是「雷神」）的訛誤，這個稱號在古代近東地區屬於伊希庫爾（阿達德），而他在安地斯山脈南部被稱為「維拉科查」（Viracocha，意思是「萬物的創造者」）。參見 Adad（阿達德）、Tiahuanacu（蒂亞瓦納科）、Viracocha（維拉科查）。

Palmyra 帕邁拉

（意思是「棕櫚樹之地」。）

一座古老的城市，位於現今敘利亞的東部，以古希臘羅馬時期的古蹟而聞名。《聖經》中稱其為「達莫」（Tadmor），並將當地從沙漠綠洲發展成為大馬士革到美索不達米亞之間沿途的主要商隊中心一事，歸功於所羅門王。

Paradise 天堂

它指的是擁有最佳和最終的身體、精神與宗教素養的地方，在希伯來文《聖經》中將其簡稱為 Gan Eden（意思是「伊甸花園／果園」）。西琴解釋這個名字源自 E.din（意思是「正直者／義人的住所」），是阿努納奇為大洪水之前的美索不達米亞南部的住所，所取的名字。

參見 Rivers of Paradise（天堂之河）。

Parthenon 帕德嫩

雅典娜女神的主要神廟（她的綽號為 Parthenos，意思是「少女」），位在希臘雅典的神聖區域（衛城）。它的建造是為了取代早期獻給雅典娜的一座較小的神廟，那座神廟在西元前五世紀波斯人入侵期間被摧毀了。諾曼・洛克耶（Norman Lockyer）比較了這兩座神廟的朝向，為考古天文學奠定了基礎。

Passover（[H] *Pesah*）逾越節

《聖經》規定的為期一週的猶太節日，以紀念以色列人的出埃及歷史。傳統上，猶太朝聖者會聚集在耶路撒冷度假，根據《新約聖經》，耶穌從童年時代就曾在這段時間來到耶路撒冷。

參見 Exodus（出埃及）、Jesus（耶穌）、Last Supper（最後的晚餐）。

Patriarchs 族長

《聖經》中列出了人類在大洪水之前的十位族長，從亞當到諾亞（但不包括亞當和夏娃的前兩個兒子：該隱和亞伯，也不包含該隱的後代）。學者認為他們相當於《蘇美國王列表》中在大洪水之前的阿努納奇「眾神」和「半神」。

西琴指出，在六十進位的數字系統下，如果將《聖經》提供的時間長度乘上「六十」，將會與大洪水之前的蘇美十位族長的 432,000 年相符。

儘管在《創世記》第十章中，列出了挪亞的三個兒子的後代，但只有亞伯拉罕（閃的後裔）、他的兒子以撒和他的孫子雅各是「聖經的族長」，上帝透過他們而與希伯來人立約。

People of the Sea 海洋人

身分不明的入侵者，在西元前兩千年中期左右，困擾著地中海的亞洲和非洲海岸。在拉美西斯三世建造的一座神廟（在埃及的梅迪涅特哈布〔Medinet Habu〕）的海上戰鬥場面中，這些海洋人被描繪成戴著羽毛頭盔的戰士。西琴在《地球編年史探險》中，提醒讀者注意在墨西哥猶加敦的奇琴伊察馬雅遺址，也有類似的描繪圖案之謎。

Peopling of the Americas 美洲住民

在北美洲發現的克洛維斯遺址，長期以來支持了人們所建立的觀念：在上一個冰河時期，當冰塊將阿拉斯加和西伯利亞橋接在一起時，第一個人類移居族群來到了美洲。

西琴在《失落的國度》和《當時間開始》等書中提到，冰河時期的人們，在不知道冰架的另一邊有什麼東西的情況下，跋涉了數千英里，是不合理的

（而不只是不可能）。他引用了當地的傳說，以及智利（蒙特維德／ Monte Verde）、巴西（佩德拉富拉達／ Pedra Furada、彩繪岩／ Pedra Pintada）等地的考古發現實例，支持早期移民是從海上到達的理論。這樣的發現通常不會被機構學者所壓制，現在已經得到充分的證明。

Pepi I 佩皮一世

埃及第六王朝的國王（大約西元前 2300 年），以其金字塔中的銘文著稱，其中描述了他的來世之旅。從字面上看，（按照西琴的說法）這些銘文指出了通往西奈半島的路線。後續的銘文和圖畫描繪了法老如何進入那裡的「神聖上升物」，被帶到「永生之星」。插圖隨後顯示了佩皮及其配偶在天國，享受著賦予生命的「生命之植物」和「生命之水」。

參見 Plant of Life（生命之植物）、Pyramid Texts（金字塔經文）。

Persia, Persians 波斯，波斯人

就西方人所知的歷史而言，「波斯」（現今的伊朗）始於阿契美尼德人占領了底格里斯－幼發拉底平原以東的高原之後，當時是西元前七世紀末，他們幫助米底（《聖經》中的瑪代）擊敗了亞述，後來在西元前六世紀初占領了巴比倫。

在居魯士二世及其兒子岡比西斯二世（Cambyses II）的領導下，他們使得埃蘭城市蘇薩（《聖經》中的書珊）成為這個快速擴張的帝國之首都，此帝國的範圍甚至包括了埃及，並且在不到一個世紀的時間裡從亞洲跨越到歐洲，挑戰著雅典希臘。後來，由亞歷山大大帝領導的反攻，在西元前 330 年結束了波斯的統治及其帝國。

波斯的宗教被稱為「瑣羅亞斯德教」（Zoroastrian），主神名為「阿胡拉・馬茲達」（Ahura-Mazda）；在其紀念碑上，是以有翼圓盤的符號來描繪這位「真

理與光明之神」，而有翼圓盤正是美索不達米亞和埃及用來描繪尼比魯的古老符號。

參見 Achaemenids（阿契美尼德人）、Alexander（亞歷山大）、Anshan（安善）、Assyria（亞述）、Cyrus（居魯士）、Elam（埃蘭）。

Persian Gulf 波斯灣

它在蘇美和阿卡德文獻中，被稱為「下海域」（Lower Sea）。

Peru 祕魯

位於南美洲的國家，沿著太平洋海岸延伸，從北部肥沃的厄瓜多到南部的智利沙漠，以及東南部的的喀喀湖，占據了安地斯山脈和海洋之間的狹窄平原。

西班牙人在西元1533年到達時，稱這裡為「印加人之地」，現在人們已經知道，在印加人之前還有許多其他沿海文化，這些令人印象深刻的考古遺蹟可以追溯到西元前三千年中期。

西琴提醒大家注意鮮為人知的西班牙人蒙特西諾斯（Montesinos）的著作。蒙特西諾斯記錄了安地斯高原上早於印加人之前的「古帝國」當地傳說，並提到其國王出自馬丘比丘這類神秘的地方。

不僅西班牙人在祕魯發現了數量驚人的黃金和黃金工藝品，祕魯也位於皮里·雷斯（Piri Reis）地圖和納斯卡線謎團的核心。

參見 Cuzco（庫斯科）、Gold（黃金）、Golden Enclosure（黃金圍場）、Incas（印加）、Machu Picchu（馬丘比丘）、Piri Reis（皮里·雷斯）、Nazca（納斯卡）、Titicaca（的的喀喀）、Viracocha（維拉科查）。

Pharaoh 法老

這個詞語在古埃及是「國王」的稱號頭銜，最早在《聖經》中被發現，其希伯來文 Phar'oh，被認為是翻譯自埃及詞語 PER-OH（意思是「大房子」），也就是皇宮，並擴展到其居民，也就是國王。

曼涅托及考古學家發現的埃及國王列表，按照王朝劃分了統治的法老，他們的統治期大約始於西元前 3100 年，並在羅馬時代結束。

Philistines 非利士人

在希伯來文《聖經》中被稱為 Plishtim（意思是「侵略者」），他們是希臘裔的海洋人，定居在地中海南部的迦南海岸，大約占據了當今稱為加薩走廊（Gaza Strip）的區域。《聖經》中提到，他們與以色列人之間的戰爭幾乎是持續不斷的，一直延續到第一任國王（掃羅和大衛）時代。在這種背景下，發生了參孫（Samson）和大利拉（Delilah），以及大衛和歌利亞的故事。

Phobos Incident 火衛一事件

1988 年七月，蘇聯向火星發射了兩架相同的無人太空船。它們被命名為「火衛一1號」和「火衛一2號」，主要任務是在拍攝火星後，探測該行星的衛星「火衛一」，有一些專家懷疑「火衛一」是人造物體。

當時，火衛一1號消失了，沒有傳回任何資料。火衛二2號於 1989 年一月到達火星，並傳回一系列令人費解的照片：上面顯示了一個橢圓形物體在行星上空飛行的陰影，但那不是火衛一2號本身的陰影，而是另一個不明飛行物體的陰影。

然後，蘇聯任務控制中心命令火衛二2號改變軌道，與小衛星「火衛一」並列飛行，並用雷射光束探測它。接著，這艘太空船開始旋轉並消失了。它發

送的最後一張照片，顯示有一枚飛彈從「火衛一」對著它發射。

當時，西琴設法獲得了具有說服力的照片，並將這些照片與其他相關事件的詳細資料一起發布在《重返創世記》一書中，將其命名為「火衛一事件」，後來在《完結日》中進行了更新。儘管相關單位至今仍未做出正式的解釋，但該事件導致 1989 年四月匆忙通過了一項祕密國際協定，標題為〈關於外星智慧生命發現後的活動之原則聲明〉。

參見 Mars（火星）。

Phoenicians 腓尼基人

說閃族語的民族，從西元前兩千年中期至西元前一千年中期，居住在迦南北部，包含推羅和西頓（Sidon，又譯賽達）等沿海城市。他們是船員和商人，航行在地中海及其以外的海洋。

根據《聖經》，推羅王希蘭（Hiram，又譯希拉姆）環遊非洲，幫助所羅門王從俄斐（Ophir）那裡獲得黃金。他們在北非的西部殖民地，由 Keret Hadashah（意思是「新城市」，別名「迦太基」）主導，在當時與羅馬爭奪著對地中海的控制權。

參見迦太基（Carthage）。

Piri Re's Map 皮里・雷斯地圖

這份地圖目前保存在伊斯坦堡的托普卡匹博物館（Topkapi Museum）內，是西元 1513 年由土耳其的海軍上將皮里・里斯（Piri Re's）所繪製。它是地理大發現時代（Age of Discovery）的數份「世界地圖」（mapas mundi）其中之一，傑出之處在於將地球投影到平面上的方法之複雜性和準確性。

這份地圖清楚且準確地呈現了整個南美洲地區，包括太平洋海岸和安地斯山脈 —— 這是一個謎，因為歐洲人直到 1530 年（地圖出現後的十七年）才由

皮薩羅（Pizzaro）首度航行到那裡。最後，這份地圖顯示了整個南極洲，而且是沒有冰蓋的南極洲！然而，南極洲一直到1820年代之前都是不為人知的大陸。

Pisces 雙魚宮

蘇美人稱它為Sim.mah（中文音譯為「辛穆馬」），對它的描繪皆與恩基有關。

Planets 行星

有大量的天文學文獻，以及圓筒印章和各種雕塑上的描繪，證明了蘇美人及其後的巴比倫人都充分了解太陽系的組成。他們反覆聲稱太陽系有十二個成員，即太陽（被描繪在中心）、月亮（由於《創世史詩》中提到的原因），以及十顆行星，包括尼比魯。

他們命名了這些行星，並按照正確的順序為它們編號，第一顆是冥王星，接著是海王星、天王星、土星、木星，接著第六顆是火星、第七顆是地球、第八顆是金星、第九顆是水星，按照西琴的說法，這是某人（例如阿努納奇）從遙遠的地方（即來自尼比魯星，它是第十顆行星和第十二個成員）進入太陽系時數算的順序。

蘇美語中，通常稱為行星為Mul（意思是「天體」，阿卡德語為Kakkabu〔中文音譯為卡卡布〕），至於從地球上可以觀測到的行星，也被標識為Lu.mash（意思是「熟悉的漫遊者」）。蘇美人對太陽系的熟悉程度，使得西琴能夠預測美國國家航空暨太空總署可能會發現海王星的什麼特色，例如它有時會延伸到冥王星的奇特軌道；冥王星有時會比海王星更遠，有時則比海王星更近，因此被描述為「兩面行星神」！（對於質疑是否應該將冥王星視為行星的現代天文學家，西琴也解釋了為什麼蘇美人會將它包括在內。）

參見 Astronomy（天文學）、Celestial Battle（天體碰撞／天幕之戰）、

Nibiru（尼比魯）、Pluto（冥王星）。

Planispheres 平面天體圖

字面上的意思是，在平面上重現球形資料（例如包圍地球的天空）。在亞述國王亞述巴尼帕的圖書館中發現的這種圓盤形泥版（現今在大英博物館展出），在其八個部分之一裡，描繪了恩利爾「經過七顆行星」的路線（按照西琴的說法，是恩利爾從尼比魯到地球）。

西琴在《完結日》中，討論了另外兩個平面天體圖，它們被稱為「星盤」（astrolabe，意思是「星辰接取者」），提供了有關尼比魯（馬杜克）星在西元前一千年到達最高點時的觀測數據。

Plant of Life 生命之植物

在《吉爾伽美什史詩》中，烏特納比西丁（被恩利爾授予長壽的美索不達米亞版本的「挪亞」）向吉爾伽美什透露，在其住所的一口井底部有一種植物，吃下它的人將能獲得永恆的青春。吉爾伽美什成功拿到了這種植物，但是一條蛇在他睡覺時，從他身上偷走了這種植物。《金字塔經文》中也提到了「生命之植物」（和「生命之水」）。

參見 Pepi I（佩皮一世）、Pyramid Texts（金字塔經文）。

Pluto 冥王星

在太空時代（Space Age）之前，人們已知的最外層行星，其奇特的傾斜軌道超出了海王星，但有時使它比海王星更靠近太陽。西琴已將它辨識別為 Ga.ga（中文音譯為「佳佳」），根據《創世史詩》的記載，它是土星的衛星，被當作信使送往其他行星，最終到達海王星附近。在蘇美天文文獻中，它被稱為 Ushmu（意思是「有兩張臉的他」），並將它描繪為看向兩個不同方向的兩顆

頭。此外，Ushmu 是蘇美人的水神艾的「大臣」。

Popol Vuh 波波烏

（意思是「會議之書」〔Council Book〕。）

用納瓦特語命名的名稱，相當於馬雅的《聖經》，講述了天空和地球的形成方式、地球如何被劃分為四個區域、祖先的父母輩如何在眾神的幫助下越過海洋抵達此處，並發展出馬雅文明。

Poseidon 波塞頓

希臘的海洋之神，是宙斯（眾神之主）和黑帝斯（下層世界之神）的兄弟，相當於迦南文化的亞姆（Yam，意思是「海」）及其兄弟巴爾（Ba'al，意思是「主」）和莫特（Mot，意思是「死亡」）。

參見艾（Ea），Neptune（涅普頓）。

Precession of the Equinoxes 分點歲差

（簡稱「歲差」。）

在地球繞行太陽的軌道上，有很多無法解釋的現象，因此地球在一個陽曆年之後，不會返回到先前的相同位置，而是存在著輕微的延遲，同時會在72年後累積到一度，加總起來會在25,920年完成一個360度的完整週期（72×360＝25,920）。

雖然學者認為最早認識歲差現象的是希臘天文學家喜帕恰斯（於西元前二世紀末居住在小亞細亞），但事實上這種現象是黃道帶系統的核心，而蘇美人早在西元前四千年就已經熟知黃道帶系統了。

參見 Zodiac（黃道帶）、Zodiacal Ages（黃道宮時代）。

Priests, Priesthood 祭司，祭司職位

根據《聖經》，希伯來的祭司行業，始於亞倫（摩西的兄弟）及其兒子們在出埃及期間，被任命為「耶和華之前的祭司」，但是在《出埃及記》中也提到，大約在四百年前，埃及法老「將安城的祭司波提非拉的女兒亞西納，給他為妻」（41：45）；幾個世紀以前，在諸王之戰後，亞伯拉罕受到了「撒冷王麥基洗德帶著餅和酒出來迎接。他是至高神的祭司」（《創世記》14：18）。

的確，祭司職位制度始於更早的時期。在蘇美，半神恩麥杜蘭基曾經被沙馬氏和阿達德傳授了「天地的祕密」，成為西巴爾神廟的祭司。西元前一千年，巴比倫和亞述的祭司職位達到頂峰，當時有數百名祭司在神聖區域生活及服務，組成了類似行會的團體，其特殊領域從清潔、烹飪，到觀測天空和解釋預兆等。在中美洲和南美洲的文明中，也出現了相同的祭司和祭司職位現象。

Primitive Worker 原始工人

《阿特拉－哈西斯》文獻中的詞語 —— lulu amelu 的翻譯詞。文獻中描述了眾神決定塑造原始工人，以承擔阿努納奇的「辛勞工作」。

Promised Land 應許之地

如今，這個詞彙通常只是委婉地使用，而不是用字面意思來描述。應許之地指的是《聖經》中上帝應許給亞伯拉罕及其後代，即「以色列的子孫」，做為「永恆的遺產」的領土（《出埃及記》6：4－8）：「從埃及河（在西奈中部）直到伯拉大河（幼發拉底河）之地」；「迦南全地」（《創世記》15：18、17：8）；「就是亞拉巴、山地、高原、南地、沿海一帶迦南人的地，並

利巴嫩山又到伯拉大河」(《申命記》1：7)；「從曠野和利巴嫩，並伯拉大河，直到西海」(《申命記》11：24，《約書亞記》1：2－4)；「進去趕出比你強大的國民，得著廣大堅固、高得頂天的城邑。那民是亞衲族的人，又大又高。」(《申命記》9：1－2)。

西琴指出，被授予「以色列的子孫」當作永久遺產的，是當時的三個太空站相關地點：西奈的太空站、黎巴嫩的登陸點和耶路撒冷的任務指揮中心。

Prophets 先知

《希伯來聖經》中，有三位「主要」的先知（以賽亞、耶利米、以西結），以及十二位「次要」的先知，並以他們的名字來為書命名，其中提供了神諭、預言、訓誡、懇求、教義和預言。但是，他們說的是上帝的聖言，因為納比（Nabih，希伯來文中對先知的稱呼）的意思是「發言人」，也就是只為某人說話、傳達信息的人。

這個詞語讓人聯想到巴比倫神那布（Nabu）的名字和角色。學者將各種巴比倫預言文本稱為「阿卡德預言」。然而，在其他古代國家的紀錄中，沒有發現任何可與希伯來先知現象相提並論的人。

希伯來先知（從西元前八世紀至西元前六世紀）著重在參與國家和國際事件、宣揚社會正義，並呼籲世界和平，而不是宗教儀式。隨著時間的流逝，他們越來越常提及即將在「主之日」（耶和華的日子）和將來的「完結日」（末後的日子）發生的事件，並聲稱及重申「第一件事就是最後的事情」。

參見 Day of the Lord（主之日）、End of Days（完結日）、Jerusalem（耶路撒冷）。

PTAH 普塔

（意思是「發展／創造的他」。）

古埃及眾神的族長，他（在大洪水之前）於尼羅河谷統治了九千年，直到他

的兒子拉（RA）接任為止。在大洪水之後，他在第一個大瀑布豎起水閘，「從洪水中抬起埃及」。他也被稱為 KHNEMU，是用泥土塑造人類的神。按照西琴的說法，他的名字的象形文字符號是雙螺旋，即蘇美的纏繞巨蛇，也就是艾（恩基）。

Ptolemy 托勒密

亞歷山大大帝的將軍，在亞歷山大大帝死後奪取了埃及的控制權，宣布自己為國王和法老。他的繼任者們被稱為托勒密王朝，統治著埃及及其毗鄰的土地，直到西元前30年被羅馬人接管為止。托勒密家族為了控制猶大和敘利亞，長期與亞歷山大的另一位將軍塞琉古的接班人競爭，後者接管了亞歷山大的亞洲領土。

參見 Seleucus/Seleucid Dynasty（塞琉古／塞琉古王朝）。

Puma Punku 普瑪彭古

的的喀喀湖附近的一個古代遺址，毗鄰蒂亞瓦納科，應該就是後者的湖邊港口。散布在普瑪彭古現場的，是大小不一的石塊，它們都被未知的工具以驚人的精確度切刻，製成具有凹槽、尖角或奇數角的奇特形狀，有多樣的表面、圓形凹陷和其他令人費解的特徵，看起來這些石塊像是某些先進設備的精密零件，或用於製造此類零件的模具。

這裡沒有矗立的結構，但有一些遺蹟是由四個倒塌的並排巨大房間所組成，每個房間都是由單一一塊巨石切刻而成。實體證據證實了征服者的故事，即每個房間的內部（天花板、牆壁和地板）都鑲嵌了金板，並以金釘固定住。因此，每個這樣的空間都是一個黃金圍場。

西琴認為，這裡是在西元前四千年左右，為了阿努和安圖來地球進行國事訪問一事而打造的。

參見 An (Anu)（安／阿努）、Golden Enclosure（黃金圍場）、
Megalithic Structures（巨石結構）、Nazca（納斯卡）、Tiahuanacu（蒂亞瓦納科）。

Pyramids 金字塔

這個詞語從技術上來說一種幾何形狀，具有正方形的底邊和四個三角形的側邊，這些側邊以一定角度上升，並在頂點相交，因此，唯一真正的古代金字塔是在埃及和努比亞。但這個詞語的一般性用法，包括了其他的高層紀念性建築，例如美索不達米亞的廟塔（分層上升）、中美洲和南美洲的階梯金字塔，以及世界其他地區的類似結構（通常具有平坦的頂部）。

在埃及的「真」金字塔中，吉薩的三座金字塔因其完美度、尺寸、內部複雜性和石灰岩外殼而獨樹一幟；埃及學者認為，它們是由第四王朝所建，從較小的早期金字塔發展而來。但西琴的看法完全相反，他認為吉薩的金字塔是阿努納奇建造的，後來成為法老試圖效仿的模型（其結果呈現不同程度的失敗）。

有關埃及金字塔的另一個問題是其存在的目的：埃及學家認為每一個繼任的法老都為自己建造了金字塔以當作墳墓，然而與此相反的是，在任何埃及金字塔中都沒有發現墓葬。

參見 Al Mamoon（阿爾・瑪沐恩）、Bent Pyramid（彎曲金字塔）、
Cheops（基奧普斯）、Dahshur（達舒爾）、Giza（吉薩）、
Great Pyramid of Giza（吉薩大金字塔）、Khufu（古夫）、
Landing Corridor（登陸走廊）、Radedef（拉迪耶迪夫）、
Ziggurats（廟塔）、Zoser（左塞爾）。

Pyramid Texts 金字塔經文

關於來世（Afterlife）的文獻，被認為是引用自早期文獻集《亡靈書》，並被

刻在各種法老金字塔中。

請參閱 Pepil（佩皮一世）。

Pyramid Wars 金字塔戰爭

西琴創造的詞語，用於描述涉及吉薩金字塔的阿努納奇家族之間的戰爭。第一次系列戰爭的中心，是荷魯斯和塞特之間的戰鬥。在第二次系列戰爭中，大金字塔本身受到了恩利爾一族的攻擊，因為馬杜克（拉）躲在裡面避難。

Qa'aba 克爾白

（在阿拉伯語中意思是「立方體」。）

一個黑色立方結構的名稱，位在沙烏地阿拉伯的麥加。在它的東北角有一塊黑色的石頭（可能是隕石），是伊斯蘭教中最神聖的物品。對它的崇拜早於伊斯蘭教，傳說將其連接到亞當或亞伯拉罕（或兩者）。

Quechua 蓋丘亞

祕魯的印加人所使用的語言，與南部高地的「艾馬拉」語言不同。

Queen's Chamber 皇后房

吉薩大金字塔裡的一個內室的名稱，位於「國王房」的下方。皇后房可經由長而窄的水平通道到達，裡面有拱形的天花板，在東牆有一個支撐的凹壁，在北牆和南牆上則有小方洞，可以經由狹窄的豎井（被錯誤地稱為「通風豎

井」）從這兩面牆離開，並以特定角度往上。發現者初次進入皇后房時，裡面完全是空的，而它正好位在金字塔的垂直中線上。

西琴在《過往神話之旅》中，披露了存在於凹壁之後的隧道和密室，並且回顧了最近對水平通道和「通風豎井」的探索，但是都沒有揭露「皇后房」的目的。

參見 Great Pyramid（大金字塔）。

Quetzalcoatl 魁札爾科亞特爾

（在阿茲特克人的納瓦特語中，意思是「有羽毛／翅膀的巨蛇」。）

跨海出現的中美洲主神（馬雅人稱之為「庫庫爾坎」），為人類帶來了文明。當他離開時，承諾將會回歸，而且回歸的時間會發生在哈布曆和卓爾金曆每五十二年返回原始位置的囓合點，這被稱為一「捆」（bundle）年。

西元 1519 年，埃爾南·科爾特斯（跟魁札爾科亞特爾一樣有白膚色的臉龐而且蓄鬍）的到來，剛好發生在這樣的「捆」年，所以阿茲特克國王蒙特蘇馬（Montezuma）將科爾特斯視為回歸的神（他為這個錯誤賠上了性命）。

西琴認為，魁札爾科亞特爾是埃及的圖特神，並指出「五十二」是圖特的祕密數字。

參見 Aztecs（阿茲特克人）、Mayas（馬雅人）、Ningishzida（寧吉什西達）、Olmecs（奧爾梅克人）、Thoth（圖特）。

Quipos 奇普

印加人在早期的書寫被廢棄後，用來記錄事件的一組彩色線。

R

RA 拉

（意思是「純淨者」。）

普塔的兒子及繼任者，是古埃及的主神，有時被稱為「拉－阿蒙」（RA-AMEN，或阿蒙〔AMON〕），意思是「不可見者」。

他被尊為「天地的」大神，因為他是搭乘「本本」從「百萬年之星」來到地球的。「本本」是一個圓錐形的「天船」，被保存阿努城（Anu，後來的赫利奧波利斯）的特殊神廟的至聖所裡。

當人們開始盼望尼比魯星回歸到視野中時，不可見的拉（馬杜克）也被當成阿托恩（眾神之行星）來敬拜，被描繪成有翼的圓盤。

參見 Aerial Chariots（空中戰車）、Enki（恩基）、Marduk（馬杜克）、Ptah（普塔）。

Rachel（[H] *Rahel*）拉結

雅各的第二個妻子，也是他最寵愛的。她是約瑟和便雅憫的母親。

參見 Harran（哈蘭）、Matriarchs（女族長）、Mitanni（米坦尼）、
Naharin（納哈林）。

RADEDEF 拉迪耶迪夫

埃及學家不太喜歡討論的第四王朝的法老，因為他的存在和所建造的金字
塔，違反了三個相繼的法老（古夫／基奧普斯、卡夫拉／齊夫倫、孟考拉／
邁瑟林諾斯斯）陸續建了三座吉薩金字塔的理論。

卡夫拉（被認為是建造第二座金字塔者）不是古夫的後繼者，拉迪耶迪夫
（有時倒讀為 Dedefra）才是。拉迪耶迪夫是古夫（基奧普斯）的兒子，並在
其後擔任法老。但是他建造的金字塔不在吉薩，而是在北方數英里之外的地
方，而且這座金字塔主要使用未經造形的石頭建造的，現在是一堆瓦礫。

Ram 公羊

參見 Aries（白羊宮）、Marduk（馬杜克）。

Ramayana 羅摩衍那

（意思是「羅摩的旅程」。）

這是用梵文寫的印度史詩，講述了羅摩（Rama）王子的故事。羅摩的妻子被
蘭卡（Lanka，錫蘭島）國王綁架，隨後發生戰爭，各種神明參與其中，導致
了他們之間的空中戰鬥，並且使用各種神奇的武器。

它和《摩訶婆羅多》等長篇梵文文獻，是古代雅利安－印度（Aryan-Hindu）
神系的主要來源（與希臘的眾神和英雄故事相似）。

RAMSES 拉美西斯

（也拼寫為 Ramesses，意思是「拉的子嗣」。）

新王國的幾位法老的含神名之名字。新王國的皇家名稱（包括 AH-MSES/Ahmose, THOTH-MSES/Tutmose），分別宣稱國王是「這位神」或「那位神」的子嗣，因此具有半神的地位。

最著名的有第十九王朝的拉美西斯二世（西元前 1279 年至 1213 年在位），有些人（不包含西琴）認為他是出埃及時期的法老；還有第二十王朝的拉美西斯二世（西元前 1182 年至 1151 年在位），他對抗入侵的海洋人以捍衛埃及。

參見 Ah-mose（阿赫莫西斯）、Battle of Kadesh（卡疊石之戰）、People of the Sea（海洋人）、Moses（摩西）。

Rebecca ([H] *Rivkah*) 利百加

以撒的妻子。

參見 Harran（哈蘭）、Matriarchs（女族長）、Naharin（納哈林）。

Red Pyramid 紅金字塔

法老斯尼夫魯在達舒爾建造的第二座金字塔，在彎曲金字塔附近。

Red Sea 紅海

分隔非洲和亞洲的狹長水域，從北部的西奈半島一直到南部的阿拉伯海。長期以來，人們一直以為，以色列人在出埃及開始時，奇蹟般地將大海分開了。現在，人們普遍接受了以色列人是經由 Yam Suff（字面上的意思是「蘆葦之海」），這在《聖經》中指的是北邊較淺的湖泊鏈。

參見 Exodus（出埃及）。

Repha' im 利乏音

希伯來文《聖經》裡，傳說中的半神民族 —— 納菲力姆（Nefilim）和亞衲族（Anakim）的後裔之名字。（它們通常被翻譯為「巨人」，但按照西琴的說法，這是希伯來文對 Anunnaki〔阿努納奇〕的翻譯）。這個名字的意思可能是指「治療者」，或是相反的意思：「弱者」。

《聖經》中，稱古代耶路撒冷的一個山谷為「利乏音的山谷」，並使用《聖經》早期的希臘文版本，以（希臘神話中的）Titans，來翻譯 Repha' im 一詞；大多數聖經評論員都接受這種含意。（編注，Titans 為希臘主神的後代，參見 Cronus〔克洛諾斯〕。）

參見 Anunnaki（阿努納奇）、Giants（巨人）、Gilgal Repha'im（基列利乏音）、Nefilim（納菲力姆）。

Resurrection 復活

在古代民族的眾神傳說中，都可以找到使死者復活的實例。

蘇美文獻中，提到了伊南娜前往「下層世界」（她的姊妹厄里斯奇格的領域）的旅程，描述她如何被處死，以及恩基的使者如何使她復活。

埃及傳說則講述了荷魯斯被蠍子螫死之後，圖特神如何使他復活。迦南文獻裡，則提到巴爾在與其他神的戰鬥中被殺死之後，由女神阿娜特和夏佩西使其復活。

《聖經》中也提到，先知以利亞和以利沙曾使一個死去的病人復活。先知以西結則看到乾枯的骨頭重新組裝起來，並恢復生命的景象。

Revelation 啟示錄

新約的預言書（全名為《聖約翰啟示錄》），其中包含了一連串即將發生之

事件的啟示，大部分都以神祕的象徵呈現。最令人困惑的部分之一，是對於
「那野獸的數目是六百六十六」的介紹；許多學者認為它是 Neron Qesar（尼祿
帝王）的希伯來文名字的數字密碼，這也是把《啟示錄》所描述的年代定在
這位羅馬統治者（西元一世紀）的時間的原因之一。

最具啟示性的預言，則是關於「哈米吉多頓」（Armageddon）的最後戰役；
Armageddon 是對希臘文的 Har Megiddo（在以色列的米吉多山）的翻譯。

參見 Armageddon（哈米吉多頓）、End of Days（完結日）、Megiddo（米吉多）。

Rider of the Clouds 雲騎士

迦南文獻中的巴爾神，以及《希伯來聖經》中的耶和華的暱稱名。

參見 Aerial Chariots（空中戰車）。

Rimac 里馬克

位在祕魯的利馬南邊的遺址，是里馬克河匯入太平洋之處，那裡有一座獻給
帕查卡馬克神的巨大神廟。在印加和印加之前的時代，它曾是朝聖者的聚集
地，地位相當於「麥加」。

參見 Pachacamac（帕查卡馬克）。

Rivers of Paradise 天堂之河

《創世記》第二章指出，伊甸園（傳說和神話的「天堂」）由四股主要水流
澆灌，其中兩處是伯拉（Prath）和希底結（Hiddekel），無疑正是幼發拉底河
和底格里斯河，在阿卡德語中被稱為 Purannu 和 Idiklath。因此，「伊甸園」就
是蘇美人的伊丁（E.din，阿卡德語稱為 Edinnu），也就是美索不達米亞。

但是，其他兩條在上游源頭匯合的河流呢？《聖經》中稱呼它們為：基訓
（Gihon，意思是「古實人」〔The Gusher〕）和比遜（Pishon，意思是「安息的

那個」），學者建議的範圍遠到非洲的尼羅河和印度的印度河。

後來，研究者使用透地雷達在西元1993年發現了一條已經乾枯的河流，它曾經流經阿拉伯東部到波斯灣的上游水源，並在那裡匯入幼發拉底河和底格里斯河，這讓西琴找到了答案。他認為，那一條枯河就是比遜河，即那條休息的河流。然後，他猜測從波斯灣另一側的札格羅斯（Zagros）山脈流下的河流（名為庫倫河〔Kuron〕）可能就是消失的基訓河。

Rocketships 火箭飛船

蘇美人的詞語為Gir（中文音譯為「基爾」），在象形符號中被描繪為指向其頭部的圓錐形物體，通常被翻譯為「刀具」。結合了Gir與Din（意思是「正直、公正」）的蘇美詞語，意思是「眾神」。

由於Din.Gir（中文音譯為「丁基爾」）的象形符號，與描繪了地下發射井裡的多層火箭飛船的埃及圖畫，具有著驚人的相似性，因此西琴的結論是，在這種情況下，Gir代表了火箭飛船的圓錐形上部。

參見Aerial Chariots（空中戰車）。

Rome, Romans 羅馬，羅馬人

羅馬這座城市現在是義大利的首都，它的名字來自大約兩千年前最強大的國家和人民。根據傳說，羅馬是在西元前八世紀建立的，在西元前六世紀成為共和國（由參議院統治）的首都。

羅馬人逐漸而持續地取代了地中海東部的希臘人，但他們對海上航線的控制，遭到了腓尼基人的抵制，導致了布匿戰爭（西元前264年至146年），其中漢尼拔對羅馬的進攻最令人印象深刻。

西元前一世紀，羅馬在皇帝的統治下，發展成為帝國城市，並透過征服和外交行動深深地介入埃及、美索不達米亞、地中海東部和猶太等古老偉大文明

的土地和人民。

西元前60年，龐培（Pompey）皇帝控制了耶路撒冷，首先在巴勒貝克（當時稱為赫利奧波利斯）停下來，在那裡建造了該帝國最大的朱比特／宙斯神廟。在之後的一個世紀內，在猶大的羅馬總督參與了《新約》中描述的事件。西元70年，羅馬人鎮壓猶太人起義，破壞了耶路撒冷聖殿。

羅馬的宗教原本是採用希臘神系，後來到了西元四世紀時，在君士坦丁（Constantine）大帝的統治下，採用了基督教信仰。

參見 Baalbek（巴勒貝克）、Herod（希律王）、Jerusalem（耶路撒冷）、Jerusalem Temple（耶路撒冷聖殿）、Jesus（耶穌）、Mediterranean Sea（地中海）。

Rosetta Stone 羅塞塔石碑（又譯為羅塞達石碑）

西元1799年，拿破崙的一個下屬在埃及的羅塞塔村發現了一塊石碑（現今在大英博物館展出）。上面由亞歷山大的繼任者托勒密五世在西元前196年，以三種不同的語言（他原本使用的希臘文、古埃及的象形文字和後來的埃及「世俗體」文字），銘刻了同樣的法令，這讓學者能夠開始解譯古埃及的象形文字。

Route of the Exodus 出埃及路線

在過去兩個世紀以來，學者使用《聖經》中的地名、地理、地形資訊及旅行時間，針對出埃及路線進行激烈的辯論（和艱辛的研究）。三種變化較小的主要選擇是：(a)南部路線，若是如此，西奈山位於聖凱瑟琳修道院附近的花崗岩高峰之間；(b)北部路線，沿著地中海海濱的海之路；或(c)中央路線，使用具有時間紀念意義的方式進入中央平原，若是如此，西奈山位於奈赫勒（朝聖者之路）商隊停靠站附近。

西琴在《通往天國的階梯》中提出許多理由，再加上C路線靠近大洪水之後

的太空站，因此他贊成C路線。

參見 Afterlife（來世）、Erra Epos（艾拉史詩）、Exodus（出埃及）、
Gilgamesh（吉爾伽美什）、Moses（摩西）、Ningal（寧加爾）、
Rocketships（火箭飛船）、Sin（辛）、Sinai（西奈）、Spaceport（太空站）。

S

Sacsahuaman 沙克沙華孟

（蓋丘亞語，意思是「獵鷹之地」。）

庫斯科上方的海角的印加名稱。它的形狀像是三角形，底部以巨大的岩石露頭為主，有人以某種方式將它們切刻成巨大的臺階和平臺，還有目的不明的隧道、凹壁和溝槽貫穿其中。海角較窄的一側，包含矩形和圓形結構的遺蹟，下方同樣有通道和隧道在其中延伸。

那裡的所有東西都是由三面平行的鋸齒形巨牆保護著，這些牆壁是由巨大石塊建造而成（每塊重 20 至 300 噸），石塊被切刻成許多角度，可以像拼圖一樣組在一起。當地傳說認為，所有這些都是由「巨人」建造的，而除了這個說法以外，沒有任何證據可以說明它們是由誰在何時以及為什麼建造的。

Sagittarius 射手宮

（意思是「弓箭手」。）

蘇美人稱為「帕比爾」（Pabil，意思是「衛士」），被描繪成弓箭手，與尼努爾塔有關。

Sakkara 塞加拉

（也拼寫為 Saqqarah，意思是「封閉／隱藏之地」。）

位在吉薩的南邊，那裡有一座階梯金字塔，是由未經造形的石頭，與泥土和木材固定在一起。這座搖搖欲墜的金字塔，矗立在一個被巧妙的柱廊石牆包圍的院子裡，是由第三王朝（西元前2650年左右）的第二任法老左塞爾（Zoser）所建。根據埃及學家的說法，這座金字塔被第四王朝的法老當成建造獨特的吉薩金字塔的模型；但西琴認為，它是嘗試模仿早期由阿努納奇建造的宏偉而獨特的吉薩金字塔的結果。

參見 Giza（吉薩）、Pyramids（金字塔）、Radedef（拉迪耶迪夫）、Zoser（左塞爾）。

St. Katherine Monastery 聖凱瑟琳修道院

位在西奈半島南部的山區，一座堡壘般的修道院，其起源可以追溯到羅馬時代，當時，埃及當地信奉基督教的人，來到這個荒涼的地區避難。

這座修道院以殉道者聖凱瑟琳的名字命名（據說他被天使安葬在相鄰的山上），並由於君士坦丁大帝（採信基督教）而被擴建，享有特殊的地位。

它位於穆薩山（Mount Mussa，即摩西山）旁邊，當地的修道者聲稱此處是出埃及時期經過的西奈山。這個聲明成為「南方路線」是出埃及路線的基礎。

西琴回顧兩個世紀以來有關該主題的辯論和研究，認為修道者的傳統說法是站不住腳的。他在《通往天國的階梯》和《地球編年史探險》中，提供了西奈山中心位置的現場證據。

參見 Exodus（出埃及）、Mount Sinai（西奈山）、Sinai Peninsula（西奈半島）。

Samuel 撒母耳

（希伯來文為 Shmu'el，意思是「由神任命」。）

一位聖經先知和大祭司，負責示羅（Shiloh）的約櫃（在移到耶路撒冷之前），他任命掃羅為以色列的第一位國王，然後任命大衛為王。關於他的出生、神聖任務、生活和時代的故事，記載在《撒母耳記上》和《撒母耳記下》中。

參見 Ark of the Covenant（約櫃）、David（大衛）。

San Agustin 聖奧古斯汀

位在祕魯北部，莫奇卡人（Mochica）的考古遺址。人們在那裡發現了巨人石像，其中有一些是手持著工具或武器的模樣。

San Lorenzo 聖洛倫佐

在墨西哥重要的奧爾梅克遺址，在那裡發現了五個奧爾梅克領導者的巨大石製頭像。

Sanskrit 梵語

古印度的印度－雅利安（Indo-Aryan）或印歐語系語言。古代的胡里和西臺，以及隨後的多種歐洲語言，都源自梵語。

參見 Hindu Traditions（印度傳統）。

Santa Elena 聖埃倫娜

位在厄瓜多的太平洋沿岸的海角之名稱。根據當地的傳說，一群崇拜十二位神的移居者，搭乘輕木船越過海洋抵達此處。他們的首領納姆拉普，是透過

神聖的綠色石頭，接受神的引導。

參見 Naymlap（納姆拉普）。

Sar 撒爾

Sar 是用來指稱數字「3600」的蘇美詞語。貝羅蘇斯將「3600 年」當作大洪水之前的指揮官的統治時間單位，在已被發現的《蘇美國王列表》泥版上也是如此。西琴的結論是，Sar 是阿努納奇的一年，等於尼比魯繞行軌道一圈的時間。

參見 Divine Time（神聖時間）。

Sarah 撒拉

希伯來四位女族長的第一位。她是亞伯拉罕的妻子，原本的蘇美名字為 Sarai（意思是「公主」）。

撒來陪同亞伯拉罕從烏爾到哈蘭，再到迦南。她的美麗使得亞伯拉罕曾擔心自己會被法老殺死，或是非利士王會把撒拉帶進後宮。

由於撒拉是亞伯拉罕的同父異母妹妹，她所生的兒子以撒是亞伯拉罕的法定繼承人，雖然以撒的哥哥以實瑪利（女僕夏甲所生的兒子）是長子。

參見 Abraham（亞伯拉罕）、Harran（哈蘭）、Hebron（希伯崙）、Isaac（以撒）。

Sargon of Akkad 阿卡德的薩貢

（阿卡德語為 Sharru-kin，意思是「值得信賴的國王」，中文音譯為「舍魯一金」。）

這是阿卡德王朝的閃族創始者，大約在西元前 2360 年控制了蘇美，形成了統一的「蘇美和阿卡德」（Sumer & Akkad）。

一份名為《薩貢傳奇》（*The Legend of Sargon*）的文獻中，將他描述為棄兒，就跟《聖經》中的摩西一樣。他從屬於伊南娜（伊師塔），在新首都（亞甲／阿卡德）進行統治，並代表她展開軍事行動。他的孫子那拉姆－辛犯下的暴行，導致其他眾神將亞甲從地球上抹去。

參見 Akkad, Akkadians（阿卡德，阿卡德語）。

Sargon (*Sharru-kin*) of Assyria 亞述的薩貢（舍魯－金）

為了重獲阿卡德的薩貢（Sargon）的名聲和地位，有兩位亞述國王採用「薩貢」做為皇家名稱，一個在西元前十九世紀，另一個（從《聖經》中得知）是在西元前八世紀。後者（薩貢二世）建造了一座宏偉的新都城「杜爾舍魯金」（Dur-Sharru-kin），其城牆的亞述腕尺（cubits）長度等於國王名字的數值。這個城市位於現今伊拉克北部的摩蘇爾附近，是十九世紀的法國考古學家發現的。（編注：現今名為「豪爾薩巴德」〔Khorsabad〕。）

Sarmizegetusa 薩爾米澤傑圖薩

羅馬尼亞的考古遺址，位在多瑙河匯入黑海的地方。那裡有一系列的直角結構，上面有成排的木桿，因此被暱稱為「曆法城」（Calendar City）。當地的三個圓形結構的其中之一，被稱為「黑海巨石陣」。西琴在《當時間開始》中，提到了關於該遺址的猜測。

Sarpanit 莎佩妮特

（由於英語中沒有 ts 的輔音，有時會翻譯成 Zarpanit。）

馬杜克的地球人妻子；其兒子那布的母親。

西琴所引用的蘇美文獻指出，馬杜克的這個違抗禁忌的選擇，為伊吉吉太空人提供了類似「綠燈」的信號，這件事在《創世記》第六章中有所呼應。

參見 Igigi（伊吉吉）、Nabu（那布）、Nefilim（納菲力姆）。

Saturn 土星

在《創世史詩》中，這顆行星被稱為「安莎」（An.shar，意思是「天國最重要的」），在美索不達米亞天文學中，它被稱為 Shul.pa.e。根據蘇美人的宇宙論，冥王星曾經是土星的衛星。

參見 Epic of Creation（創世史詩）、Pluto（冥王星）。

Scales of Fate 命運的天秤

在埃及的《亡靈書》中，眾神會秤量死者心臟的重量，以確定死者（通常是法老）是否值得擁有來世。西琴將它與蘇美人的天秤宮概念相比較。蘇美人將天秤宮稱為「茲巴安納」（Zi.ba.anna，意思是「天空裡的生命決定」）。

Seafaring 航海

相關傳說、文獻、圖片，甚至是物理上的證據，都顯示航海的展開比一般想像中更早。文獻告訴我們，恩基喜歡搭乘 Ma.gur（意思是「轉向之船」）在沼澤上航行，而他的「船員們齊聲唱歌」。阿努納奇使用船在伊丁運輸黃金礦石，以進行冶煉和提煉。

人類沒有在大洪水中完全滅亡，因為挪亞（吉烏蘇他拉／烏特納比西丁）按照恩基的指示，建造了潛水艇。根據《蘇美國王列表》，在大洪水之後，烏魯克的半神國王「梅斯克亞加什（Mes-kiag-gasher，又譯美什迦格什）進入大海，再從海裡出來到山上」。

納姆拉普之類的傳說，記載了移居者乘船抵達南美洲的太平洋海岸，而阿茲特克人的先祖也是乘船抵達墨西哥。

埃及早期的岩畫中描述了從 UR-TA（意思是「古蹟」）乘船到達的眾神。埃

及法老曾與戴著羽狀頭飾的「海洋人」戰士作戰,而在猶加敦半島的描繪中,也出現了這樣的戰士。

非洲奧爾梅克人於西元前3100年到達墨西哥灣沿岸。關於他們所使用的石錨,曾在地中海和大西洋熱帶地區,發現了相同類型的石錨。

腓尼基人曾經到達不列顛群島;希蘭王為了耶路撒冷的聖殿,曾經帶領船隊環遊非洲,以帶回俄斐的黃金。

這份清單可以繼續列下去,並且確定了這樣的結論,即眾神與人類幾乎是在遠古時代就開始航行於海洋上。

Seleucus, Seleucid Dynasty 塞琉古,塞琉古王朝

亞歷山大大帝的軍隊中,為了領導其帝國而互相對抗的將軍之一。塞琉古最終控制了小亞細亞、黎凡特(Levant),以及直至印度的亞洲土地。

他改名為塞琉古‧尼卡托(Seleucus Nicator,Nicator 的意思是「勝利者」),開啟了塞琉古王朝。塞琉古王朝從敘利亞進行統治,直到西元前一世紀被羅馬人接管為止。

塞琉古‧尼卡托的繼任者中包括了安條克四世(Antiochus IV,其稱號為Epiphanes,西元前175年至164年在位)。安條克四世在猶大的壓迫統治,以及對耶路撒冷聖殿的玷汙,引發了猶太人起義。

參見 Hasmoneans(哈斯蒙尼)、Jerusalem Temple(耶路撒冷聖殿)。

Semites 閃族(又稱閃米特人)

根據《聖經》,近東地區的民族是挪亞的兒子閃(Shem)的後裔,他們的共同語言(包括希伯來語、巴比倫語、亞述語、迦南語、腓尼基語等,以及現今的阿拉伯語)都源自阿卡德語(閃族語「母語」)。

參見 Shem(閃)、Table of Nations(國家列表)。

Sennacherib 西拿基立

（即 Sin-ahe-erib，意思是「辛神撫養了他的兄弟」。）

薩貢二世的兒子兼繼任者，在西元前八世紀擔任亞述國王。他的軍事戰役中，包括了在希西家國王時期嘗試占領耶路撒冷卻遭遇失敗。在亞述年鑑中，這件事被記載為部分成功的事件，但在《聖經》中被詳細描述為亞述人奇蹟般的重大失敗（《列王記下》第18和19章）。

參見 Hezekiah（希西家）、Jerusalem（耶路撒冷）。

Septuagint 七十士譯本

（Septuagint 的意思是「七十的那個」。）

這是希伯來文《聖經》最早的希臘文譯本。西元前三世紀，在托勒密二世（Ptolemy Philadelphus）的命令下，由埃及亞歷山大市的七十名（或實際上是七十二名）學者小組進行翻譯。

Serpent 大蛇

《聖經》在伊甸園的亞當和夏娃故事裡，將「大蛇」視為狡猾、邪惡，以及被詛咒的生物，然而在蘇美人的文化和信仰中，「大蛇」是一個令人尊敬的名詞，也是一個卑鄙的名詞（牠從吉爾伽美什那裡偷走了永恆青春的植物）；在古埃及，大蛇是領主的符號。

根據西琴的說法，理解這些差異的線索，在於聖經文獻中的希伯來詞語 Nahash。儘管 Nahash 被翻譯成「大蛇」，但它也可能指稱「知道或解決祕密者」，並且 Nahash 與希伯來文中指稱「銅」的詞語，來自同一個字根。

在伊甸園故事的蘇美起源版本中，恩基的稱號是 Buzur，意思是「祕密的解決者」和「大蛇」；《聖經》（站在恩利爾這一邊？）選擇了「大蛇」。但是

在後來的出埃及故事中，提到摩西用銅蛇（恩基的化名）阻止了瘟疫。

在蘇美的「伊甸園」故事中，恩基在寧吉什西達的幫助下從事基因工程（使「夏娃」得以繁殖）。纏繞在一起的蛇（雙螺旋DNA），在蘇美是寧吉什西達的象徵，在埃及是普塔（即恩基）的象形符號，而大蛇圖徽（被稱為Uraeus）也被描繪在法老的頭飾上。在埃及（寧吉什西達被稱為圖特），他是《金字塔經文》中的有翅膀的蛇（在中美洲被譯為Quetzalcoatl〔中文音譯為魁札爾科亞特爾〕）。

參見DNA、Enki（恩基）、Eden（伊甸）、Ningishzida（寧吉什西達）、Quetzalcoatl（魁札爾科亞特爾）、Thoth（圖特）。

SET 塞特

（也拼寫為SETH、SETEKH。）

根據埃及的眾神傳說，他是神聖夫妻蓋布和努特的兒子，配偶是其同父異母的姊妹奈芙蒂斯。他與兄弟奧西里斯爭奪埃及的統治權，並為此殺死且肢解了奧西里斯的身體。後來，他受到奧西里斯的兒子——荷魯斯的挑戰；他們之間的大範圍戰爭，以塞特在西奈半島上的空中戰鬥被擊敗而告終。

Seth 塞特

（希伯來文為Shet，意思是「基礎」。）

亞當和夏娃的第三個兒子，是在亞伯被殺、該隱被流放之後出生的。

Seven, Seventh 七，第七

「七」這個數字的重要性和神聖性似乎是普遍的，在舊大陸和新大陸皆然。

在舊大陸文明的例子有：將恩利爾識別為七，「審判的七位神」，《創世史詩》的七塊碑刻；以及《聖經》中創造世界時的安息日，在七個七年之後的

禧年，《聖經》的上帝將第七個月選為新年的開始；圖特的曆法是七天為一週，法老的夢中有七頭牛和七個麥穗子，在埃及有七位神諭女神。

在新大陸文明中的例子有：阿茲特克人的祖先來自七個洞穴，托爾特克人和馬雅的神聖球賽中的七人團隊等。

西琴認為，這是由於阿努納奇經過冥王星進入太陽系的過程中，地球是第七顆行星，這也催生了用來觀測天空的七層廟塔神廟。

Sexagesimal System 六十進位系統

蘇美的「以六十為基數」的數學系統，是透過將六乘以十，再乘以六、乘以十依此類推而發展。西琴認為，這是由阿努納奇所設計的。他們在尋求長達地球的 3600 年的 Sar（即尼比魯在數學上的軌道週期），與地球非常短的軌道週期之間可行的數學比值時，利用歲差現象創造了 2160 年的黃道宮時代，其中包含了黃金比例 10：6。

參見 Celestial Time（天體時間）、Nibiru's Orbit（尼比魯的軌道）、Zodiacal Constellations（黃道星宮）。

Shalem 撒冷

（意思是「完成」。）

可能是烏圖（沙馬氏）的神聖稱號，耶路撒冷的早期名稱「烏爾薩利姆」（Ur-Shalem，意思是「薩利姆之城」）可能是源自此。

Shalmaneser III 撒縵以色三世

一位亞述國王（西元前 858 年至 824 年在位），他在自己的年鑑上自誇道，他在阿舒爾神的命令下，發動了軍事行動，而且阿舒爾神給了他「光輝的武器」，使得敵人難以抵抗。在著名的「黑方尖碑」（Black Obelisk）上，他描繪

了以色列國王耶戶向他鞠躬致敬。

Shamash 沙馬氏

（阿卡德語，意思是「太陽」。）

參見 Utu（烏圖）。

Shara 撒拉

（意思是「王子」。）

由未婚的伊南娜（伊師塔）所生的獨生子，其父親是烏魯克的一位早期國王盧加班達（Lugal.banda）。

Sheba 示巴

一個傳說中的國土，其女王在聽到所羅門的偉大智慧後，來到耶路撒冷進行王室訪問。與一般的見解相反，「示巴」不是非洲的伊索比亞，而是在阿拉伯南部的一個王國。

Shem 閃

《聖經》中，挪亞的三個兒子中，長子的名字。他是閃族的祖先。

在希伯來文中，Shem 是一個名詞，通常被認為其意思是「名字」；但是一些學者認為，在某些《聖經》經文中，這個詞語描述了一個物體。西琴認為，這個詞相當於蘇美語中的 Mu，它可以指稱神聖的「天空飛行室」。

參見 Aerial Chariots（空中戰車）。

Shin'ar 示拿

古希伯來文對「蘇美」的稱呼。在《創世記》第十一章，開始講述人類在大

洪水之後的第一個文明的故事時，首次提及這個名稱。

SHU 舒

（意思是「乾燥度」。）

按照曼涅托的說法，舒是大洪水之前的埃及神聖統治者（在普塔和拉之後），他統治了七百年。他與姊妹兼妻子泰芙努特（TEFNUT，意思是「濕氣」）生下了一對神聖夫妻，他們的兒子蓋布（GEB，意思是「堆起大地」）和女兒努特（NUT，意思是「天穹／天空」）。

Shulgi 舒爾吉

著名的烏爾第三王朝第二位國王，他聲稱自己是「援助下的神聖出生」，因為娜娜（辛）親自安排了他的父親 —— 國王烏爾南姆（Ur-Nammu），與辛神神廟的大祭司結合。

舒爾吉漫長的統治時期（西元前 2095 年至 2048 年）以熱忱地建造神廟開始，同時對蘇美帝國進行了盛大的旅行，最後成為女神伊南娜（伊師塔）的情人，親眼見證了衰落、起義和入侵。

名為《年代記冊》的皇家年鑑中，列出了發生在各個統治年份的主要事件或活動，顯示舒爾吉建設了橫跨該國北部的「大西牆」（Great West Wall），以防止馬杜克的追隨者「西方人」入侵蘇美。

參見烏爾（Ur）。

Shuruppak 舒魯派克

阿努納奇在伊丁定居時，前五個城市中的第五個。舒魯派克被分配給首席醫藥官寧瑪赫（寧呼爾薩格）。根據美索不達米亞的文獻，蘇美的「挪亞」就是在舒魯派克生活並建造了救援方舟。這座城市在大洪水之後重建，成為蘇

美人的醫療中心。

Shu-Sin 舒辛

蘇美第三王朝的第四任國王，他的短暫統治（西元前2038年至2030年）致力於捍衛蘇美，對抗馬杜克的追隨著日益猛烈的攻擊。

Sidon 西頓（又譯賽達）

地中海沿岸的兩個主要的腓尼基城邦之一（另一個是推羅）。

Siduri 西杜莉

「麥酒女人」或客棧老闆。疲憊不堪的吉爾伽美什在她的客棧裡重新獲得活力。西杜莉也告訴吉爾伽美什，在前往飛彈之地時如何穿越附近的死亡之海。這個地點應該是在耶利哥，而西杜莉讓人聯想到《聖經》中的喇合。

Silbury Hill 西爾布利山

人造的圓錐形山丘，呈現精確的圓形，直徑為520英尺，位於英國巨石陣附近。

Silver 銀

（蘇美語為Ku.babbar，意思是「閃耀的光亮」。）

硬幣的先驅。銀是被鑄造成一定的重量單位（Shekel），用來當作貨幣交換的第一種金屬。

參見 Metals/Metallurgy（金屬／冶金）。

Sim.mah 辛穆馬

（意思是「魚」。）

雙魚宮的蘇美名稱；它與恩基有關。

Sin 辛

（來自 Su.en）。

美索不達米亞的「月神」；參見 Nannar（娜娜）。

Sinai 西奈

三角形半島的名稱，位在亞洲和非洲之間，其北部與地中海接壤，西部與埃及和紅海接壤，東北部與迦南接壤，東南部與埃拉特灣接壤。

它在蘇美時代被稱為「提爾蒙」（Til.mun，意思是「飛彈之地」），是阿努納奇的「第四區域」，為大洪水之後的太空站所在地。按照西琴的說法，這裡是吉爾伽美什尋求變成永生不朽，以及埃及法老來世之旅的目的地。

這個地方（及其上空）通常是阿努納奇的戰場，最高潮是發生在亞伯拉罕時代的使用核武器事件。

六百年後，這是出埃及事件的發生地，包括有紀錄以來最大規模的上帝現身事件：耶和華搭乘他的卡博多登陸西奈山。目前的名字 Sinai，源自《聖經》。目前尚不清楚它何時及為何會開始與辛神有明顯的關聯。

參見 Afterlife（來世）、Exodus（出埃及）、Gilgamesh（吉爾伽美什）、Moses（摩西）、Nin.gal（寧加爾）、Spaceport（太空站）、Tilmun（提爾蒙）。

Sippar 西巴爾

（意思是「鷹城」。）

阿努納奇的第四個城市,在大洪水之前是伊丁的太空站所在地;當時處於烏圖(沙馬氏)的指揮之下。

根據貝羅蘇斯的說法,那裡是「隱藏了所有可獲得的書寫作品」之處,以便將它們從大洪水中拯救出來。眾神也是從那裡搭乘火箭飛船升起,以逃離洪水的淹沒。

在大洪水之後,它精確地在同一地點重建,曾經是烏圖(沙馬氏)的「崇拜中心」,以及蘇美的最高法院所在地。

參見 Landing Corridor(登陸走廊)、Spaceport(太空港)。

Siwa 西瓦

埃及西部沙漠中的綠洲。亞歷山大大帝在擊敗波斯人後,急忙趕往西瓦,向那裡的著名傳神諭者,徵詢關於其半神傳聞的準確性。

SNEFERU 斯尼夫魯

他被認為是埃及第四王朝的第一任國王(因此是古夫／基奧普斯的前任國王)。人們認為斯尼夫魯試圖在美杜姆建造一座斜度為52度的金字塔,卻倒塌了,然後他匆匆忙忙地(包括西琴在內的一些人認為)縮小了另一座金字塔的大小和斜度,最後誕生了彎曲金字塔。

Sodom 所多瑪

根據《聖經》,所多瑪是位於死海南部平原的五個城市之一。死海南部平原是迦南的肥沃地區,亞伯拉罕的侄子羅得選擇居住在此。後來,所多瑪與其他城市(包括蛾摩拉)一起發生劇變。按照西琴的說法,這是《艾拉史詩》中記錄的對於「罪惡之城」的懲罰,當時西奈太空站附近因核武器而發生「劇變」。從文獻的字面上看,顯示爆炸發生在死海南部屏障之上,因此淹

沒了平原。

參見 Bela（比拉）、Dead Sea（死海）、Gomorrah（蛾摩拉）。

Solar Disk 太陽盤

對於埃及圖案「有翼圓盤」的誤稱。它跟古代近東地區的類似圖案一樣，代表的不是太陽，而是尼比魯星。

Solar System 太陽系

西琴在《第12個天體》及其後續書籍中，提供了大量的文獻和圖片證據，顯示蘇美人非常熟悉以太陽為中心的完整太陽系，其中包括我們所知道的外層所有行星，再加上尼比魯星，以及我們的月球，組成了有十二個成員的太陽系。

文獻證據包括了《創世史詩》、黃道帶的十二個「站點」、十二個月的曆法，還有西元前四千年到西元前一千年的天文觀測紀錄。圖片證據包括了因西琴而出名的圓筒印章VA/243（柏林博物館），以及雕像和邊界石上的雕刻圖案等。

參見 Asteroid Belt（小行星帶）、Astronomy（天文學）、Epic of Creation（創世史詩）、Nibiru（尼比魯）、Planets（行星）。

Solomon 所羅門

（希伯來文為 Shlomo，意思是「完整／和平者」。）

大衛的兒子及繼承人，在耶路撒冷擔任國王。他的統治時期（大約在西元前967年到927年）不同於其父親，是一個和平與繁榮的時期，因而能夠在耶路撒冷建造獻給耶和華的聖殿。作為來自上帝的獎賞，他選擇了智慧 —— 這是他在國際上享有盛名的特質。

在他的統治下，以色列王國向北方及東方擴展，包括了黎巴嫩的伯示麥（Beth-Shemesh，即巴勒貝克），以及敘利亞的達莫（Tadmor，即帕邁拉〔Palmyra〕），但是所羅門並非透過戰爭，而是透過商業、外交和通婚來擴展。

他以《雅歌》、《箴言》、《傳道書》等幾本聖經的著作而著稱。

Solstice 至日

（來自拉丁語，意思是「太陽停頓」。）

在一年中，太陽看起來似乎向北移動又返回向南移動，當太陽到達北方或南方的最遠點時，似乎在那裡猶豫、停下來，然後返回移動。

在古代，許多神廟（無論是在舊大陸還是新大陸），甚至是一些特殊的結構，例如巨石陣或基列利乏音，都是朝向夏至日點或冬至日點。

這種現象（發生在 6 月 20/21 日和 12 月 21/22 日）是由於地球本身與其繞行太陽公轉的軌道，呈現傾斜角度而造成的。現在的傾斜度大約為 23.5 度，並且會在長達一千年的週期內上下移動。因此，考古天文學能夠透過這些神廟的朝向，來確定它們的建造年代。

參見 Archaeoastronomy（考古天文學）、Gilgal Repha'im（基列利乏音）、Stonehenge（巨石陣）、Temples（神廟）。

Spaceport 太空站

在大洪水之前，太空站位於伊丁的西巴爾，但後來被大洪水摧毀了。按照西琴的說法，大洪水之後的太空站位於西奈半島，並在西元前 2024 年被核武器摧毀了。

參見 Abraham（亞伯拉罕）、Erra Epos（艾拉史詩）、Gilgamesh（吉爾伽美什）、Landing Corridor（登陸走廊）、Pharaohs（法老）、

Ninharsag（寧呼爾薩格）、Sinai（西奈）、Sippar（西巴爾）、Utu（烏圖）、
War of the Kings（諸王之戰）。

Spaceships 太空船

星際飛船（Gir），與眾神在地球的天空中飛行的「空中艙室」不同。吉爾伽
美什曾經看過太空船發射，形容它是火箭飛船。在描述法老的「來世之旅」
的《金字塔經文》中，這個飛行器被稱為「神聖上升物」；在西奈半島的埃
及總督的墳墓裡，有人將它描繪成地下發射井中的多層火箭飛船。

根據恩基的自傳文獻，當他前往地球時，有五十名太空人跟他一起在太空船
裡。

參見 Afterlife（來世）、Ben-Ben（本本石）、Rocketships（火箭飛船）、
Spaceport（太空船）。

Sphinx 獅身人面像

Sphinx 是源自希臘的名稱，指的是位在埃及吉薩的，用天然石灰石岩雕刻而
成的巨大（長 240 英尺，高 65 英尺）的獅身人面雕像。它的臉代表誰？是由
誰在何時，又是如何及為什麼打造它的？這些謎語就像經常掩埋到它脖子上
的沙漠沙一樣，縈繞著大獅身人面像。

由於有一條道路將它與第二座金字塔相連，因此埃及學家認為是由卡夫拉
（齊夫倫）所打造，即使早於卡夫拉的古夫（基奧普斯）的銘文中已經提到
獅身人面像。

正如西琴在《通往天國的階梯》中所提出的，這些銘文（例如庫存石碑）顯
示了更早的年代，並且在王朝時代之前的圖形描繪中，已經出現了獅身人面
像。在該書的「獅身人面像的凝視」這一章中，西琴高度重視獅身人面像正
好位在北緯 30 度上，而且向東注視，精確地指向了西奈的太空站。西琴的結

論是，獅身人面像是由阿努納奇所打造的，是西元前 10,500 年左右的吉薩／太空站綜合體的一部分。最近由非埃及學家進行的研究中，透過侵蝕模式和其他數據，也得到了接近的年代結果。

參見 Giza（吉薩）、Pharaohs（法老）、Pyramids（金字塔）、Spaceport（太空站）。

Sphinxes, Ram-headed 公羊頭雕像

在卡納克（位於上埃及），通往拉－阿蒙神廟的大道旁，是兩排面對面的公羊頭雕像。西琴表示，這與拉（馬杜克）的期望有關，他希望能隨著白羊宮時代的到來，獲得至高無上的地位。

Spring Equinox 春分

在蘇美和巴比倫的曆法中，新的一年開始於春分，這是尼散月的第一天。

參見 Astronomy（天文學）。

Stars 恆星

從蘇美的古代天文學開始，就將包圍地球的天域分為三條「道路」，每條「道路」占據天弧的 60 度（即三分之一）。最重要的中央天帶是「阿努之路」，它在天空中從北緯 30 度延伸到南緯 30 度，並有天球赤道（Celestial equator）在中間，而其中的恆星列表包括了十二個黃道星宮。

北部天域被稱為「恩利爾之路」；南部天域則是「艾（即恩基）之路」。在有關恩利爾之路的楔形文字之恆星和星座列表中，幾乎包含了當今已知的所有星座之恆星。至於艾之路，由於美索不達米亞看不到最南端，因此其列表並不完整。

儘管蘇美詞語 Mul（在阿卡德語中為 Kakkabu）一詞，被應用於所有天體（恆

星、星座、行星），但蘇美人有時還是用Lubad這個詞語來區分行星。

參見Astronomy（天文學）、Planets（行星）、Solar System（太陽系）。

Storm God 風暴神

當西臺人的主神特舒蔔的名字出現在銘文上時，西臺的翻譯員經常使用這個詞語。

參見Adad（阿達德）、Teshub（特舒蔔）。

Stonehenge 巨石陣

英國著名的遺址，以巨石豎立成橢圓形或「馬蹄鐵」形的巨石圈而聞名。據信，這是從西元前三千年中期開始分階段建造而成的，包括溝渠、轉角標記、「馬蹄鐵形」和矩形布置、大道、特殊視線大石等，並且在西元前2160年左右，（或多或少）組成它們的當前樣子。

但是，是誰構思並組成這些結構，以及為什麼其中最重要的石頭是從遙遠的地方帶來這裡，仍然是一個謎。然而，似乎可以確定的是，巨石陣透過觀測夏至日的日出點，來確定黃道宮時代。

西琴在《完結日》中提到，這座巨石陣與為了向人類證明當時仍然是金牛宮時代，即（馬杜克的）白羊宮時代尚未到來的全球性努力有關。

參見Astronomy（天文學）、E.Ninnu（伊尼奴）、Solstice（至日）、
Zodiac（黃道帶）。

Succession Rules 繼承規則

《聖經》中提供的一條線索，使西琴能夠解讀繼承規則。這條規則是造成阿努納奇的同父異母兄弟之間出現裂痕的根源，也是馬杜克和尼努爾塔為了爭取地球的霸權而對抗的根源。

統治者的繼任者是長子，無論他是由妻子還是妾所生。但是，如果統治者在任何時候，有一個由同父異母的姊妹（無論她是否為配偶）生下的兒子，則該兒子為具有繼承權的合法繼承人。

通常，國王（或族長）為了避免將來發生衝突（因為阿努等統治者都有很多妾），更願意先娶一個同父異母的姊妹為妻。正如亞伯拉罕介紹撒拉是他的姊妹時所解釋的那樣，她是「我父親的女兒，但不是我母親的女兒」。

這就是，雖然恩基是長子，但恩利爾是阿努的合法繼承人的原因，也是為什麼恩利爾的兒子尼努爾塔（由其同父異母的姊妹寧瑪赫所生）是王朝的繼任者，但馬杜克不是。

在埃及，以及在南美的印加人皇室中，也都偏愛以同父異母的姊妹為妻。

Sud 蘇德

在蘇美語中，意思是「一個提供救助的人」，是寧瑪赫（寧呼爾薩格）來到地球時的稱號。

這也是一個年輕護士的個人名字，她後來成為恩利爾的妻子。

Suhur.mash 蘇忽爾馬什

（意思是「山羊魚」。）

摩羯宮的蘇美名字。

Sumer 蘇美

（阿卡德語為 Shumeru，意思是「守護者之地」。）

在蘇美語中被稱為 Ki.en.gi（意思是「地球之主的土地」），是大洪水之後的土地，曾經是阿努納奇在大洪水之前的伊丁所在地。在泥土層充分乾燥之後，來自山脈的移居者往東方遷移到這裡。《創世記》第十一章中記錄了他們到

達「示拿（Shin'ar）地」，開始用泥磚建造城市，這是人類歷史上具有里程碑意義的轉折點。

美索不達米亞的文獻聲稱，在西元前四千年左右，阿努對地球進行國事訪問期間，阿努納奇的領導層在議會中通過一項決定：要將城市文明的「王權」授予人類；實際上，對蘇美最早的城市的所有發掘，都沒有出現早於這個時間的年代（西琴認為，尼普爾曆仍然被猶太人採用，這份曆法始於西元前3760年，是很好的文明開始時間之指標。）

先進的阿努納奇刻意決定將某些知識授予人類，這可以解釋世界上這個部分的高度文明為何突然及空前地崛起，並擁有無數的「第一」：第一個城市中心、第一個書寫作品、第一個輪子、第一座窯、第一位國王和社會組織、第一個音符和詩歌、第一所學校和家庭作業、第一位醫生、第一個宗教（具有神系和神職人員）、第一套數學系統、第一套稅法、第一套法典、第一座高層建築、第一座天文臺、第一個曆法等。

蘇美的滅亡在《哀歌文獻》中有生動的描述，這是「邪惡之風」所導致的結果。按照西琴的說法，西元前2024年西奈發生核爆炸後，致命的核爆雲席捲了整片大地。

蘇美人的倖存者是第一批有紀錄的人類散居者，可以追溯到遠東以及歐洲的飛地。蘇美的文化遺產幾乎存在於現代文明的各個方面，而不只是在持續不斷的尼普爾曆中。

參見 Anunnaki（阿努納奇）、Edin（伊丁）、Mesopotamia（美索不達米亞）。

Susa 蘇薩

先後成為埃蘭和阿契美尼德／波斯的首都，在《聖經》中稱為書珊。《以斯帖記》中所述事件的地點，就在這裡。

參見 Elam（埃蘭）、Persia/Persians（波斯／波斯人）。

Syene 色耶尼

參見 Aswan（亞斯文）

Syria 敘利亞

現今從幼發拉底河往西一直延伸到地中海的政治實體，此處的古代居民主
要是閃族的亞摩利人（Amorites，意思是「西方人」，希伯來文《聖經》中為
Aramites）。從西元前三千年以來，已經有數千年的歷史了，一直是各個王國
和城市國家（例如亞蘭、埃布拉〔Ebla〕、馬里、米坦尼、帕邁拉、烏加里
特）的競技場，以及古代帝國勢力之間的重大戰役發生地。目前的首都大馬
士革，是世界上最古老的連續有人居住的城市之一，在《聖經》中關於亞伯
拉罕的故事裡已經有提到。

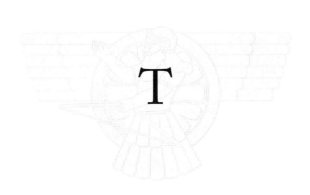

Tabernacle 會幕、帳幕

摩西按照上帝的詳細指示所建造的便攜式帳篷，用於在出埃及期間安置約櫃。

Table of Nations 國家列表

這個學術性詞語適用於《創世記》的第十章，其中列出了大洪水之後人類在地球上的散布，從諾亞的三個兒子開始，然後列出了他們的後代和子孫，並使用個人的名字做為國土的名稱。

Tablets of Destinies 命運碑刻（又譯天命碑刻）

恩利爾在尼普爾的任務指揮中心裡，使用命運碑刻來追蹤行星的軌道，並控制太空旅行。當邪惡的祖偷偷將它們取下並「拿在手中帶走」時，任務指揮中心的嗡嗡聲變得寂靜無聲，藍色的光環變暗了，門伊（Me，通常被翻譯

為「神聖公式」）被「暫停了」。

參見 Divine Formulas（神聖公式）、Mission Control Center（任務指揮中心）、
Zu（祖）。

Tammuz 搭模斯

參見 Dumuzi（杜姆茲）。

Tampu-Tucco 坦普托科

馬丘比丘的早期名稱。關於這個地方的一些傳說，與那裡具有三個窗口的一
座牆有關。

TaNaKh 塔納赫

用來指稱整個《希伯來聖經》的詞語，是聖經的三個部分的縮寫：Torah（意
思是「教義」，中文音譯為「妥拉」）、Neviyim（意思是「先知」）、Khetuvim
（意思是「書寫」）。

Tanis 塔尼斯

位在下埃及，此為當地的希臘文名稱，是《聖經》裡的瑣安（Zo'an）。這是
一個獻給荷魯斯神的城市，他讓「金屬人」定居在此。「金屬人」是他的追
隨著，荷魯斯曾經教他們如何鍛造金屬武器。

Taurus 金牛宮

公牛的黃道星宮。蘇美人稱為古安納（意思是「天牛」〔Heavenly Bull〕）；
這是與恩利爾相關的星宮。

參見 Bull of Heaven（天國公牛）。

Taurus Mountains 托魯斯山脈

位在小亞細亞（現今的土耳其）的山脈，在該區域南部的大部分範圍沿著東西向延伸，最高峰達到 10,000 至 12,000 英尺；幼發拉底河和底格里斯河，以及它們的支流都發源於這些山脈。西臺人和其他安納托利亞人（即小亞細亞人）在這些山中開採了銀和錫。

西琴表示，在大洪水之後，特舒蔔（阿達德）神從安納托利亞引進採礦專家，以便在南美洲的的的喀喀湖地區獲取黃金和錫礦。

參見 Adad（阿達德）、Metals/Metallurgy（金屬／冶金）、Teshub（特舒蔔）、Titicaca（的的喀喀）。

Tell Ghassul 特爾佳蘇爾

（意思是「信使山丘」。）

約旦河東邊的一個古老遺址，位在死海附近。梵蒂岡的教宗聖經研究所（Pontifical Biblical Institute）的考古學家，曾經在此處發現壁畫，上面描繪了球形的太空船，帶有圓形的「眼睛」開口和伸出的雙腿。西琴將該遺址與先知以利亞在「旋風中」升上天空的聖經故事連結起來。

Temple 神廟

被翻譯為「神廟」的蘇美語楔形文字符號，讀音為 E，意思是「房屋／居所／住所」，與紀念神或女神的聖殿不同，被認為是神實際上的居住之處。

因此，恩利爾（及其配偶寧利爾）被認為是居住在尼普爾的廟塔神廟「伊庫爾」（E.kur，意思是「像山一樣的房子」）。馬杜克是居住在宏偉的廟塔「伊天門安基」（E.TEMEN.AN.KI，意思是「天地基礎之屋」）並授予王權，同時由一群組織複雜的祭司提供服務。在古蒂亞於拉格什建造好新神廟「伊尼

奴」（E.Ninnu，意思是「五十之屋」）時，尼努爾塔及其配偶巴烏在慶祝活動中住進該處。

所羅門為耶和華建立的聖殿，也被稱為 Beit Mikdash（意思是「奉獻之屋」），只有神的「聖靈」或「榮光」才能讓它成為家，因為「耶和華的住所在天上」。

在蘇美時代以後，神廟通常不是廟塔形狀，而是矩形結構，分為三個部分：入口大廳、主要用作儀式和禮拜的大堂，以及至聖所。

沒有跡象顯示埃及的神廟原本是實際的神聖住所，在其至聖所的最裡面，只發現了神像。

迦南文獻認為，萬神殿的首領伊爾（與配偶阿西拉）退休後住在某個地方，而活躍的巴爾（Ba'al，意思是「主」）居住在「北方的祕密之地」（按照西琴的說法，正是在巴勒貝克〔Ba'albek〕）。

阿茲特克人、瑪雅人和印加人的神廟，似乎都模仿了埃及的樣式，做為最主要的光榮神殿。

Temple Mount 聖殿山

摩利亞山（意思是「指示之山、指路山」），位在耶路撒冷三座山的中間，北邊是蘇弗山（Zophim，意思是「觀察者之山」），南邊是錫安山（Zion，意思是「信號山」）之間。它會被稱為「聖殿山」，源自於在其平臺上建造了獻給耶和華的聖殿。

這座高起的平臺被一面牆包圍，裡面有神聖的 Even Shatit（意思是「基石」），傳統說法及考古研究顯示，聖殿的至聖所（現今被岩石圓頂所包圍，是穆斯林的聖地）就設在基石所在處。

這座古老平臺的西邊由西牆支撐著。西牆是聖殿時代的遺物，其根基一直延伸到天然的床岩。耶穌時代的遺蹟顯示，通往聖殿的大眾路線，是經過禮儀

階梯和南牆上的大門。

見 David（大衛）、Jerusalem Temple（耶路撒冷聖殿）、Solomon（所羅門）。

Temple Orientations 神廟朝向

神廟的天體朝向從一開始就是建造過程中最重要的面向。

方形廟塔的轉角，正好指向四個基本方位點。在長方形的神廟中，長軸正好是東西向的，或者與至日點的日出點對齊。

考古天文學之父諾曼・洛克耶爵士，稱前者（如耶路撒冷的所羅門聖殿）是平分日點或永恆神廟，而後者（如埃及或美洲的神廟）的朝向則有助於確認其建造年代。

古迪亞在為拉格什的伊尼奴神廟定向時，獲得了神的幫助；埃及的描繪則顯示了眾神正在指示神廟的角石要設置在何處。

Ten Commandments 十誡

這個詞語適用於在《出埃及記》（20：2～17）中提出，並且在《申命記》（5：6～18）重申的，上帝與以色列子民在西奈山制定的「盟約」中，十條宗教和倫理原則。前三條陳述了以耶和華為中心的一神教宗教原則。第四條將第七日定為安息日；第五條指示要尊重父母；其他五條以「你不應該」為開頭，指導社會和道德行為。

這些誡命建立了一神教並禁止刻畫肖象，在當時流行的多神教中是獨一無二的；多神教通常會崇拜眾神的雕像。同時，這些誡命在社會和道德指示方面，也不同於其他國家（例如巴比倫的《漢摩拉比法典》）列出的犯罪及其懲罰列表。

誡命（在希伯來文中的字面意思是「語錄」），被刻在摩西於西奈山拿到的兩塊石版上。它們是被放在約櫃中的唯一物品。

Tenochtitlan 特諾奇提特蘭

（意思是「特洛奇〔Tenoch〕之城」。）

阿茲特克人的首都的名字，他們遵循傳奇的指引，將這座城市建在一座湖的中央。當西班牙人到達時，他們驚訝地這裡是一個繁華的都會，有運河縱橫交錯其間，還有雙塔的神廟和宏偉的宮殿。

西琴猜想，這個名字是否可以理解為「以諾之城」（City of Enoch），因為根據《聖經》，該隱在其「流浪之地」建造了一座城市，並以他的兒子以諾的名字來稱呼。

西班牙人在被毀的阿茲特克首都上方，建造了墨西哥城。最近在墨西哥城主廣場的考古發掘，已經出土了阿茲特克時代的一些遺蹟（和許多工藝品）。

Teotihuacan 特奧蒂瓦坎

（意思是「眾神之地」。）

位於墨西哥城東北方的一個巨大古代遺址，主要以「月亮金字塔」、「太陽金字塔」，以及 2.5 英里長的寬敞「亡靈大道」（Avenue of the Dead）而聞名，沿途有階梯金字塔和其他神聖結構，包括獻給「羽蛇神」魁札爾科亞特爾的神廟。

傳說中提到，這些金字塔是在紀念一個黑暗時代，當時太陽沒有升起。眾神聚集在特奧蒂瓦坎，討論該怎麼做。在兩位神犧牲自己來獻祭之後，風神吹向太陽，太陽恢復了運動。

考古證據顯示，該遺址的第一批建造者是奧爾梅克人。放射性碳定年法顯示，這兩個金字塔大約建造於西元前 1400 年。

這些資料促使西琴將延遲的日出（在南美洲的傳說中也提到），與發生在地球另一邊、約書亞時代（大約在西元前 1400 年）的「日頭停住約有一日之

久」（不是二十個小時）事件，連結在一起。

Terah 他拉

亞伯拉罕的父親，他與家人從蘇美的烏爾，遷居到美索不達米亞北部的哈蘭，這些家人包括他的兒子亞伯蘭和拿鶴，以及他們的妻子。

西琴根據希伯來文的字面意義，認為這個家族起源於尼普爾，而 Terah 這個名字來自蘇美語的 Tirhu（意思是「神諭的宣告者」，中文音譯為「提爾胡」），表示他拉是神諭祭司。。

Teshub 特舒蔔

西臺神系的首領，即所謂的「風暴神」。

參見 Adad（阿達德）、Hittites（西臺人）、Ishkur（伊希庫爾）。

Thebes 底比斯

這個名字來自希臘文的 Thebai，位在尼羅河東岸，是古埃及南部於中王國和新王國時期的首都。它在希伯來文聖經中被稱為 Noh Amon，與其埃及文名字 NEUT-AMON（意思是「阿蒙神的愉悅之城」）相符。著名的旅遊勝地有：卡納克大神廟和盧克索大神廟，是古代底比斯的一部分。

Third Pyramid 第三金字塔

通常指吉薩的三座金字塔中較小的那一座；埃及學家將其歸功於法老孟考拉。但西琴將這三座金字塔全都歸功於阿努納奇，並認為這座金字塔實際上是第一座金字塔，是由阿努納奇建造來當作比例模型，用以測試隨後要用在較大的兩座金字塔的傾斜度和其他特徵。

Third Region 第三區域

印度河谷被阿努納奇選為賦予人類文明的第三區域；受到伊南娜的庇護。

Thirtieth Parallel 三十度緯線

西琴認為，就像地球周圍的天域在南緯和北緯的30度線（參見Stars〔恆星〕）被劃分，地球本身也被阿努納奇劃分了。北緯30度線是最重要的：它穿過吉薩建築群的中心，獅身人面像也沿著這條線，朝向東方凝視著同樣位在北緯30度線上的西奈半島太空站。此外，埃利都（恩基的城市，阿努納奇在伊丁的第一個定居點），還有遠東的印度河谷文明的哈拉帕，也是在這條線上。

因此，這四個區域（在吉薩／西奈，以及三個最早的文明）的焦點，都位於這條北緯30度線上。隨後的文明中心也是如此，包括：波斯波利斯（Persepolis，波斯首都），然後是拉薩（Lhasa，西藏的神聖中心）。

Thoth 圖特

一位古埃及的主神，其特質包括神聖建築師（因此他的埃及名字TEHUTI，意思是「繩索的抽屜」，也就是「神聖測量者」）；以及神聖的抄寫員，負責在眾神或人類的命運受到測量時，記錄眾神的決定或人類的行為；還有祕密知識之神，數學、數字和曆法之神，可以使死者復活的魔法之神。他通常被描繪為擁有朱鷺鳥（意思是「智慧」）的頭。

根據曼涅托的說法，圖特是普塔的後代，在眾神獨自統治埃及的時代，統治了1560年。但隨著時間的流逝，他與同父異母的兄弟拉神吵架之後，不得不流亡（根據西琴的說法，普塔、拉和圖特，分別是蘇美的恩基、馬杜克和寧吉什西達）。

在埃及的象形文字文獻《魔法師傳說》（*Tales of the Magicians*）中，提到「圖特的祕密數目」是「52」，並以52×7天一週的曆法（以及他在位的年數52×30＝1,560）來展現。

這條線索讓西琴認為，中美洲的羽蛇神「魁札爾科亞特爾」就是圖特，因為「52」是哈布曆與卓爾金曆的「神聖數字」，是它們重新嚙合到同一位置的年數，也與魁札爾科亞特爾承諾回歸的時間有關。因此，西琴認為，圖特在西元前3113年被埃及的拉（馬杜克）放逐，帶著一群非洲追隨者來到中美洲，同時在這裡被稱為「魁札爾科亞特爾」。

參見 Calendars（曆法）、Mesoamerica（中美洲）、Ningishzida（寧吉什西達）、Olmecs（奧爾梅克人）、Quetzalcoatl（魁札爾科亞特爾）。

Thothmes 托米斯（又譯圖特摩斯、湯瑪斯）

（也拼寫為 Thothmose、Tuthmosis，意思是「圖特的子嗣」。）

第十八王朝的幾個法老的名字，其中最著名的是托米斯三世（西元前1504年至1450年在位），他大大擴張了埃及在非洲和亞洲的領土，發起了攻占登陸點和納哈林的戰役，並且在激烈的米吉多戰役後，控制迦南地區，直到西臺人的邊界。

托米斯四世最著名的回憶，是他還是王子時與獅身人面像的相遇。就像豎立在獅身人面像的爪子之間的石碑上記錄的，當時的獅身人面像被沙漠的沙塵覆蓋到脖子。王子在狩獵後感到疲倦，在那裡睡著了，夢見獅身人面像對他說話，請求他把沙塵移除掉，並承諾如果王子願意這麼做，他將來會成為國王。這位王子做到了，後來也成為國王。

參見 AH-MOSE/Ahmosis（阿赫莫西斯）、Hatshepsut（哈特謝普蘇特）、Mitanni（米坦尼）、Moses（摩西）和 Sphinx（獅身人面像）。

Tiahuanacu 蒂亞瓦納科

（也拼寫為 Tiwanaku，中文音譯為蒂瓦納庫、提瓦納庫。）

位在的的喀喀湖（現今屬於玻利維亞）南岸附近的一個主要遺址。根據數個傳說，造物神維拉科查在遠古時代來到這裡，從此展開了人類在南美洲的定居史。

令人驚訝的是，探險家和考古學家已經得出確鑿的結論。西班牙編年史學家宣稱這個地方為「世界上最古老的地方」。十九世紀的探險家斯奎爾（E. G. Squier）稱這裡是「新大陸的巴勒貝克」。二十世紀最著名、最投入的探險家亞瑟‧波斯南斯基（Arthur Posnansky）稱蒂亞瓦納科是「美洲人的搖籃」，確定它的歷史已經超過了一萬年。

這個遺址的主要古蹟，證實了它的悠久歷史，而且西琴握有其建造者的身分線索，以及他們在海拔約 2.5 英里的荒山中建造巨石城的原因。

在這三座主要古蹟中，最美麗的是太陽門，它是一座獨自佇立的巨大門道，其巨大的門廊、裝飾精美的拱門、邊框、過梁、凹壁和假窗口，全是由單一一塊巨石切刻而成，這一整個石塊重達一百噸以上。拱門上錯綜複雜的雕刻圖案，以維拉科查神為中心人物，它控制著三排有翼生物，這樣的安排具有曆法意義。

西琴已經展示了，帶有權杖和閃電的維拉科查神之描繪，類似於安納托利亞的西臺人對於其主神特舒蔔（阿達德）的描繪方式，而有翼生物的圖案也模仿了類似的西臺描繪。這一點以及其他事實，促使西琴認為，阿努納奇在大洪水之後，將獲取黃金的業務轉移到南美洲，精通金屬的西臺人被特舒蔔帶來此地。

蒂亞瓦納科是黃金和錫的冶金中心，這一點被第二重要的遺蹟「阿卡帕納」進一步證明了。它是一座人造山，被認為是金字塔的遺蹟。但是，對其內

部的發掘工作，揭露了裡面有一系列由導管連接的管道和腔室，並且設有水閘，顯示它是冶金加工的設施。按照西琴的說法，其目的是要從錫石礦中提取錫。

確定該遺址的誕生年代的最後決定因素，是第三座重要的遺址，名為「卡拉薩薩亞」。它是一個大約400×450英尺的矩形圍場，包括一個下凹廣場，並由一系列直立的石柱勾勒出輪廓。它的東西朝向、柱子的數量及其位置，顯示出它與平分日點和至日點有關的天文功能。

其至日點的角度（或傾角）符合大約西元前一萬年或西元前四千年的建造年代。按照西琴的說法，前者與阿努納奇在大洪水之後的活動相吻合，後者則與阿努對地球進行國事訪問的時間相吻合。

參見 Akapana（阿卡帕納）、Anu（阿努）、Gate of the Sun（太陽門）、Kalasasaya（卡拉薩薩亞）、Megalithic Structures（巨石結構）、Metals/Metallurgy（金屬／冶金）、Puma Punku（普瑪彭古）、Solstice（至日）、Tin（錫）。

Ti.amat 提亞瑪特（又譯提亞馬特）

（意思是「生命之母」。）

根據《創世史詩》（西琴認為這是複雜的宇宙論），提亞瑪特是太陽系早期的行星，有十一顆衛星。後來它與一個入侵的行星（被稱為尼比魯／馬杜克）相撞。這次天幕之戰（天體碰撞）的結果，是提亞瑪特被分為兩個部分：一部分被粉碎成為「天堂手鐲」（小行星帶），另一個完整的部分被推向不同的軌道，變成地球，而提亞瑪特的主要衛星則成為地球的月球。

參見 Asteroid Belt（小行星帶）、Celestial Battle（天體碰撞／天幕之戰）、Earth（地球）、Epic of Creation（創世史詩）、Kingu（金古）、Marduk（馬杜克）、Nibiru（尼比魯）、Planets（行星）、Solar System（太陽系）。

Tiglath Pileser III 提格拉特－帕拉沙爾三世

一位亞述國王（西元前745年至727年在位），他從以色列王國獲取貢品。他是首位透過向馬杜克致敬，來合法化亞述對巴比倫的統治的亞述國王。

Tigris River 底格里斯河

美索不達米亞（Mesopotamia，意思是「兩河之間的土地」）的第二大河，由北向南流，與幼發拉底河平行，不過源頭偏向東邊。在伊甸之河的聖經故事中，它被稱為希底結（Hiddekel，來自阿卡德語的 Idiglat，蘇美語的 Idilbat），並被正確地描述為「流在亞述的東邊」（《創世記》2：14）。

參見 Edin（伊丁）、Mesopotamia（美索不達米亞）、
Rivers of Paradise（天堂之河）。

Tilmun 提爾蒙

（意思是「飛彈之地／土地」，有時被翻譯為 Dilmun〔迪爾門〕。）

蘇美人對於西奈半島（或半島的那個部分）的稱呼。這裡是阿努納奇的太空站所在地。根據《吉爾伽美什史詩》，提爾蒙是「火箭飛船的升起之處」，也是吉爾伽美什尋求永生不朽的目的地之一。吉爾伽美什在那裡遇見了大洪水的倖存者吉烏蘇他拉（烏特納比西丁），他與妻子一起被授予長壽，並被送往眾神的神聖區域 —— 提爾蒙。

參見 Deluge（大洪水）、Gilgamesh（吉爾伽美什）、Ziusudra（吉烏蘇他拉）。

Time 時間

西琴認為，阿努納奇的母星尼比魯與地球之間的時間週期，存在著巨大的差異（即行星的軌道週期，西琴將其命名為「神聖時間」和「地球時間」），

因此阿努納奇創建了「黃道時間」這個中間值。由於歲差現象，地球在軌道運行上的延遲，每2160年會累積到30度。2160年這個年數，與尼比魯軌道的3600個地球年，形成了10：6的比例（3600：2160 ＝ 10：6）。按照西琴的說法，這個比例解釋了六十進位系統的數學基礎。

Tin 錫

與金、銀或銅不同的一種金屬，錫在自然界中極少以純粹的形態存在。通常它會被氧化成一種名為「錫石」（Cassiterite）的礦石。錫石必須在非常高溫的熔爐中進行多階段的熔煉，與碳重新結合後再回收，才能提取出純錫。錫的有用之處在於，當少量的錫（僅超過10%）添加到銅之中，所得到的合金（青銅）將擁有超高的強度。

儘管從錫石要變成青銅，必須歷經複雜的冶金過程，但「青銅時代」卻早在西元前3600年在蘇美（錫被稱為An.na，意思是「天堂石」）誕生，並在近東地區持續了數個世紀。以下的事實，讓蘇美人的成就更顯著：他們可以從附近的近東資源（如賽普勒斯、克里特島）獲得銅礦，但錫石礦產地卻在遙遠的印度次大陸和遠東地區，不列顛群島（康瓦耳）或南美洲（的的喀喀湖周圍）。

西琴在《失落的國度》中引用了蘇美文獻，其中伊南娜談到自己在印度河谷的領土是錫的來源。西琴也提供了阿努納奇在玻利維亞的的的喀喀湖獲取錫的證據，而當地至今仍然是世界上主要的錫來源。西琴甚至猜想，這個產錫中心的名字可能源於阿卡德語中的Anaku（錫），因此Ti-anaku的字面意思是「錫城」！

參見 Bronze（青銅）、Puma Punku（普瑪彭古）、Tiahuanacu（蒂亞瓦納科）、Titicaca（的的喀喀）。

Titicaca 的的喀喀

位在安地斯山區的大型淡水湖，是地球上海拔最高的湖泊，現今被劃分給祕魯和玻利維亞。按照西琴的說法，蒂亞瓦納科和普瑪彭古的重要遺址，如今已經遠離的的喀喀湖，但最初是位在這座湖的南岸，而且是阿努納奇在大洪水之後的黃金和錫的冶金來源。西琴指出，這座湖泊的名字可以被理解為艾馬拉語中的「錫岩」（Rock of Tin），與維拉科查神從湖中的一座小島為人類取得錫的傳說相吻合。

參見 An (Anu)（安／阿努）、Bolivia（玻利維亞）、Bronze（青銅）、Gold（黃金）、Megalithic Structures（巨石結構）、Puma Punku（普瑪彭古）、Tiahuanacu（蒂亞瓦納科）、錫（Tin）。

Tlaloc 特拉洛克

古代中美洲的水神和雨神。他的配偶名為 Chlchiuhthicue，意思是「水之女士」。

Tollan 托央

參見 Tula（圖拉）。

Toltecs 托爾特克人

在阿茲特克人之前，於墨西哥中北部占主導地位的部落，以先進的手工藝和建築技巧而聞名。他們的首都圖拉（Tula，也稱為托央〔Tollan〕）靠近特奧蒂瓦坎，使得許多學者認為在西元前 200 年左右，圖拉成為首都之前或之後，托爾特人居住在特奧蒂瓦坎。由於一些性質不明的內部嫌隙，托爾特克人（大約在西元 800 年）收拾行李離開了。其中一些人抵達猶加敦半島，參

與了馬雅人的奇琴伊察的設計和建造。

參見 Tula（圖拉）。

Torreon 石塔

（意思是「塔」。）

位在祕魯馬丘比丘的半圓形結構，由完美切刻、造形及修整的方石打造而成。它是經由七個臺階到達的矩形圍場的一部分，位於馬丘比丘的神聖岩石上。

Tower of Babel 巴別塔

根據《創世記》第十一章，在人類定居於蘇美之後，「那時，天下人的口音言語都是一樣」（11：1），人類計畫「建造一座城和一座塔，塔頂通天」（11：4），由此可以獲得 Shem（通常被翻譯為「名字」）。耶和華為此感到擔憂，並建議沒有透露姓名的同事，透過變亂人類的語言來破壞這個陰謀：《聖經》從希伯來文的動詞 BLL（意思是「混搭，變亂」），將這座城市取名為巴別（Babel，即巴比倫）。

在各種蘇美文獻和貝羅蘇斯的著作中，都發現了人類曾經只有一種語言的說法，而西琴則將這個故事，與馬杜克在他的美索不達米亞城市巴比倫建造發射塔的首次嘗試，連結在一起。這件事發生在西元前 3460 年，這是拉（馬杜克）離開埃及之後的混亂時期。西琴所提出的解釋，是基於在亞述巴尼帕的圖書館裡發現的泥版（K. 3657）上的「巴比倫之塔」故事，而他也認為，在某些情況下，Shem 是指火箭飛船。

參見 Babylon（巴比倫）、Confusion of Languages（語言混亂）、Marduk（馬杜克）、Shem（閃）。

Tree of Knowledge 知識之樹

根據《創世記》(2：9)，伊甸園中生長著兩棵特殊的樹：「生命之樹」和「分別善惡的樹」，上帝禁止亞當吃後者的果子。然後，女伴夏娃被塑造出來，她被蛇說服，吃了善惡樹的果子，並拿給亞當吃。由於這對夫妻違背了上帝的命令，因此被趕出伊甸園。

《聖經》將這個詞語翻譯為「知識之樹」(Tree of Knowledge)，但西琴建議應該翻譯為「知道之樹」(Tree of Knowing)，「知道」是《聖經》用來表示性行為以繁殖的詞語。按照西琴的說法，這個故事涉及了「蛇」恩基的第二次基因工程，以使不育的混血人種能夠繁殖。

參見 Eden（伊甸園）、Enki（恩基）、Serpent（大蛇）。

Tree of Life 生命之樹

在《聖經》的亞當和夏娃的伊甸園故事中，生命之樹「長在園子當中」。在這對夫妻吃了「知道之樹」的果實之後，耶和華向（沒有透露姓名的同事）表達了他的擔心，怕他們也吃「生命之樹」的果子並「永遠活著」。因此，亞當和夏娃被趕出伊甸園，而基路伯則被安設在這裡，「要把守生命樹的道路」。

埃及文獻中曾提到「活地之樹」；美索不達米亞文獻則提到「生命之植物」。在這兩種文明的描繪中，都把這棵樹呈現為棗椰樹。在美索不達米亞藝術（尤其是亞述人）中，生命之樹經常被神聖生物所包圍。

參見 Date Palm（棗椰樹）、Plant of Life（生命之植物）。

Tres Zapotes 特雷斯薩波特斯

在墨西哥的首要奧爾梅克遺址，（十九世紀末時）人們首次在這裡發現了巨

大的奧爾梅克石雕頭像。

Trilithon 三石牌坊

這個名稱適用於由三個巨大石塊組成的結構，每個石塊重達1100噸，被安設在巴勒貝克平臺的西擋土牆中。

參見 Ba'albek（巴勒貝克）。

Tubal-Cain 土八該隱

根據《聖經》，土八該隱是流亡的該隱之後代，「是銅匠鐵匠的祖師」。

Tula 圖拉

位於墨西哥中北部，在圖拉河沿岸，是昔日托爾特克人的首都，也被稱為「托央」（Tollan，意思是「有許多人的城市」）。大約在西元800年，它被居民完全拋棄了。但是它的金字塔、紀念性建築，以及廣闊神聖廣場的其他特色，至今仍令遊客驚歎不已。

最著名且最神祕的是「阿特蘭蒂斯」（Atlantes），這是一個巨大的類似人類戰士的雕像，其手上拿著武器，包括一種「放射槍」，但其臉部特徵卻不同於地球上任何已知的人種。它們排列在其中一個階梯金字塔的平頂上。

參見 Atlantes（阿特蘭蒂斯）、Toltecs（托爾特克人）。

Tunnel of Hezekiah 希西家的隧道

希西家國王開鑿的一條祕密地下隧道，在亞述國王西拿基立圍攻耶路撒冷的期間，這條隧道為耶路撒冷供應了用水。十九世紀時，探險家在隧道的牆壁上，發現了一塊刻有皇家希伯來文字的銘文，提到挖掘者從兩端進行挖掘，並在那個地方相遇。那面刻有銘文的牆，現今收藏在土耳其的伊斯坦堡博物

館中。

參見 Hezekiah（希西家）。

Turin Papyrus 都靈莎草紙

一個重大考古發現，現今保存在義大利杜林（Turin）的埃及博物館中。《都靈莎草紙》中，依朝代列出了埃及的古代統治者，而且這些朝代始於眾神的神聖王朝。

Turquoise 綠松石

一種藍綠色的半寶石，由古埃及人所珍惜，並從西奈開採這些礦石。

Twelve 十二

除了數字「七」之外，也許長期持續具有意義的數字是「十二」。一年有十二個月、十二個黃道星宮、一天有兩個十二小時、蘇美和阿卡德的十二位主神、奧林匹亞神系的十二位神、雅各的十二個兒子、以色列的十二個支派、耶穌的十二個使徒等。西琴認為，這一個意義源自蘇美人不斷重複的聲明，即太陽系有十二個成員：太陽、月亮和十顆行星，第十顆是巴比魯。（正確地說，西琴的第一本書《第12個天體》的書名應該是「太陽系的第十二個成員之行星」。）

Typhon 泰風

在希臘的眾神傳說中，堤豐（Typhoeus，即泰風）是體型巨大的泰坦神。宙斯在空中戰鬥中，以雷電擊敗了他。希臘歷史學家希羅多德在提到埃及的荷魯斯和賽特的故事時，將賽特等同於泰風。這兩個故事的最後一場戰役，都是在西奈半島的空中進行。

Tyre ([H] *Tzor*) 推羅（又譯泰爾）

在《聖經》所描述的時代中，兩個主要的腓尼基城邦之一。推羅的國王希蘭提供了黎巴嫩的雪松給所羅門王，以用來在耶路撒冷建造聖殿，此外，希蘭王的船隻環繞非洲航行，從俄斐帶走黃金。

參見腓尼基（Phoenicia）。

Tzolkin 卓爾金曆

阿茲特克人／馬雅人的「神聖年」曆法，每個月二十天，由十三個月組成一年260天；它的起源和基礎使學者感到困惑。但可以肯定的是，它應該與中美洲的哈布曆一起同步輪轉。哈布曆是每個月二十天，由十八個月組成一年360天（在埃及，則增加了五個特殊天，組成365天的陽曆年）。這兩份曆法同步輪轉，形成五十二年的循環。而「52」是圖特的祕密數字。

參見 Calendars（曆法）、Thoth（圖特）、Quetzalcoatl（魁札爾科亞特爾）。

U

Ubartutu 烏巴圖圖

根據《蘇美國王列表》和《阿特拉－哈西斯》史詩，烏巴圖圖是神的人類後代，而他的兒子吉烏蘇他拉（Ziusudra，阿卡德語為 Utnapishtim，中文音譯為「烏特納比西丁」）是大洪水的英雄。

參見 Deluge（大洪水）、Lamech（拉麥）、Noah（挪亞）、Utnapishtim（烏特納比西丁）、Ziusudra（吉烏蘇他拉）。

Ugarit 烏加里特

西元前兩千年的主要迦南城市，西元1930年代在敘利亞的地中海沿岸，一個名為拉斯沙姆拉的地點出土。相關發現包括了在皇家圖書館中的一堆泥版，上面（以楔形文字）刻著類似希伯來文的文字，揭露了迦南人的眾神和英雄的故事。這些著作使得人們可以在《聖經》提及的脈絡下，理解迦南的文化和宗教。

Upper Sea 上海域

在亞述和巴比倫文獻中，這個詞語指的是地中海。

參見 Great Sea（大海）。

Ur 烏爾

（意思是「城市」。）

娜娜（辛）神的「崇拜中心」，曾三度成為蘇美的首都。烏爾第三王朝時期（西元前 2113 年至 2024 年）被認為是蘇美文明最輝煌的時期，最後因蘇美在西元前 2024 年的核爆事件後滅亡而告終。

烏爾在最高峰時期是一座被城牆包圍的城市，裡面有國王的宮殿、行政大樓、寬闊的街道、學校、工作坊、商人的倉庫、兩層樓的住宅，還有一個神聖區域。該區域裡有雄偉的廟塔神廟，附有提供給娜娜及其配偶寧加爾的巨大階梯。烏爾的兩個港口，透過運河與幼發拉底河連接，使得商人能夠與遠方的土地進行貿易，進口金屬和原物料，並出口烏爾當地知名的衣服。

《聖經》說亞伯拉罕「出了迦勒底的吾珥（即烏爾）」，走到哈蘭（《創世記》11：31）。西琴認為，亞伯拉罕實際上是在尼普爾出生，然後在烏爾長大並結婚，因為其父親他拉在烏爾擔任祭司。

倫納德・伍萊（Leonard Woolley）爵士曾在蘇美地區裡，他所說的「烏爾皇家陵墓」中，發現了一些最精美的工藝品。

參見 Abraham（亞伯拉罕）、Nannar（娜娜）、Sin（辛）、Sumer（蘇美）、Terah（他拉）。

Uranus 天王星

根據《創世史詩》（宇宙論），被我們稱為天王星和海王星的這兩顆類似雙

胞胎的行星，是在太陽系的同一個階段形成的。它的蘇美語名字是En.ti.mash（意思是「光亮綠色生命之主」）；阿卡德語名字是Kakkab Shanamma（意思是「雙重的行星」），而西琴則利用這些稱號，預測了1986/1989年旅行者二號（Voyager 2）在天王星和海王星的主要發現。

天王星的獨特之處，在於它是側躺的，也就是它以北極（而不是赤道）面對太陽。根據美國國家航空暨太空總署的說法，這是天王星在某個時刻遭到「重擊」的結果。它的衛星之一米蘭達（Miranda），也顯示出被「重擊」的跡象，而西琴在《完結日》中提到，這些情況全都是因為它們與尼比魯的衛星相撞，而發生的時間可能與地球上的大洪水時期相吻合。

參見 Deluge（大洪水）、Halley's Comet（哈雷慧星）、Nibiru（尼比魯）、Planets（行星）。

Ur.gula 烏爾古拉

（意思是「獅子」。）

獅子宮的蘇美名稱。根據蘇美文獻，大洪水發生在獅子宮時代的開始，即大約在一萬三千年前。

Uriah 烏利亞

根據《聖經》，他是大衛王軍中的西臺（赫人）軍官，因為大衛王垂涎他的妻子拔示巴（Bathsheva）而被殺。

Ur-Nammu 烏爾南姆

（意思是「烏爾的喜悅」。）

烏爾第三王朝的第一位統治者，其母親是女神寧松（往昔吉爾伽美什的母親）。在娜娜（辛）的主持下，將首都移到烏爾，並選擇一位具有神之血統

的人類來擔任新國王（西元前2113年）。

眾神希望（實際上的確是）這個王朝會成為蘇美兩千年歷史中的嶄新一頁，並試圖重新引入道德規範和代表著文明開始的「正義之道」。不幸的是，由於馬杜克為了追求至高無上的地位，使得近東地區陷入恩基和恩利爾兩個家族之間不斷升高的衝突之中。「和平之王」烏爾南姆在西元前2096年死於戰場上。

參見 Sumer（蘇美）、Ur（烏爾）。

Ur-Shanabi 烏爾先納比

一位船夫的名字。在《吉爾伽美什史詩》中，烏爾先納比載著吉爾伽美什越過「死亡之水」，並在途中駛往烏特納比西丁（阿卡德版本的大洪水英雄）的住所。

參見 Dead Sea（死海）、Utnapishtim（烏特納比西丁）。

Ur-Shulim 烏爾－蘇尼姆

一個城市的名字，距離西奈的太空站不遠，被授予烏圖（沙馬氏）。烏圖的稱號之一是「蘇尼姆」（Shulim，意思是「至上的」〔Supreme〕），很可能就是 Yeru-Shalem（意思是「至上的城市」）的起源，而耶路撒冷的名稱就源自於 Yeru-Shalem。

Uru People 烏魯人

一個部落的名字，現在僅存少數人口。他們在「黑暗之日前」就定居在祕魯的烏魯班巴河（Urubamba）的神聖山谷中。他們的名字與蘇美的「烏爾」（Ur）相似，而且其語言的許多單字看起來與阿卡德語完全相同，這一事實導致人們猜測，烏魯人可能是在古代被帶到安地斯山區的美索不達米亞人的

後代。

Urubamba River 烏魯班巴河

祕魯的一條重要河流，其河谷位於安地斯山脈之間，是祕魯最古老的定居點和巨石結構遺址的舞臺。它將印加首都庫斯科與馬丘比丘（古帝國的祕密首都）連接起來。

參見 Cuzco（庫斯科）、Machu Picchu（馬丘比丘）、
Ollantaytambu（奧蘭太坦波）、Uru People（烏魯人）。

Uruk 烏魯克

蘇美最早的城市之一。西元前四千年左右，為了阿努和安圖來地球進行國事訪問，建造了烏魯克做為他們留宿的地方。

參見 Erech（以力）、Gilgamesh（吉爾伽美什）、Inanna（伊南娜）。

Urukagina 烏魯卡基納

一位在拉格什的蘇美國王，他在西元前 2400 年左右，制定了以社會正義為基礎的法典，禁止富人、有權力的人虐待窮人和寡婦。

Usmu 烏斯木

（也拼寫為 Ushmu。）

恩基的兩面「維齊爾」（vizier）或使者。西琴指出，艾（恩基）的天體是海王星，它的「維齊爾」行星 —— 冥王星，有一個奇怪的軌道，有時是在海王星的外側，有時是在海王星的內側。因此，艾與烏斯木的關係，與天體海王星和冥王星的現象相符。

Utnapishtim 烏特納比西丁

（意思是「他的日子是生命。」）

阿卡德版本中大洪水英雄的名字。

參見 Noah（挪亞）、Ziusudra（吉烏蘇他拉）。

Utu 烏圖

（意思是「閃亮者」。）

「太陽神」，他以阿卡德語名字「沙馬氏」較為人所知。他的神系階級是20。他是恩利爾的孫子，伊南娜的雙胞胎兄弟。他和伊南娜是出生在地球上的第二代神（在其父母娜娜〔辛〕和寧加爾〔尼卡爾〕之後），非常迅速地長大。後來，烏圖在西奈的太空站擔任鷹人的年輕指揮官。

根據西琴引用的文獻，在大洪水之後，暱稱為「蘇尼姆」的烏圖，被任命為「烏爾－蘇尼姆」（即耶路撒冷）的任務指揮中心的負責人之後。烏圖（沙馬氏）在晚年退休並待在西奈，被認為是正義與法律之神。

參見 Eaglemen（鷹人）、Sippar（西巴爾）、Spaceport（太空站）。

Uxmal 烏斯馬爾

位在墨西哥猶加敦半島的重要馬雅遺址。

Varuna 伐樓拿

印度教的主神之一。

參見 Aditi, Adityas（阿底提，阿底提耶眾神）。

Vedas 吠陀經

古印度的神聖經文，由讚美詩、祭祀儀式、咒語，以及與眾神有關的「語錄」組成。根據印度傳統說法，這是由眾神自己在較早的時期組成，然後由聖賢將其用梵文編成四本書。由於吠陀中的故事與希臘眾神的故事具有令人驚訝的相似之處，因此可以認為它們都有來自高加索地區的共同「印歐語系」起源。

Venus 維納斯

這是指稱女神、黃道星宮及行星的名字，從蘇美時代開始，經歷古代到今日

都是。那位女神是指未婚的伊南娜（伊師塔，她已取代了未婚的寧瑪赫〔寧呼爾薩格〕）。那個黃道星宮是指處女座，其蘇美名字是阿布辛（Ab.Sin，意思是「她的父親是辛」）。那顆行星在《創世史詩》中被稱為「拉哈姆」（Lahamu），蘇美人稱它為 Dilibad 或 Dilbat，在後來的天文學文獻中被稱為「伊南娜」或「伊師塔」。

Veracruz 維拉克魯茲

位在墨西哥灣沿岸。由埃爾南・科爾特斯帶領的西班牙人，於西元 1519 年在此登陸。（他在那裡建造房屋當作總部，現今雖然已成廢墟，但仍然屹立在那裡。）

擁有這個名字的墨西哥之維拉克魯茲州所在地區，是奧爾梅克人的主要活動範圍。

參見 Mesoamerica（中美洲）、Olmecs（奧爾梅克人）。

Viracocha 維拉科查

在哥倫布時期之前，安地斯南部民族的主神，其名字的意思是「萬物的創造者」；可能與安地斯山區中部崇拜的神 ——「帕查卡馬克」（Pachacamac，意思是「萬物的創造者」）是同一位。傳說中提到，他來自其他地方，後來離開，並承諾會返回。

維拉科查的主要住所和創意中心，就在的的喀喀湖的南岸，以及湖中的兩座島嶼。他的圖像被刻在蒂亞瓦納科的「太陽門」上。他在那裡將一根金棒交給第一對人類夫妻或兄弟－姊姐夫妻，要他們利用金棒去尋找展開安地斯文明的地方（即庫斯科）。

西琴將這些故事與美索不達米亞的傳說連結起來，並確定維拉科查是恩利爾的兒子伊希庫爾（阿達德）。

參見 Adad（阿達德）、Ayar Brothers（艾亞兄弟）、Cuzco（庫斯科）、
Golden Enclosures（黃金圍場）、Pachacamac（帕查卡馬克）、
Tiahuanacu（蒂亞瓦納科）、Titicaca（的的喀喀）。

Virgo 處女宮

黃道星宮之一，蘇美名字是 Ab.Sin（中文音譯為「阿布辛」）。

參見 Inanna（伊南娜）、Venus（維納斯）。

Vishnu 毗濕奴

印度教的主神之一。

參見 Aditi, Adityas（阿底提，阿底提耶眾神）。

Votan 佛丹

西班牙編年史學家記錄了馬雅的起源故事：佛丹傳奇（Legend of Votan）。根
據這個傳說，佛丹是一位首領，其圖徽是蛇，他乘船抵達了墨西哥的猶加敦
半島，並在那裡建造了第一批城市。他是「坎族（Can）守護者的後代，其
起源地是名叫赤姆（Chivim）的地方」。這個故事是讓西琴猜想《聖經》中
該隱的遙遠「流浪之地」是否為中美洲的原因之一。

參見 Tenochtitlan（特諾奇提特蘭）。

War of the Kings 諸王之戰

在《創世記》第十四章中描述的，發生於亞伯拉罕時代的一場國際戰爭，由東方的四位國王與西方的五位國王交戰。這些國王及其王國的名字，大多數都很容易辨認，除了東方聯盟的首領：「暗拉非（Amraphel）作示拿王（即蘇美王）」之外。西琴拿這個問題參照了《基大老瑪文獻》的楔形文字碑刻內容，認為 Amraphel 代表 Amar.Pal，他也被稱為 Amar.Sin（阿爾馬－辛，亞伯拉罕時代的烏爾第三王朝的國王）。西琴還認為，這些國王入侵的目標是太空站，而亞伯拉罕成功地防禦了這次的入侵。

Wars of the gods 眾神的戰爭

舊大陸所有古代文明的傳說中，都提及了眾神之間的戰爭，也有相關描述及描繪。《伊奴瑪‧伊立什》（創世史詩）中，將提亞瑪特與入侵的尼比魯之間的天體碰撞，描述為提亞瑪特和馬杜克這兩位神之間的天幕之戰。蘇美文

獻則記載著眾神在地球上的實際戰役，一開始是一對一（尼努爾塔對祖），後來擴大到團體對戰（恩利爾一族對恩基一族）。

西臺人的文獻中，同樣描述了庫瑪爾比和烏利庫米（Ullikummi）之間的戰鬥，以及當時參與雙方的盟友。在埃及的故事中，都是一對一的對抗：塞特與奧西里斯，荷魯斯與塞特（但荷魯斯被認為是首位組織了人類軍隊來為他戰鬥的神）。迦南的故事主要集中在巴爾與其兄弟亞姆和莫特之間的戰鬥。

希臘的傳說以一對一的衝突（宙斯對泰風）做為擴大衝突的解釋，其中包括了不同的神族（泰坦、巨人、獨眼巨人〔Cyclopes〕等）。印度的故事與希臘的故事相似，描述了一對一的戰鬥（因陀羅對弗栗多），但也有關於團體戰的描述（有時涉及飛船艦隊）。

除了極少數的例外（例如伊南娜為了替杜姆茲的死亡報仇而對抗馬杜克）以外，這些戰鬥都是關於至高無上的地位和地球的控制權。

參見 Weapons of the gods（眾神的武器）。

Waters of Life 生命之水

在美索不達米亞文獻中，凡人獲得永生的途徑，是吃下生命之食物（或水果），而埃及的《金字塔經文》則描繪了法老透過喝生命之水（有時有生命之樹生長在其中）來尋求永生。目前還不清楚，來到地球的阿努納奇是否需要（或以何種方式），從尼比魯補給這些東西，以維持他們的長壽。

Ways 道路

在《聖經》所描述的和平與戰爭時期，有幾條「道路」（主要的傳統商隊路線），而且在《聖經》及楔形文字文獻中都有提到。

有兩條主要的南北向道路：一條是 Derekh Hamelekh（意思是「國王公路」），沿著在現今的約旦之山脈，將美索不達米亞東北部與紅海、西奈半島和埃

及連接起來。另一條是 Derekh Hayam（意思是「海路」），沿著地中海沿岸前行，經由西奈半島將小亞細亞和黎凡特與埃及連接起來；這條路在羅馬時代仍被沿用，名為「經由馬里斯」（Via Maris）。

《聖經》在族長的故事中有提到，而且也與出埃及有關的三條穿越西奈半島的道路是：海洋之路；非利士人之地的偏向南方的道路；以及朝聖者之路，這是從西北向東南傾斜延伸，通往約旦河的東部而非西部。

請參閱 Exodus（出埃及）、Route of the Exodus（出埃及路線）。

Ways of Heaven 天空之路

美索不達米亞的天文學，將包圍地球的天域劃分為三個部分，每個部分占天弧的60度：北方是恩利爾之路，南方是艾（恩基）之路，以及中間的阿努之路。

參見 Astronomy（天文學）。

Weapons of the gods 眾神的武器

古代眾神的傳說中，提到了眾神在彼此之間的無數戰鬥中，或者在人類的戰爭中幫助偏愛的一邊時，所使用的特製武器。

蘇美文獻中提到了恩利爾的「光輝」（Brilliance），使他能夠「將反對他的眾神變成黏土」；在《祖的傳說》中，祖偷走了命運碑刻，尼努爾塔則使用「七次旋風攪起了塵土」，以接近祖並用飛彈將其擊落。伊希庫爾（阿達德）被描繪成拿著閃電當作武器（就像南美洲的維拉科查神圖像）。荷魯斯向他的對手塞特射出了「魚叉」（Harpoon）；它被稱為「三十之武器」，而它的圖像被描繪為帶有多個箭頭形狀的彈頭。

宙斯用發射雷電的「雷石」（Thunder Stone）壓倒了對手。因陀羅射出的「閃光雷電」，在撞擊地面時震撼了地球；弗栗多與「鋒利的飛彈」作戰。印度

對眾神的描繪，總是呈現他們的每隻手上都拿著複雜的武器。

這些故事經常提到「眾神的工匠」，他製作了這些特殊的武器（包括了他為迦南英雄製作的魔弓，讓阿娜特女神想要占為己有）。在《艾拉史詩》中，提到了關於使用核武器的故事（《聖經》中所多瑪和蛾摩拉的劇變）。在各種皇家年鑑中，國王經常聲稱他的神提供了能夠壓倒敵人的特殊武器。

參見 Adad（阿達德）、Aditi（阿底提）、Ashur（阿舒爾）、Ba'al（巴爾）、Hephaestus（赫菲斯托斯）、Horus（荷魯斯）、Inanna（伊南娜）、Indra（因陀羅）、Kothar Hasis（庫塔爾—哈西斯）、Ninurta（尼努爾塔）、Viracocha（維拉科查）、Zeus（宙斯）、Zu（祖）。

Wellington's Chamber 威靈頓房

吉薩大金字塔中，「國王房」上方的第二個「減壓室」的名稱。

參見 Great Pyramid（大金字塔）。

Western Wall 西牆

（希伯來文為 Kotel Ma'aravi，或只寫成 HaKotel。）

耶路撒冷聖殿山的西邊擋土牆，其上部可以追溯到第二聖殿時期，而下部則可以追溯到第一座聖殿時期。

現在可以透過考古隧道向下看到較低部分的基岩，其中包括了三個巨大的石塊，其特徵像是在巴勒貝克的三石牌坊之縮小版。

參見 Baalbek（巴勒貝克）、Jerusalem（耶路撒冷）、Jerusalem Temple（耶路撒冷聖殿）。

Winged Beings 有翼生物

從蘇美時代開始，美索不達米亞的描繪中就經常呈現有翅膀的擬人化生

物，它們通常被稱為「鷹人」。但經仔細檢視後，發現它們不是「鳥人」（Birdmen），而是半人半像鳥的生物，因為它們的翅膀上有清楚的磨損痕跡或是被戴上的（大概是阿努納奇「太空人」制服的一部分）。

指揮太空站的烏圖（沙馬氏），還有關於伊南娜（伊師塔）的飛行，也都是這樣被描繪的。在埃及藝術中（例如圖坦卡門墳墓中的裝飾和雕塑），這種有翅膀的神聖生物大部分是女性。在《聖經》中，在約櫃上的基路伯，以及撒拉弗（伴隨神的戰車的神聖生物），也被描述為擁有多對翅膀。

參見 Angels（天使）、Cherubim（基路伯）、Eaglemen（鷹人）

Winged Disc 有翼圓盤

（也稱為「有翼球」〔Winged Globe〕。）

在整個古代近東地區和埃及，都可以找到的一個無處不在的符號。按照西琴的說法，它是尼比魯星的標誌。

Writing 書寫

使用一致同意的符號來重現口說語言，以記錄物品、交易或事件 —— 這樣的行為最早始於蘇美。這與使用圖片（如岩畫或洞穴壁畫）並不相同。

在蘇美，抄寫員使用有楔子形狀的尖筆，在濕黏土上刻下記號，創造了其他人可以閱讀和理解的紀錄。學者認為這種書寫始於西元前四千年，是要做為保存在寺廟中的紀錄。

在楔形文字的書寫中，符號代表的是語音的音節（帶有母音的子音），這些音節可以組合起來，並讀成口說字詞。楔形文字被阿卡德語、西臺語和其他語言採用，並在整個古代近東地區持續被使用，直到它在西元前兩千年晚期被字母書寫取代。楔形文字與埃及的象形文字並不同，埃及的象形文字基本上是圖像文字，直到某些象形文字被用來代表子音為止。

蘇美文獻聲稱，當眾神選擇恩麥杜蘭那（En.mer.dur.anna，即恩麥杜蘭基）擔任第一位祭司時，他們教他如何書寫和算術，這代表書寫是受到神啟發的。

另一方面，南美洲缺乏書寫一事，卻被解釋為是激怒了眾神的結果。

在美索不達米亞文獻中，提到書寫是 Kitab Ilani（即「眾神的書寫」），《聖經》中也提到摩西在西奈山上收到的第一批石版，是由「伊羅興（眾神）的手指」寫成的，這引起了關於阿努納奇的「語言，以及書寫是什麼」的有待解決的問題。

西琴認為，在出埃及時期首次出現在西奈半島的字母表，以及希伯來文的結構，反映了 DNA 的基本原理。

參見 Alphabet（字母表）、Ashurbanipal（亞述巴尼帕）、Clay Tablets（泥版）、Cuneiform Script（楔形文字）。

Xerxes 薛西斯

波斯的阿契美尼德國王（西元前486年至465年在位），大流士一世的兒子。
他入侵希臘並成功攻占了雅典。

大多數學者認為，他是《聖經》中的亞哈隨魯（Ahasuerus）國王，在其統治
期間，發生了《以斯帖記》中所描述的事件。

他有時被稱為「薛西斯一世」，以區別他的孫子薛西斯二世。薛西斯二世在
西元前424年成為國王後，很快就被謀殺了。

參見 Achaemenids（阿契美尼德人）。

Y

Yahweh 耶和華

用以代表上帝之名的四個希伯來字母Y-H-W-H的英文翻譯，是《出埃及記》中提到的上帝的名字；虔誠的猶太人會避免直接說出它的發音，翻譯者則將其稱為「上帝」（God）或「主」（the Lord）。

這是上帝在西奈時親自向摩西透露的名字。當時摩西被給予帶領以色列人離開埃及的使命，他詢問上帝的名字，首先得到的答案是：「我將成為我要成為的人」（通常被錯誤的翻譯為「我就是我」，編注：《和合本》中為「我是自有永有的」）；當摩西堅持時，他對他們說：「耶和華你們祖宗的神，就是亞伯拉罕的神、以撒的神、雅各的神，打發我到你們這裡來。耶和華是我的名，直到永遠，這也是我的紀念，直到萬代。」（3：15）

在聖經故事（例如大洪水）的美索不達米亞來源中，主角分別是恩利爾或恩基，這使得耶和華之名的神學性更加複雜。《創世記》第六章的耶和華，在美索不達米亞文獻中，實際上是恩利爾尋求人類的滅亡，而恩基拯

救了挪亞。

西琴首先表示，希伯來文《聖經》中的伊羅興（Elohim）就是「阿努納奇」，接著解釋，只要理解了耶和華回答摩西的第一個答案的真正含義，表面上的矛盾就不是矛盾。

耶和華身為一個宇宙實體，透過實際存在的使者（包括各種阿努納奇／伊羅興）在地球上行動。當他對人類生氣時，就是恩利爾；當他決定拯救挪亞時，就是恩基。他不只是萬物的創造者，還是眾神的創造者：眾神之上帝，伊爾·伊羅興（El Elohim），甚至提醒眾神（根據《詩篇》第82章），他們也是跟人類一樣會死的凡人。只有上帝（God，使用大寫的G）擁有永生和永恆。西琴在《神聖相遇》（*Divine Encounters*）中，有一章專門探討這個主題。

參見God, gods（上帝，眾神）。

Yam 亞姆

（意思是「海洋，大海」。）

在迦南的眾神故事中，他是伊爾（神系的首領）的大兒子及預定繼承人。但伊爾的小兒子巴爾，挑戰並擊敗了亞姆。

Yazilikaya 雅茲勒卡亞

（在土耳其語中，意思是「銘刻岩石」。）

在土耳其中北部的西臺人神聖遺址，距離古老的西臺首都哈圖沙斯不遠。雅茲勒卡亞以刻有西臺眾神肖像的岩石而聞名。在岩雕上，呈現了十二位男神（其階級由服裝、武器和圖徽表示）從左邊過來，而十二位女性眾神從右邊過來，兩列神在大神特舒蔔及其配偶赫巴特所在的中央相遇。

Yerah 耶拉

（希伯來文，意思是「月亮，月份」。）

對於月神娜娜（辛）的閃族語名稱，來自他在迦南的城市 Yeriho（即耶利哥）的名字。

Yucatan 猶加敦

墨西哥東部的大型半島，是馬雅人的主要活動範圍。猶加敦半島是西班牙征服者早期的登陸目的地之一，他們於西元 1511 年從古巴駛往這座半島，以尋找奴隸勞工。這些征服者發現當地的城市裡有石造建築和金字塔形神廟，感到相當震驚。

在已知的上百個馬雅遺址中，有許多被狂熱的西班牙神父視為崇拜偶像的地方而遭摧毀，但仍有一些令遊客感到驚豔，例如：奇琴伊察、齊比沙爾敦、伊薩馬爾（Izamal）、馬雅潘（Mayapan）、烏斯馬爾（Oxmal）、圖倫（Tulum）等地。

參見 Mayan Civilization（馬雅文明）。

Yugas 宇迦

（或稱小紀，又譯由旬。）

自從開始以來，地球和人類所經歷的時代的印度名稱，其中的關鍵數字是 432,000。一個大宇迦（Cataryuga）被分為四個宇迦，其長度遞減是 432,000 的倍數，最開始的黃金時代是四倍（432,000×4），然後是知識的三倍時代（432,000×3）、獻祭的兩倍時代（432,000×2），以及現在的紛爭時代（432,000 年），因此一個大宇迦是 432,000×10，為 432 萬年。

梵天（Brahma）的一天等於一「劫」（Kalpa），被認為是由大宇迦的一千次週

期組成，等於43億2千萬年（大約是科學上定義的地球的年紀）。

西琴指出，根據蘇美文獻，從阿努納奇來到地球，一直到大洪水時代，大約經歷了432,000年，等於尼比魯的繞日軌道120圈（3,600×120＝432,000）。

參見Ages（時代）。

Z

Zagros Mountains 札格羅斯山

札格羅斯山的山脈形成了美索不達米亞平原的東部邊界，也是埃蘭及之後的波斯所在的山區高原的起點。

Zaphon 扎豐

（希伯來文，意思是「北方；被隱藏的」。）

黎巴嫩境內一個地點的名字，在《聖經》和迦南的眾神故事中都被採用，而且具有雙重含義，西琴認為，它所指的是蘇美人的「登陸點」：巴勒貝克。

參見 Crest of Zaphon（扎豐之峰）、Mount Zaphon（扎豐山）。

Zarpanit 札佩妮特

參見 Sarpanit（莎佩妮特）。

Zechariah 撒迦利亞

（希伯來文，意思是「被耶和華記得」。）

一位聖經先知，「在大流士第二年」（西元前520年）接受了上帝的聖言。不同於早期的先知關注主之日的臨近，撒迦利亞預言了完結日（End of Days）的事件，暗示未來將會重演過去。學者認為，他所說的關於重建耶路撒冷的彌賽亞預言及異象，啟發了《新約啟示錄》作者的靈感。

Zephania 西番雅

（希伯來文，意思是「被上帝隱藏」。）

一位聖經先知，在西元前七世紀末宣布：「耶和華的大日臨近，臨近而且甚快。」（《西番雅書》1：14）

參見 Day of the Lord（主之日）。

Zeus 宙斯

希臘神系的十二位奧林匹亞主神的首領。他在戰勝兄弟黑帝斯和波塞頓，並擊敗了邪惡的泰風之後，於漫長的世代戰爭結束時，獲得了最高的統治地位。羅馬人將他重命名為「朱比特」（Jupiter，來自印歐語系的 Deus-Pitar，意思是「眾神之父」），並在巴勒貝克為朱比特建造了有史以來最大的神廟。

Zi.ba.anna 茲巴安納

天秤宮的蘇美名字。

Ziggurat 廟塔（又譯金字神塔）

（來自阿卡德語的 Ziquratu，意思是「高聳者」。）

這個詞語被用來描述美索不達米亞的階梯金字塔。廟塔是由具特定形狀和尺寸的泥磚建造而成，為城市的神聖區域裡最高的結構，也是城市裡最重要的神廟和天文臺。廟塔建築開始於蘇美（他們稱廟塔為Esh，意思是「最高的」），實際上是古代的摩天大樓，具有天體朝向。

它們通常從堅實的第一層方形臺階開始，往上增加逐漸內縮的臺階到第七層。第六層是最上面類似房屋的第七層之平臺。整個結構形成一個立方體，其高度等於第一層臺階的每一側。在巴比倫的大廟塔，是每邊15加爾（gar）的立方體（大約300英尺）；在烏爾的廟塔比較小，但四千年來始終是當地主要的景觀。

研究顯示，每個臺階的高度，都讓站在該臺階的祭司可以觀測到月亮和行星在夜間出現的順序。類似房屋的第七層也不是偶然：這些廟塔是眾神的實際住所，每位神都住在他（或她）的「崇拜中心」裡。廟塔的名字以E（在蘇美語中，意思是「屋子，住所」）開頭來表示：恩利爾的E.kur（伊庫爾）、尼努爾塔的E.Ninnu（伊尼奴）、馬杜克的E.sag.il（埃薩吉）、娜娜的E.hul.hul（伊胡胡）等。

參見Gudea（古蒂亞）、Temples（神廟）。

Ziusudra 吉烏蘇他拉

（意思是「他的壽命被延長了。」）

大洪水故事的原始蘇美版本中的「挪亞」。他是「舒魯派克人」，半神烏巴—圖圖（Ubar-Tutu）的兒子；而舒魯派克這座城市屬於寧瑪赫（寧呼爾薩格）。

根據該版本，恩基向吉烏蘇他拉警告了即將來臨的大洪水，並指示他如何建造Ma.gur.gur（意思是「可以轉彎和翻滾的船」），還提供了導航器給他，以便將船引導至亞拉拉特。原本計畫讓人類滅亡的恩利爾，後來准許吉烏蘇他

拉和妻子在名叫「提爾蒙」的土地上，擁有長壽的生命。（千年之後）吉爾伽美什設法在提爾蒙找到他。

參見 Deluge（大洪水）、Gilgamesh（吉爾伽美什）、Noah（挪亞）、Tilmun（提爾蒙）、Utnapishtim（烏特納比西丁）。

Zo'an 瑣安

參見 Tanis（塔尼斯）。

Zodiac 黃道帶

（來自希臘文，意思是「動物圈」。）

這個詞語適用於十二個星群（星宮、星座），以圖形方式表示「動物」（牛、獅子、公羊、魚等），後來這些星群也以此為名。

將地球周圍的天域劃分為十二個中心帶的重要性，來自於「歲差」現象。歲差是指地球在繞日軌道上運行時，每72年會累積延遲達到一度（360度之一），因此，地球從一個弧度為30度的黃道「屋子」移動到下一個，需要2160年，這就是各個黃道宮時代在數學上的長度。

雖然學者仍舊相信，是西元前三世紀在小亞細亞的希臘天文學家，發現了黃道現象的，但不可否認的事實是，這在蘇美時代就已經為人所知了。西琴在《第12個天體》中，提供了十二個黃道星宮的完整清單，它們位在阿努之路上，以及它們的蘇美名字、描繪和順序 —— 這些在六千多年後的今日仍持續被使用！

西琴稱黃道宮時代為「天體時間」，認為黃道帶是阿努納奇發明的一種方法，以創造其母星的繞日軌道時間（「神聖時間」，平均為3600個地球年）與地球時間（地球的一年）之間的可行比例，因此，尼比魯的3600個地球年與黃道宮時代的2160年，形成10：6的比率。

西琴指出，有關大洪水的文獻，可以追溯到獅子宮時代（大約始於西元前10,860年）。《聖經》中也提到了黃道星宮，稱它們為Mazalot（來自阿卡德語的Manzalu，意思是「站點」。）

西琴也解釋了美洲地區對於十二宮的熟悉程度，因此將十二宮歸功於西元前三世紀的希臘人，是錯誤的解釋。蘇美的黃道星宮列表始於金牛宮；而在埃及的描繪中（包括在丹德拉赫中的描繪），則始於白羊宮。

參見Ages（時代）、Ways of Heaven（天空之路），以及各星座的名稱。

Zodiacal Ages 黃道宮時代（又稱黃道星宮時代）

從蘇美時代就開始觀測春分日那天的日出，以確定在其背景中看到哪個黃道星宮（日出時仍然可以觀察到星空）。當背景顯示金牛宮時，就是金牛宮時代（這也是蘇美曆法開始的時代）；而當背景開始轉向白羊宮時，我們可以說「白羊宮時代」已經開始了，依此類推。

數學上的黃道宮時代持續時間為2160年（$72 \times 30 = 2160$），但在實際觀測上，各「時代」的長度有所不同，因為各個星宮占據了天域的不同部分。實際上，西元前二十一世紀時，馬杜克與其他神的衝突中，這個差異是最主要的問題。當時，預期中從恩利爾的金牛宮時代轉移到馬杜克的白羊宮時代的時間，被推遲了。

從數學上來說，黃道宮時代是這樣轉換的：獅子宮時代為西元前10,860年至8640年；巨蟹宮時代為西元前8640年至6480年；雙子宮時代為西元前6480年至4320年；金牛宮時代為西元前4320年至2160年；白羊座宮時代為西元前2160到西元元年，然後是雙魚宮時代，從西元元年到2160年。

根據貝羅蘇斯的說法，黃道宮時代是眾神與人類之事務的轉折點，而這樣的斷言具有歷史基礎，也與蘇美數學碑刻有關。在這些碑刻上，列出了12,960（$= 2160 \times 6$）的倍數，做為最終數字12,960,000（2160×6000）的分數。

參見 Ages（時代）、Astronomy（天文學）、End of Days（完結日）、
Prophets（先知）、Zodiac（黃道帶）。

ZOSER 左塞爾

第三王朝（西元前 2650 年左右）的第二位法老，埃及學家認為，他在埃及建
造了第一座金字塔。這個遺址名為「塞加拉」或「薩卡拉」，位在吉薩南方
的尼羅河西側，至今仍以其宏偉的石牆建築震撼了遊客。金字塔本身（模仿
了蘇美廟塔的七層臺階結構）是由未經加工的岩石、原木和泥漿建造而成，
正在逐漸崩毀中。

參見 Giza（吉薩）、Pyramids（金字塔）、Sakkara（塞加拉）。

Zu 祖

（來自 An.zu，意思是「天空的知曉者」。）

史詩般故事中的邪惡英雄。他濫用恩利爾的信任，竊取了對阿努納奇的運作
而言至關重要的「命運碑刻」。尼努爾塔艱難地成功擊敗祖，並收回這些碑
刻。

參見 An.zu（安祖）、Aerial Battles（空中戰鬥）、
Mission Control Center（任務指揮中心）、Nippur（尼普爾）、
Tablets of Destinie（命運碑刻）。

中文譯名筆劃索引

◎ 11 劃

◎ 15 劃

The Other 22

地球編年史完全指南

從A到Z，讓你秒懂外星文明與人類祖先歷史關鍵元素

THE EARTH CHRONICLES HANDBOOK: A COMPREHENSIVE GUIDE TO THE SEVEN BOOKS OF THE EARTH CHRONICLES

作者／撒迦利亞‧西琴（Zecharia Sitchin）

譯者／洪禎璐

責任編輯／于芝峰

協力編輯／洪禎璐

內頁排版／宸遠彩藝

封面設計／陳文德

THE EARTH CHRONICLES HANDBOOK: A
COMPREHENSIVE GUIDE TO THE SEVEN BOOKS OF
THE EARTH CHRONICLES
by ZECHARIA SITCHIN
Copyright: © 2009 by ZECHARIA SITCHIN
This edition arranged with INNER TRADITIONS, BEAR
& CO.
through Big Apple Agency, Inc., Labuan, Malaysia.
Traditional Chinese edition copyright:
2021 New Planet Books, a division of And Publishing Ltd.
All rights reserved.

新星球出版 New Planet Books

總編輯／蘇拾平

發行人／蘇拾平

業務發行／王綬晨、邱紹溢

行銷企劃／陳詩婷

出版／新星球出版

　　105台北市松山區復興北路333號11樓之4

電話／（02）2718-2001

傳真／（02）2718-1258

發行／大雁文化事業股份有限公司

　　105 台北市松山區復興北路333號11樓之4

讀者服務信箱／andbooks@andbooks.com.tw

劃撥帳號／19983379

戶名／大雁文化事業股份有限公司

CIP國家圖書館出版品預行編目（CIP）資料

地球編年史完全指南：從A到Z，讓你秒懂外星
文明與人類祖先歷史關鍵元素／撒迦利亞‧西琴
（Zecharia Sitchin）作；洪禎璐譯. －初版.－臺北
市：新星球出版：大雁出版基地發行, 2021.04
384面；22x17公分. -- (The other ; 22)
譯自：The earth chronicles handbook : a comprehensive
　　　guide to the seven books of the earth chronicles

ISBN 978-986-96857-9-5（平裝）

1.古代史　2.文明史　3.神話

712.1　　　　　　　　　　110002255

印刷／中原造像股份有限公司

初版一刷／2021年04月　定價：480元

ISBN：978-986-96857-9-5

版權所有‧翻印必究（Print in Taiwan）
缺頁或破損請寄回更換
ALL RIGHTS RESERVED